بسم الله الرحمن الرحيم

انسان و معرفت

محمد علی طاهری

نام کتاب: .... انسان و معرفت	
نویسنده: .... محمد علی طاهری	
ویراستار: .... محدثه سادات ایزد پناه	
صفحه آرا: .... علیرضا یارمحمدی، رها منتظری	

All rights reserved. No part of this publication, may be reproduced or transmitted in any form or by any means, electronic or mechanical, including photocopying, recording, or by any information storage and retrieval system, without the prior permission of the copyright holder.

Copyright © 2011 MOHAMMADALI TAHERI

Printed by CreateSpace (an Amazon Company)

All rights reserved.

ISBN-10: 1469928914

ISBN-13: 978-1469928913

تقدیم به:

منجی موعود، امام عصر(عج)

فهرست

مقدمه **۱۱**

جایگاه معرفت **۱۳**

۱- معرفت و عرفان **۱۵**

۲- اهمیت عرفان **۱۷**

۳- عرفان و شریعت **۲۱**

الف) جدایی‌ناپذیری عرفان از شریعت ۲۱

ب) عرفان و عبادت ۲۵

ج) نگاه عرفانی به خدا، عشق و اعمال دینی ۲۸

عرفان عملی **۴۷**

۱- تعریف حرکت عرفانی **۴۹**

الف) منظور از حرکت عرفانی ۴۹

ب) رابطه‌ی حرکت عرفانی با شریعت و حقیقت ۵۷

۲- ویژگی‌های حرکت عرفانی **۶۰**

الف) کیفی بودن ۶۰

ب) کمال‌محوری ۶۴

ج) خدا محوری ۶۸

د) انسان‌شمولی ۷۱

۳- اساس حرکت عرفانی **۷۲**

الف) انواع ارتباط با خدا ۷۳

اتصال فردی ۷۳

اتصال جمعی	75
اتصال مدام	80
ب) عوامل نتیجه‌بخشی اتصال	87
هوشمندی الهی	87
رحمت الهی	88

4- مراحل حرکت عرفانی 93

الف) مراحل حرکت فردی	93
ب) مراحل حرکت جمعی	98

5- پیامدهای حرکت عرفانی 101

الف) نتایج زیربنایی	107
محافظت در سلوک	109
دستیابی به هنر ضد ضربه شدن	111
ارتقای ظرفیت	112
تزکیه	113
1- تزکیه‌ی ذهنی	113
2- تزکیه‌ی اخلاقی	114
3- تزکیه‌ی تشعشعاتی	116
هم فازی با زمان	117
هم فازی با فلک	119
هم فازی کالبدی	124
ب) نتایج معرفتی	125

رسیدن به آگاهی‌های کمال‌بخش	۱۲۵
۱- نحوه‌ی دریافت آگاهی	۱۲۸
۲- محتوای آگاهی	۱۳۰
۳- ملاک تشخیص آگاهی‌های مثبت و منفی	۱۳۲
۴- مراتب آگاهی کمال‌بخش	۱۳۷
رسیدن به مقام انسان صالح	۱۳۹
رسیدن به معرفت مراسم و مناسک دینی	۱۴۸
تعالی بینشی	۱۴۹
درک گستردگی	۱۵۳
۶- قوانین حرکت عرفانی	**۱۵۴**
الف) مدیریت امیال نفس	۱۵۴
ب) اجتناب از احساس‌های شیطانی	۱۵۷
ج) خراباتی شدن	۱۵۹
د) مراقبت عرفانی	۱۶۱
ه) جمعی بودن حرکت	۱۶۳
عرفان نظری	**۱۶۵**
۱- هستی‌شناسی	**۱۶۷**
الف) خداشناسی	۱۶۸
ب) جهان‌شناسی	۱۷۰
جهان دو قطبی	۱۷۰
وحدت در هستی	۱۷۴

جهان تک قطبی و جهان‌های دیگر	۱۷۷
ج) هستی‌بخشی	۱۷۹
مراتب وجود و عقل	۱۷۹
عشق در هستی	۱۸۱
ارکان هستی	۱۸۷
۲- انسان‌شناسی	**۱۹۲**
الف) ابعاد وجود انسان	۱۹۳
معرفی اوایه	۱۹۳
انواع روح	۱۹۸
عوامل حیات	۲۰۰
عقل، هوش و حافظه	۲۰۱
انواع من	۲۰۲
۱- من ثابت و من متحرک	۲۰۲
۲- من‌های کمال و من‌های ضد کمال	۲۰۳
۳- من برنامه‌ریزی‌شده و من برنامه‌پذیر	۲۰۵
۴- من معنوی	۲۰۹
ب) انسان و شیطان	۲۱۱
ابلیس	۲۱۲
شیطان	۲۱۳
طاغوت	۲۱۶
ج) حرکت انسان	۲۱۸

حرکت ذاتی (طولی) و عرضی	۲۱۸
حرکت ادراکی	۲۲۲
د) کمال انسان	۲۲۴
انسان و رب	۲۲۴
انسان کامل	۲۲۷
۳- معادشناسی	**۲۳۰**
الف) معرفی اولیه	۲۳۰
ب) مرگ	۲۳۲
علت طراحی مرگ	۲۳۳
لحظه‌ی وقوع مرگ	۲۳۵
فشار قبر	۲۳۷
سؤال و جواب پس از مرگ	۲۳۸
ج) برزخ	۲۳۹
ویژگی‌های برزخ	۲۳۹
رمز عبور از برزخ	۲۴۱
د) قیامت	۲۴۲
قیامت زمینی	۲۴۳
قیامت اصلی	۲۴۴
۱- حشر و نشر	۲۴۵
۲- مجادله	۲۴۶
۳- اثبات عدالت	۲۴۶

۴- حسابرسی	۲۴۹
۵- تجسم	۲۵۰
ه) جهنم	۲۵۱
دلیل طراحی جهنم	۲۵۱
ویژگی‌های جهنم	۲۵۳
۱- چگونگی سوختن	۲۵۳
۲- درها و نگهبان‌ها	۲۵۵
۳- طبقات جهنم	۲۵۶
لزوم خاتمه‌ی جهنم	۲۵۷
و) بهشت	۲۵۹
بهشت در کثرت	۲۶۰
بهشت در وحدت	۲۶۴
ز) آزمون آخر	۲۶۴
فهرست واژگان و اصطلاحات	**۲۶۹**

مقدمه

انسان محور جهان هستی است که همه چیز برای به صحنه آمدن او آفریده شده و از میان مخلوقات خداوند، تنها مخلوقی به حساب می‌آید که به خلقت معنا و مفهوم بخشیده است. زیرا تنها او است که می‌تواند عظمت هستی را درک کند؛ از آن تفاسیر مختلفی ارائه دهد و از رهگذر برداشت‌های متفاوت خود، خالق خوشبختی و بدبختی گردد.

او تنها مخلوق خداوند است که قادر است بپرسد: من کیستم؟؛ از کجا آمده‌ام؟؛ به کجا می‌روم؟؛ خالق کیست؟؛ هدف او از خلقت چیست؟ و ... .

همه‌ی این قابلیت‌ها که به انسان نسبت به سایر موجودات، معنای متفاوتی می‌بخشد، نشانه‌ای از این است که خمیرمایه‌ی وجود این موجود و آن چه خلقتش بر پایه‌ی آن استوار است، معرفت‌طلبی او می‌باشد. به عبارت دیگر، رکن اساسی آفرینش انسان، معرفت است. همچنین، می‌توان گفت محور آفرینش جهان هستی که جایگاه ظهور انسان است، معرفت می‌باشد و این انسان است که معرفت نسبت به آن را آشکار می‌کند؛ در حالی که موجودات دیگر از این امکان بی‌بهره‌اند.

انسان در طول دوران حضور بر کره‌ی خاکی، در پی دستیابی به معرفت و آشکار کردن

آن بوده است و نگارش کتبی هم‌چون کتاب حاضر، مرهون کوشش فراوان او در این مسیر است. این کتاب که نظریه‌های گوناگونی از نویسنده را به منظور مطالعه و تحقیق در اختیار اندیشمندان می‌گذارد و امید است مورد نقد و بررسی دقیق و کارشناسانه قرار گیرد، پاسخگوی همه‌ی پرسش‌های مطرح شده در طول تاریخ، درباره‌ی کیستی خالق و چیستی و چرایی خلقت نیست؛ اما نشان دهنده‌ی گوشه‌ی کوچکی از تلاشی گسترده (و به قدمت حضور بشر در عرصه‌ی گیتی،) برای راه یافتن به اسرار هستی است.

این کتاب، از عرفان و معرفت سخن می‌گوید و نگاه نویسنده به جهان را شرح می‌دهد تا باری دیگر و به بهانه‌ی آن، به خدا، خود و هستی بیندیشیم و برای رسیدن به معرفت از خالق متعال، مدد بگیریم.

با آرزوی توفیق الهی

محمد علی طاهری

جایگاه معرفت

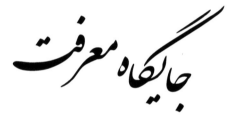

۱- معرفت و عرفان

اگر «معرفت» را به معنی «شناخت» در نظر بگیریم، انواع مختلفی دارد. برای مثال، هر چیزی که با حواس پنج‌گانه‌ی خود در می‌یابیم، «شناخت حسی» است و هر چیزی که با تجزیه و تحلیل، استدلال و هر فرایند عقلی دیگری به دست می‌آوریم، «شناخت عقلی» نام می‌گیرد. اما نوع دیگری از شناخت نیز وجود دارد که بالاتر از شناخت عقلی است. در این مطلب به طور خاص، منظور از «معرفت»، چنین شناختی است که انسان را به کشف باطن هستی و چرایی خلقت می‌رساند و وی را با معبود آشناتر و به او نزدیک‌تر می‌کند.

بنابراین، خود کسب «معرفت»، هدف اصلی انسان نیست؛ اما وسیله‌ای است که او را به این هدف با ارزش می‌رساند. حال، اگر بخواهیم به دنبال «معرفت» باشیم و به دیگران نیز از آن نصیبی برسانیم، به سراغ «عرفان» رفته‌ایم. زیرا می‌توان راهی را که برای دستیابی به معرفت طی می‌شود، «عرفان عملی» و نتایج قابل گزارش آن را «عرفان نظری» نامید.

با این حال، به طور کلی کسانی که در دیدگاه‌های مختلف، اهل عرفان نامیده می‌شوند، در یکی از این چهار گروه قرار دارند:

۱- خودمحور خودمحور: کسانی که هدف آن‌ها نزدیکی به خدا نیست و همه‌ی توجهشان

به منافع شخصی خویش می‌باشد. این افراد، با تکیه بر تلاش و توانایی خود، سعی می‌کنند به آن هدف نزدیک شوند؛ مانند کسانی که برای رسیدن به آرامش، از ابزارهای فردی مانند تمرکز، تخیل و ... استفاده می‌کنند.

۲- خودمحور خدامحور: کسانی که هدف اصلی آن‌ها در زندگی، دستیابی به منافعی شخصی از قبیل شادی و آرامش است (نه هدف نزدیکی به خدا)؛ اما برای رسیدن به این هدف، از خدا کمک می‌طلبند.

۳- خدامحور خودمحور: کسانی که هدفشان، قرب و نزدیکی به خداوند است؛ اما در راه این هدف، متّکی به تلاش و توانایی فردی هستند.

۴- خدامحور خدامحور: کسانی که هدف آن‌ها قرب و نزدیکی به خداوند است و نزدیکی به او را بدون کمک او ممکن نمی‌دانند. حال، منظور از «معرفت»، ادراک به دست آمده در این مسیر عرفانی است.

با توجه به این که برخورداری از عرفان، در دو شکل متضاد «عرفان کمال» و «عرفان قدرت» امکان پذیر است، می‌توان گفت که در مسیر عرفان، امکان مواجه شدن با هریک از تجارب کمالی و قدرتی وجود دارد. اما «معرفت» در معنایی که به آن اشاره شد، از دستاوردهای وادی کمال است.

بدون معرفت، انسان در رنج غربت و تنهایی و سرگردانی خواهد بود؛ اما با بهره‌مندی از آن، آسمان زندگی خود را با نور الهی روشن خواهد یافت؛ هر لحظه زندگی را در آغوش پر مهر خداوند رحمان و رحیم سپری خواهد کرد و با حرکت به سوی کمال، نقش خود را در هستی، به خوبی ایفا خواهد نمود.

این «معرفت»، چشیدنی است؛ نه شنیدنی. بنابراین، باید به دیار عرفان سفر کرد تا بتوان آن را چشید.

پشت دریاها شهری‌ست

که در آن پنجره‌ها رو به تجلی باز است.

بام‌ها جای کبوترهایی‌ست که به فواره هوش بشری می‌نگرند.

دست هر کودک ده ساله شهر شاخه‌ی معرفتی ست.

مردم شهر به یک چینه چنان می‌نگرند

که به یک شعله به یک خواب لطیف.

خاک، موسیقی احساس تو را می‌شنود

و صدای پر مرغان اساطیر می‌آید در باد.

...

پشت دریا شهری است

که در آن، وسعت خورشید به اندازه چشمان سحرخیزان است.

«سهراب سپهری»

۲- اهمیت عرفان

یافته‌های انسان، از طریق تجربه، تفکر و تعقل، الهام و اشراق (روشن‌شدگی) حاصل می‌شود. او درباره‌ی پدیده‌های مختلف هستی، تفکر می‌کند و در مورد آن‌ها به نتایجی می‌رسد که می‌تواند درست یا نادرست باشد. برای مثال، بخشی از یافته‌های انسان در این خصوص، فلسفه و نظرات فلسفی است که حداقل، تضاد برخی از آن ها با یکدیگر، نشان می‌دهد که همگی نمی‌تواند صحیح باشد.

از طرفی می‌توان گفت که پایه‌ی همه علوم، الهامات است. «الهام»، همان جرقه‌ی ذهن انسان است که با تفکر یا تخیل به دست نمی آید و ناشی از اطلاعات قبلی او نیز نیست؛ اما

وی را با دانسته‌ای جدید مواجه می‌کند. یعنی خصوصیت مشترک همه‌ی جرقه‌های ذهنی (دریافت آگاهی) که می‌تواند در کسری از ثانیه رخ دهد و انواع مختلفی دارد، این است که فرد، در اثر رویارویی با هرکدام، به مطلبی پی می‌برد که قبل از آن، راجع به آن، بی اطلاع و بی‌خبر بوده است.

یکی از مهم‌ترین زمینه‌های برخورداری از الهام، عرفان است. با توجه به این که عرفان، مبتنی بر ارتباط با خداوند است و به طور قابل توجهی، امکان دریافت آگاهی (الهام) را فراهم می‌کند و به بشر، عشق و معرفت می بخشد، نه تنها با همه‌ی علوم، رابطه‌ای عمیق دارد، بلکه نیاز انسان به برقراری ارتباط با پروردگار را پاسخ می‌دهد و به نحو اطمینان بخشی، باعث رشد و تعالی او می‌شود.

عرفان، نقش خود را در دو بخش عملی و نظری ایفا می‌کند. به‌طور خلاصه می‌توان گفت که عرفان عملی، انسان را در معرض الهام و تحولات ناشی از ارتباط با خدا قرار می‌دهد و عرفان نظری، محتوای الهام را تبیین می‌کند.

اهمیت عرفان، ناشی از این است که بشر، همواره به الهامات مثبتی که با سیر و سلوک عرفانی به دست می‌آید، محتاج است و می‌تواند بر مبنای محتوای آن (آگاهی‌هایی که عرفان نظری را شکل می‌دهد)، زندگی سالم و سرشار از عشق و معنویت را تجربه کند و در مسیر کمال، گام بر دارد.

البته، لازم است که هر آگاهی الهام شده، از نظر الهی و یا شیطانی بودن، مورد بررسی قرار بگیرد.

گوش بر الهـام خـدایـی کنیـد   وز ره ابلیـس جـدایـی کنیـد

«ملک الشعرای بهار»

برای این منظور، علاوه بر ملاک‌های اولیه‌ای که عدم نقض ستاریت، عدم نقض عدالت،

عدم نقض اختیار و عدم نقض کمال در آگاهی الهی است، ضرورت دارد که آگاهی‌های دریافت شده، از نظر عدم تناقض با یکدیگر، با عقل و با تعالیم کتب آسمانی[1]، مورد بررسی قرار گیرد و همچنین، حجت قلبی (اطمینان درونی) بر آن‌ها وجود داشته باشد. علاوه بر این، در عصر رویارویی اندیشه، هر کسی دریافت خود را در معرض ارزیابی و تحلیل دیگران نیز قرار می‌دهد تا از این طریق، زمینه‌ی رشد بشر، مساعدتر و با جهل و ناآگاهی مقابله شود.

به غیر از الهاماتی که محتوای آن‌ها به صورت نظری، مطرح و بررسی می‌شوند، دسته‌ی دیگری از دستاوردهای عرفانی نیز هستند که در عمل، مورد تحقیق و تایید قرار می‌گیرند. برای مثال، آثار کیفی عبادات، قابل تجربه است و بر همین اساس، امکان بررسی تحولات عرفانی مربوط به آن‌ها وجود دارد. بنابراین، صحت بخشی از گزارشات عرفانی، در عمل به اثبات می‌رسد.

مهم‌ترین آگاهی و ادراکی که شامل حال بشر می‌شود، در پاسخ به این سؤال است که خداوند در قالب اصول و قواعد دینی، چه پیامی برای او داشته است. یکی از ثمرات این ادراک، آن است که انگیزه‌ی عبادت و پیروی از فرامین دینی، تصحیح و تقویت می‌شود. زیرا کسی که از این تعالیم پیروی کند، به این درک می‌رسد که هدف از عبادت در تمام ادیان الهی، آشتی جزء با کل است. تمام ادیان توحیدی، به طور مستقیم و غیرمستقیم، انسان را به ارتباط با خدا (غایت کمال) دعوت و تشویق کرده‌اند. هدف از این ارتباط، نزدیکی به خداوند است.

در مسیر قرب و نزدیکی به «او»، هر کسی می‌تواند از دیگری سبقت بگیرد. این مسیر، پایانی ندارد (حدی نمی‌پذیرد) و تعداد افرادی که می‌توانند در آن گام بگذارند، نامحدود است.

---

[1]. بسیاری از آگاهی‌ها فراتر از شناسایی عقل هستند؛ اما خود تطبیق آگاهی‌ها با یکدیگر (برای اطمینان از عدم تناقض آن‌ها با هم) به کمک عقل انجام می‌شود. همچنین، در صورتی که یک آگاهی با آگاهی‌های پذیرفته شده‌ای مانند آموزه‌های ادیان الهی (که به‌عنوان اصل پذیرفته شده‌اند) هماهنگی نداشته باشد، الهی و مثبت تلقی نمی‌شود.

ظاهر دستورات دینی، زبانی ساده دارد که انسان باید اعماق آن را کشف کند. یکی از رموز توصیه‌ی ادیان به عبادت، این است که اگر انسان در ارتباط با «او» قرار بگیرد، به عنوان جزئی از کل (اعم از سلسله مراتب تک‌قطبی[1]، عقل کل[2]، اکوسیستم) که با آن در آشتی قرار می‌گیرد، در معرض آگاهی خواهد بود:

چه داند جزء راه کل خود را	مگر هم کل فرستد رهنمونم
بکش ای عشق کلی جزء خود را	که این جا در کشاکش‌ها زبونم

«مولانا»

بنابراین، اولا **عبادت و عرفان**، رابطه‌ی تنگاتنگی با یکدیگر دارند و ثانیا سرمنشأ همه‌ی آگاهی‌های کمال‌آفرین، همان کل هوشمند است. یعنی راه برخورداری از این آگاهی‌ها، ارتباط جزء با کل است که ناشی از برقراری ارتباط با خداوند می‌باشد. این ارتباط، انسان را از تضاد، به وحدت و معرفت می‌رساند و نجات می‌بخشد. به همین دلیل، می‌توان عرفان را حرکت از کثرت (کثرت طلبی و کثرت بینی) به‌سوی وحدت (وحدت خواهی و وحدت بینی) تعریف کرد. کسی که در مسیر عرفان حرکت می‌کند، به‌دنبال تحول ناشی از ادراکات و آگاهی‌های عرفانی، هم به وحدت درونی دست می‌یابد و هم وحدت بین می‌شود. به این ترتیب، در تعامل با دیگران نیز به سوی وحدت با آن‌ها سوق می‌یابد.

برای آشنایی بیشتر با نقش آگاهی‌های مورد نظر در حیات انسان، دانستن این مقدمه نیز لازم است که آگاهی‌های عرفانی مثبت و کمال بخش، چهار ویژگی کلی دارند:

۱- توصیف‌ناپذیری

۲- قابلیت انتقال به زندگی بعدی

۳- هماهنگی با یکدیگر (آگاهی‌های مثبت یکدیگر را نقض نمی‌کنند.)

---

۱. به بخش هستی‌شناسی مراجعه شود.

۲. هوشمندی الهی (به بخش اساس حرکت عرفانی مراجعه شود.)

۴- مفید بودن در زندگی بعدی

ویژگی چهارم، اهمیت آگاهی‌های کمال‌آفرین را مطرح می‌کند. تنها توشه‌ای که بعد از این جهان مادی، در جهت کمال کارایی دارد، «دانش کمال» است. دانش کمال، اثر ماندگار آگاهی‌های مثبت بر وجود انسان است که پایه‌ی اطلاعات در زندگی بعد بوده، چیزی جز معرفت (گنجینه‌ی ادراکی) نیست.

به عبارت دیگر، هیچ‌یک از علومی که انسان فرا می‌گیرد و توانمندی‌ها و مهارت‌هایی که کسب می‌کند، در زندگی بعدی او کارایی نخواهد داشت. تفکرات و اندیشه‌ی بشری، محدود به همین زندگی کنونی است و فقط چند صباحی مفید بوده، پس از آن به دست فراموشی سپرده می‌شود؛ در حالی که الهامات مثبت و اثرات و نتایج درونی آن‌ها تاریخ انقضاء ندارند و همواره در پیمودن مراحل کمال، مفید هستند.

بر همین اساس، لازم است که هر انسانی، ضمن آشنایی با مشخصات الهامات مثبت (الهی) و منفی (شیطانی)، راه مناسبی برای ورود به دنیای عرفان پیدا کند و از الهامات و تجارب مثبت (که مربوط به کمال است) بهره‌مند شود.

۳- عرفان و شریعت

الف) جدایی‌ناپذیری عرفان از شریعت

سیر انسان در مسیر کمال، دو بعد دارد که از یکدیگر جدا شدنی نیستند. این دو بُعد عبارتند از:

۱- شریعت: اصول رهروی

۲- عرفان: کیفیت رهروی (ارتقای کیفی با پیروی از اصول رهروی)

به عبارت دیگر، شریعت و عرفان برای انسان، به‌منزله‌ی دو بال برای یک پرنده است. هیچ پرنده‌ای با یک بال قادر به پرواز نیست و نمی‌تواند به جایی برسد. انسان نیز بدون هریک از شریعت و عرفان، دچار سرگردانی می‌شود. یکی از علل ناکامی از دین همین است که به شناخت کیفی آن، بی‌توجهی و یا کم‌توجهی شده است. در واقع، دلیل این ناکامی، انتظار پرواز پرنده‌ای با یک بال است که قابل تحقق نیست.

به زبان ساده می‌توان گفت که ارزش اعمال و افکار را کیفیت آن‌ها تعیین می‌کند. به همین دلیل امکان جدا کردن عرفان از شریعت وجود ندارد. عرفان و شریعت در کنار یکدیگر، دین نامیده می‌شوند؛ در حالی که به تصور عامه، دین فقط شریعت (حفظ و رعایت ظاهری احکام و دستورات دینی) است.

تا به امروز، عده‌ای در اثر کمیت طلبی، ارتقای کیفی (عرفان) را نادیده گرفته اند و یا حتی با آن مخالفت کرده‌اند؛ اما هنر آن است که در عمل بتوان بین عرفان و شریعت آشتی برقرار کرد. با داشتن چنین بینشی، لازم است که ببینیم آیا در زندگی ما رشد و تعالی کیفی وجود دارد یا خیر. اگر امروز و دیروز ما از نظر کیفی یکسان باشد، به‌طور قطعی، در معرفت و انگیزه‌ی ما اشکالی وجود دارد.

بسیاری از مردم تصور می‌کنند که هدف دین، وادار کردن انسان به پرستش خداوند است. آن‌ها از این حقیقت غافلند که هدف ادیان، نشان دادن مسیر و جهت حرکت بشر، به منظور نزدیکی به «او» است. در واقع، خداوند نیازی به پرستش ندارد و پرستش، نیاز درونی انسان و سبب کمال و رشد کیفی او است و نقش ادیان، ترغیب انسان به ارتباط با مبدأ است تا از این طریق، همواره بتواند سطح فهم و کیفیت حیات خود را بالا برد و به «او» نزدیک شود. ادیان آسمانی، راه‌های عملی اتصال به آن مبدأ را نیز معرفی می‌کنند. اگر به این نکته توجه شود، لزوم عرفان در کنار شریعت معلوم می‌شود.

اما همواره در طول تاریخ، عده‌ای سعی کرده‌اند که عرفان را جدای از شریعت و شریعت را بی‌نیاز از آن معرفی کنند که دلایل آن، به اختصار عبارتند از:

۱- برخورداری از عرفان، منوط به الهام و اشراق و ادراک قلبی و وجودی (نهادینه شدن معرفت و آگاهی) است و به عبارتی، افزودن کیفیت عمل، مستلزم درک اسرار عمل است. برای چنین ارتقایی نیاز به اتصال و ارتباط با خداوند است. کسانی که از چنین تجربه‌ای برخوردار نیستند، خواسته یا ناخواسته، صورت مسئله را پاک می‌کنند. آن‌ها رسیدن به ادراکات عرفانی را دشوار و دیریاب معرفی می‌کنند و گاهی لزوم آن را منکر می‌شوند.

۲- گاهی افراد و یا گروه‌هایی که در طول تاریخ، به اهل عرفان مشهور شده‌اند، مقید به آداب و مراسم ظاهری و ویژه‌ای بوده‌اند که باعث شده است تلقی اغلب مردم از عرفان فقط همان رفتارهای خاص باشد. در واقع، همان‌گونه که در سراسر کره‌ی خاکی، مذاهب گوناگونی وجود دارد، عرفان نیز در نقاط مختلف (با توجه به روش‌های گوناگون باطن‌گرایی) به صورت طریقه‌های متنوعی، قابل شناسایی است.

در اغلب موارد، سلیقه‌های مختلف در انجام آداب و رسوم طریقتی، باعث می‌شود که سیر و سلوک عرفانی و تحولات باطنی، در پوشش این آداب پنهان بماند و تلقی نادرستی از عرفان به جا بگذارد. در نتیجه، عده‌ای توجه و تمایل به عرفان را غیر ضروری و یا حتی کج روی محسوب می‌کنند.

۳- توجه به معرفت و کیفیت، عده‌ای را که خواهان عقب‌ماندگی جوامع بشری هستند، دچار نگرانی می‌کند. سلطه جویی این عده، موجب می‌شود که در صدد حذف عرفان از دین بر آیند تا با جدا کردن روح دین از آن، به استعمار فرهنگی بپردازند و به‌دنبال آن، به مقاصد خود دست یابند.

کسانی که قصد جدا کردن عرفان از شریعت را دارند، از روش‌های مختلفی استفاده

می‌کنند که یکی از آن‌ها معرفی نادرست است. به این ترتیب، گاهی دیدگاه‌های عرفانی، در اثر تفسیر غلط، اشتباه جلوه داده می‌شود.

برای مثال، برخی می‌گویند که عارف، همه‌ی اشیاء را خدا می‌پندارد؛ در حالی که او آن‌ها را عکس و سایه‌ای از «حقیقت مطلق» می‌داند:

عکس روی تو چو در آیینه جام افتاد

عارف از خنده می در طمع خام افتاد

حسن روی تو به یک جلوه که در آینه کرد

این همه نقش در آیینه اوهام افتاد

این همه عکس می و نقش نگارین که نمود

یک فروغ رخ ساقی ست که در جام افتاد

«حافظ»

او فقط حقیقت یگانه‌ی خداوند را حقیقت مطلق معرفی می‌کند و هر چیز دیگر غیر از «او» را در نسبت با «او»، مجازی و غیر حقیقی به حساب می‌آورد؛ اما گمراهی و برداشت نادرست از این حقیقت و حقایق دیگری که وی درک کرده است، موجب برخوردهای جاهلانه و ناشایست شده و در طول تاریخ، ضربه‌های مهلکی به گسترش عرفان حقیقی و ناب و برخورداری شایسته از شریعت وارد کرده است.

از سوی دیگر، با این که برخوردهای جاهلانه (عامدانه یا غیر عامدانه) با عرفان و گسترش آن، قدمت دیرینه‌ای دارد و بر قوت خود باقی است، امروزه احساس می‌شود که میل درونی بسیاری از مردم دنیا نسبت به عرفان، رو به افزایش است و اگر به این گرایش، پاسخ مناسبی داده نشود، بیش از پیش، زمینه‌ی القائات فرهنگی غلط، فراهم می‌شود.

رمز تعالی، در حفظ ظاهر و باطن دین است و تنها در این صورت است که حق دین داری

ادا می‌شود و دیگر شاهد قضاوت نادرست و سردرگمی کسانی نخواهیم بود که به تمام ابعاد دین نیاز دارند؛ اما معرفی ناقص آن (فقط با بعد شریعت)، آن‌ها را دچار روزمره‌گی یا وازدگی و تقویت روحیه‌ی دین‌گریزی کرده است.

ب) عرفان و عبادت

با توجه به تعریف شریعت و عرفان، انسان بدون شریعت، سرگشته و بی‌هدف خواهد بود و بدون وجود عرفان، اعمالی بی‌کیفیت خواهد داشت. در صورتی که انسان فقط به ظاهر اعمال عبادی اهمیت بدهد، آن اعمال چنان خشک و بی‌روح خواهد بود که پس از مدتی، برای او تکراری و کسل کننده می‌شود. حتی ممکن است که بی‌نصیب بودن آن اعمال از کیفیت مطلوب، پس از مدتی، موجب افسردگی گردد؛ در حالی که لازم است انجام اعمال عبادی و فرایض دینی، انسان را به وجد، شوق و شادی روحانی و آرامش عمیق و الهی برساند.

عبادت، در صورتی سرشار از شور و شوق خواهد بود، که کیفیت آن، همواره در حال ارتقا باشد. در صورتی که عبادت، فاقد کیفیت باشد و یا از کیفیت ثابتی برخوردار باشد، **عبادت خطی (عبادت ایستا)** است و اگر کیفیت رو به رشدی داشته باشد، **عبادت صعودی (عبادت پویا)** به شمار می‌رود.

بنابراین، در نموداری که محور افقی آن، گذر زمان را نشان می‌دهد و محور عمودی آن، کیفیت عبادت را مشخص می‌کند، عبادت خطی، بر محور افقی قرار می‌گیرد و عبادت صعودی، ارتقای کیفیت را به تصویر می‌کشد.

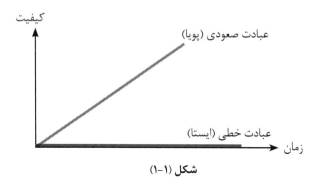

شکل (۱-۱)

ارتقا در هر عبادتی، وابسته به داشتن انگیزه‌ی متعالی و ارتقای درک و معرفت در آن عبادت است. این درک و معرفت، مربوط به تمام اجزای عبادت (اندیشه، کلام و حرکات) است و مراتب بی‌شماری دارد.

از نظر انگیزه نیز، طیف وسیعی از انواع عبادت وجود دارد. عبادت می‌تواند به‌منظور رفع تکلیف و انجام وظیفه و یا از روی عادت یا اجبار انجام شود. در هیچ‌یک از این موارد، انگیزه‌ی مناسبی برای به جا آوردن عبادت وجود ندارد. گاهی نیز انگیزه‌ی عبادت، ترس از خدا، مرگ، قبر، جهنم و غضب الهی یا طمع مزد مانند طمع بهشت و نعمات بهشتی، به جریان افتادن امور دلخواه و حل مشکلات، سلامت خود و وابستگان و... است که نشان می‌دهد عبادت، خالی از بُعد عرفانی است و در آن، ارتقای کیفی مشاهده نمی‌شود.

در مقابل، عده‌ای با عشق و اشتیاق به سراغ عبادت می‌روند و هر بار، با معرفت و کیفیت بهتری، آن را به پا می‌دارند. به‌طور قطعی، عبادتی که این افراد انجام می‌دهند، عبادتی زنده است که بُعد کیفی آن، رو به رشد است.

در متون دینی سه نوع عبادت بر اساس انگیزه‌ی آن معرفی شده است[1]:

۱- عبادت بردگان که از روی ترس خدا را عبادت می‌کنند.

---

۱. برگرفته از نهج‌البلاغه

2- **عبادت تاجران** که به طمع [مزد و پاداش دنیوی و اخروی] به‌دنبال عبادت هستند.

3- **عبادت آزادگان** که از روی شکر [حاصل از شوق فراگیر وجودی و عشق به خدا] او را عبادت می‌کنند.

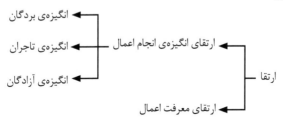

از طرفی، ارتقا در انگیزه‌ی عبادت، وقتی معنا پیدا می‌کند که در آن، هیچ انتظار و تمنایی غیر از تمنای خود خداوند وجود نداشته باشد و فقط عشق به خدا عامل بر پا داشتن اعمال عبادی باشد. رسیدن به این مقام (مقام بی‌تمنایی)، ویژگی دنیای عرفان است.

عمر زاهد به سر آمد به تمنای بهشت   نشد آگاه که در ترک تمناست بهشت

«صائب تبریزی»

در مقام بی‌تمنایی، شور عشق حکمفرما است و تنها طلبی که سراسر وجود را فرا می‌گیرد، طلب خداوند است:

ما ز دوست غیر از دوست مقصدی نمی‌خواهیم

حـور و جنـت ای زاهــد بــر تــو بــاد ارزانی

«شیخ بهایی»

به همین دلیل، گفته می‌شود:

جز سر کــوی تو ای دوست ندارم جایی

در سرم نیست به‌جز خاک درت سودایی

«امام خمینی(ره)»

از طرف دیگر، خود عبادت، موجب افزایش عشق است. خداوند از عبادت بندگان خویش بی‌نیاز است؛ اما عده‌ای تصور می‌کنند باید او را عبادت کنند تا از آن عبادت، راضی و خشنود شود و آن‌ها را از غضب خود، مصون نگاه دارد. این در حالی است که عبادت با کیفیت، باعث ارتقای درک و معرفت و عشق و اشتیاق بنده می‌شود.

رضایت خداوند، در هدایت و رشد بندگان او است و با قرب و نزدیکی آن‌ها به او حاصل می‌شود و غضب خداوند، همان ناکامی انسان از نتایج عبادت با کیفیت (دور بودن از او و نابسامانی‌های درونی) است. عبادت، ابعاد مختلف وجود انسان را سامان می‌دهد و اجتناب از آن، به نحو قانونمندی او را دچار اختلالات درونی (اضطراب، افسردگی، و ...) می‌کند و موجب بی‌بهره ماندن از آثار و نتایج معرفتی عبادت می‌شود. همه‌ی قوانینی که انسان را به زیان ناشی از این بی‌توجهی می‌رساند، مانند قوانین دیگر هستی، قوانینی الهی است که از طریق هوشمندی حاکم بر جهان هستی، وضع شده است و به همین دلیل، بی‌نصیب ماندن از نتایج مثبت عبادت و دچار شدن به نتایج منفی کوتاهی در آن، غضب الهی محسوب می‌شود.

از آن جا که عبادت، شیوه‌ی رهروی و نزدیکی به خداوند است و او کمال مطلق است، نزدیک شدن به کمال، با ارتقای کیفی به‌دست می‌آید و نمی‌تواند خطی و ثابت باشد. به همین دلیل، اگر عبادت امروز با عبادت دیروز یکسان باشد، از نوع عبادت ایستا (خطی) خواهد بود و رشد و شکوفایی در بر نخواهد داشت. پس، در صورتی عبادت، نقش خود را در نزدیک کردن بنده به خداوند ایفا می‌کند که صعودی و پویا باشد.

ج) نگاه عرفانی به خدا، عشق و اعمال دینی

مسیری که انسان در زندگی خود به سمت خدا طی می‌کند، مسیر عشق است و او در تمام طول این مسیر، با عشق سر و کار دارد.

(شکل ۱-۲)

در آغاز آفرینش آدم، خداوند خلقت او را به خود تبریک گفت؛ ملائک به او سجده کردند و معلوم شد که تمام هستی به خاطر او به وجود آمده است. از همین مرحله، آدمی عاشق خویش شد و به همین دلیل، هر انسانی هنگام تولد در این جهان، خودشیفتگی را در نرم‌افزار نهاد (غریزه) خود به همراه دارد.

به دلیل این ویژگی غریزی، هر فردی از بدو تولد، به طور کامل به خود عشق می‌ورزد و حتی توجه و علاقه‌ی او به مادر خود یا افراد دیگر، برای رفع نیازهای شخصی و ناشی از خودشیفتگی است. اما بر اساس نقشه‌ای که برای کمال انسان طراحی شده است، این قابلیت وجود دارد که بتواند در خلال زندگی زمینی، از عشق به خود، دل ببُرد و با تمام وجود، به عشق خدا برسد.

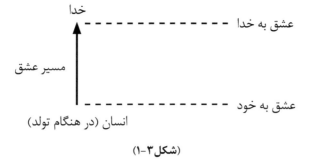

(شکل ۱-۳)

یکی از نشانه‌های تعالی، همین است که انسان از «خودشیفتگی» نجات یابد و به عشق خدا برسد. از سوی دیگر، فهم و درک انسان از کمال، در گرو همین عشق است و به همین دلیل، در سخن عرفا به اهمیت آن، تأکید می‌شود.

عاشق شو ار نه روزی کار جهان سر آید   ناخوانده نقش مقصود از کارگاه هستی

«حافظ»

با وجود خودشیفتگی، نمی‌توان به عشق الهی رسید و برای رسیدن به این عشق، لازم است که خانه‌ی دل از عشق به خود خالی شود:

برو تو خانه‌ی دل را فرو روب   مهیا کن مقام و جای محبوب

چو تو بیرون روی او اندر آید   به تو بی تو جمال خود نماید

«محمود شبستری»

به طور کلی، وقتی موضوع عشق الهی مطرح می‌شود، باید به دو اصل توجه داشته باشیم. این دو اصل عبارتند از:

اصل ۱: یک قلب، فقط جای یک عشق است.

اصل ۲: انسان نمی‌تواند به خودی خود، عاشق خدا شود.

اصل اول گوشزد می‌کند که با وجود خودشیفتگی، نمی‌توان عشق دیگری را تجربه کرد. اصل دوم نیز برگرفته از این حقیقت است که هیچ‌کس امکان درک و شناخت ذات خداوند را ندارد و بدون داشتن معرفت به چیزی یا کسی، نمی‌توان عاشق آن شد. به همین دلیل، عشق به او، بدون گذر از مرحله‌ای که توضیح داده خواهد شد و بدون عنایت خود او تحقق پیدا نمی‌کند.

تخیل و تصور ذهن انسان از خداوند، معرف ذات مقدس او نیست و نمی‌تواند عامل عشق به او شود:

این تخیل وین تصور لعبت است	تا تو طفلی پس بدانت حاجت است

«مولانا»

و

آن‌چـه اندیشـی پذیرای فناسـت	آن‌که در اندیشه ناید آن خداست

«مولانا»

عشق به خداوند، در اثر جذبه‌ای به دست می‌آید که ناشی از عشق او به بنده‌ی خویش است. بنابراین، هر یک از عرفایی که از عشق به خدا دم می‌زنند، به این درک رسیده‌اند که خدا عاشق بندگان خویش است و ما بندگان، معشوق او هستیم. آن‌ها به‌طور نسبی لذت معشوق بودن خود را چشیده‌اند و در حدی‌که به معشوق بودن خود برای خدا واقف شده‌اند، عاشق او نیز هستند و از این رهگذر، بهره‌ای از معرفت خدا می‌یابند (که البته آن نیز معرفت به ذات مقدس او نیست).

تو را چنان که تویی هر نظر کجا بیند	به‌قدر دانش خـود هر کسی کند ادراک

«حافظ»

و

فهـم او در خور هـر هـوش نیست	حلقه‌ی او سخره‌ی هر گوش نیست

«مولانا»

ما فقط می‌توانیم تا حد شناخت و درک «تجلیات خداوند»، به او نزدیک شویم. بنابراین، فقط می‌توانیم عاشق «تجلیاتِ» او، یعنی «مظاهر خداوند در جهان هستی» شویم. پس، **در اولین تحول مسیر عشق، انسان فقط می‌تواند عاشق تجلیات الهی شود.**

در تمام مراحل تجربه‌ی عشق، قلب انسان فقط یک عشق را در خود می‌پذیرد. مرحله‌ی اول، عشق به خویش (خودشیفتگی) است. در مرحله‌ی دوم، نوسانی میان عشق به خود و

دیگری رخ می‌دهد و در مرحله‌ی سوم، انسان دل خود را به عشق کسی جز خود اختصاص می‌دهد و با این عطف توجه به دیگری، خانه‌ی دل او از خودش خالی می‌شود. تنها در این صورت است که مرحله‌ی چهارم تحقق می‌یابد. در مرحله‌ی چهارم، انسان به درک عشق الهی نائل می‌شود.

خداوند، عاشق همه‌ی تجلیات خویش است؛ اما حتی درک نسبی این عشق برای هرکسی وجود ندارد. درست از وقتی که فرد، عاشق تجلیات الهی می‌شود، درکی از عشق خدا نصیب وی می‌شود و با درک این‌که معشوقِ خداوند است، عشق به خدا را تجربه می‌کند.

تجربه‌ی بشر نشان می‌دهد که عشق به تجلیاتِ الهی، از حد عشق به طبیعت یا یکی از اجزای آن تا عشق به انسان‌های متعالی (مانند عشق مولانا به شمس) امکان‌پذیر است. در همه‌ی این موارد، عشق به دیگری، باعث رهایی از عشق به خود و در نتیجه، تجلی عشق خداوند می‌شود.

| عاشــقی کردم و شــدم معشــوق | گر چه بودم چنین، چنانم ساخت |

«شاه نعمت‌الله ولی»

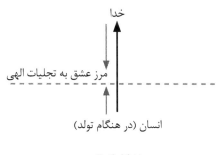

(شکل ۴-۱)

به بیان دیگر، «عشق زمینی» عاملی است که به واسطه‌ی آن، خانه‌ی دل از خودشیفتگی خالی می‌شود تا امکان تابش عشق خدا در آن فراهم شود. اما ممکن است سؤال شود که

چرا با این‌که بسیاری از انسان‌ها عشق زمینی را تجربه می‌کنند، در وجود تعداد کمی از آن‌ها اثری از عشق خدا به وجود می‌آید.

در جواب این پرسش باید گفت که عشق زمینی نیز می‌تواند عقلانی (عشق بر پله‌ی عقل)[1] یا عشقانی (عشق بر پله‌ی عشق) باشد. فقط عشق بر پله‌ی عشق است که انسان را به عشق الهی می‌رساند. در این عشق، منفعت‌طلبی و خودخواهی وجود ندارد و معشوق به دلیل خودخواهی عاشق، به اسارت او کشیده نمی‌شود.

به بیان دیگر، در مرحله‌ی خودشیفتگی نیز، عشق زمینی وجود دارد؛ اما این عشق، عشق عقلانی و سودجویانه است. آن عشق زمینی که انسان را از خودشیفتگی می‌رهاند، عشق بر پله‌ی عشق است که منجر به عشق الهی می‌شود.

البته، تنها عشق نیست که در دو وضعیت خودشیفتگی و غیر خودشیفتگی تفاوت دارد. برای شناسایی بینش‌های فردی در این دو وضعیت، می‌توان دنیای خودشیفتگی انسان را «**دنیای وارونه**» و دنیای غیر خودشیفتگی او را «**دنیای غیر وارونه**» نامید و بعضی از موضوعاتی را که در هر کدام از این دو دنیا معنای متفاوتی می‌یابند، مورد بررسی قرار داد.

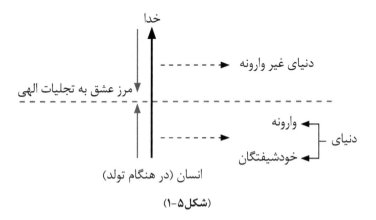

(شکل۵-۱)

۱. برای آشنایی با پله‌ی عقل و پله‌ی عشق به بخش «تعریف حرکت عرفانی» مراجعه شود.

در دنیای غیر وارونه (که دنیای درک عشق الهی و دنیای عرفان است) نسبت به هر یک از این موضوعات، نگرشی متعالی وجود دارد. به همین مناسبت، نگاه عرفانی به «خدا»، «دین»، «دعا»، «نذر» و «صدقه» (به‌عنوان نمونه‌هایی از موضوعات مطرح در دین) در کنار موضوعاتی همچون «عشق»، «واقعیت و حقیقت زندگی» و «تلاش و تسلیم»، مورد توجه قرار می گیرد و با نگاه غیر عرفانی (نگاه رایج در دنیای وارونه) مقایسه می‌شود.[1]

۱- عشق:

در دنیای غیر وارونه، عشق، آزادی‌بخش است و عاشق در مقامی است که دیگر خود را نمی‌بیند تا معشوق را برای خود بخواهد. به عبارت دیگر، در دنیای غیر وارونه، همواره نگاه مهرآمیز فرد، متوجه دیگران است و مانند مردمک چشم، هیچ‌گاه خود را نمی‌بیند:

از مردمک دیده بباید آموخت　　دیدن همه کس را و ندیدن خود را

«خواجه عبدالله انصاری»

اما عشقی که در دنیای وارونه تجربه می‌شود، «عشق عقلانی» و سودجویانه است. عقل همیشه چیزی را پیشنهاد می‌کند که از آن منفعتی ببرد. در تجربه‌ی این عشق، فرد عاشق، بر اساس منفعت‌طلبی عقل، معشوق را به اسارت خود می‌کشد تا از وجود او برای خود سودی ببرد. جملاتی از این قبیل که «اگر او نباشد، من می‌میرم.» نشان می‌دهد که موضوع دارای اهمیت، زنده ماندن عاشق و یا به عبارتی، تأمین نظر او است؛ نه وجود معشوق.

به همین دلیل، وقتی در دنیای وارونه دو نفر عاشق یکدیگر می‌شوند، همواره هر کدام، دیگری را زیر نظر و کنترل خود دارد تا مطمئن شود که رقیبی جایگزین او نمی‌شود. بنابراین، اگر هر یک از طرفین، توجهی به شخص دیگری نشان دهد، عشق میان ان‌ها از درجه‌ی اعتبار ساقط می‌شود.

---

۱. با توجه به این که نوع نگرش به عشق، در چگونگی دیدگاه‌های دیگر نقش دارد، ابتدا مفهوم عشق مورد بررسی قرار می‌گیرد.

از این رو، عشق در دنیای وارونه به غم و غصه، بدبینی و افسردگی ختم می‌شود و عاشق از حسادت رنج می‌برد و از فکر رقیب (که می‌خواهد منفعت او را سلب کند) آرامش ندارد.

همان‌طور که اشاره شد، عشق در دنیای وارونه، به‌طور کامل محصول عقل است. از دوران طفولیت، والدین، محیط و نظام آموزش و پرورش، نقش برنامه‌ریزی نرم‌افزار ناخودآگاه را به عهده دارند. در بسیاری از جوامع، این نرم‌افزار فقط بر محور عقل برنامه‌ریزی می‌شود. برای مثال، در جامعه‌ای که کودک با جمله‌ی تذکری «عاقل باش» و جمله‌ی تشویقی «آفرین! عاقل شده‌ای.» زیاد مواجه می‌شود و تعالیم و رفتارهای مختلف، خواسته یا ناخواسته، به طور عمده بر عقل تأکید می‌کند، در ضمیر ناخودآگاه او جایی برای تجربه‌های فوق عقلانی نمی‌ماند و این اشکال در بزرگسالی آشکار می‌شود.

به دنبال این نوع برنامه‌ریزی یک‌جانبه در «ناخودآگاه»، وقتی فرد می‌خواهد به حریم عشق وارد شود، این نرم افزار اجازه‌ی عبور اطلاعات این حریم را نمی‌دهد و «قفل» ایجاد می‌کند. یعنی به محض این که اطلاعاتی می‌رسد که با عقل قابل پردازش نیست، توسط نرم افزار ناخودآگاه که به آن تجهیز شده است، سانسور می‌شود. به همین دلیل، بینش فرد فقط بر مبنای عقل شکل می‌گیرد و حتی وقتی که «عشق» را تجربه می‌کند، این تجربه باز هم عقلانی است. یعنی، نه تنها از تجربیات عرفانی (که محصول پله‌ی عشق است) بی‌نصیب می‌ماند، بلکه آن‌چه در وادی «عشق زمینی» تجربه می‌کند نیز، بر اساس پیشنهاد عقل است؛ نه بر مبنای عشق.

بنابراین، تجربه‌ی عشق حقیقی بسیار محدود و انگشت‌شمار است و بیشتر در داستان‌ها می‌توان آن را یافت. در این داستان‌ها، اسطوره‌هایی مانند «لیلی و مجنون»، «خسرو و شیرین» و ... برای بیان ویژگی‌های عشق بر پله‌ی عشق (که بسیار کمیاب است) معرفی می‌شوند تا گمان نشود که هر عشقی، عشق حقیقی (عشق بر پله‌ی عشق) است.

بسیاری از کسانی که مدعی عشق هستند، فقط به ظاهرِ معشوق خود نظر دارند و عشق آن‌ها، عشق بر پله‌ی عقل است؛ نه عشق بر پله‌ی عشق. اما در عشق بر پله‌ی عشق، عاشق، در بند ظاهر معشوق نیست.

آن‌چه معشـوق است صورت نیست آن	خواه عشق این جهان خواه آن جهان
آن چــه بــر صورت تــو عاشــق گشته‌ای	چـون برون شــد پس چرایش هشته‌ای
صورتش بر جـاست این زشتـی ز چیست	عاشــقا واجو کــه معشــوق تــو کیست

«مولانا»

از طرف دیگر، دامنه‌ی عشق بسیار گسترده‌تر از عشق به یک هم‌نوع است و این چیزی است که در طول تاریخ، بشر به ندرت به آن دست یافته است. خصوصیت کسانی که توانسته‌اند عشق حقیقی به تجلیات الهی را تجربه کنند، این است که نه تنها مجذوب زیبایی‌هایی مانند زیبایی طبیعت هستند، حتی به هر چیزی که ناچیز و نا زیبا به نظر می‌رسد، نگاه عمیق و زیبابین دارند و به رمز و راز آن، پی می‌برند. در واقع، آن‌ها به حقیقت و ماورای وجود هر چیزی نگاه می‌کنند؛ در حالی که انسان‌های دیگر، یا ظاهر هر چیز را می‌بینند و یا سعی دارند که تنها با تجزیه و تحلیل و موشکافی‌های عقلانی، آن را بشناسند و درباره‌اش قضاوت کنند.

بنابراین، در دنیای غیر وارونه، هر انسان عاشقی می‌داند که تنها با فراتر رفتن از دانایی و گذشتن از عشق عقلانی، یعنی فقط با عشق عشقانی (عشق حقیقی) می‌توان به سرّ هستی و شگفت‌انگیزی آن دست یافت.

کار ما نیست شناسایی راز گل سرخ

کار ما شاید این است

که در افسون گل سرخ شناور باشیم

پشتِ دانایی اردو بزنیم

دست در جذبه‌ی یک برگ بشوییم و سر خوان برویم

...

کار ما شاید این است

که میان گل نیلوفر و قرن

پی آوازِ حقیقت بدویم

«سهراب سپهری»

۲- خدا:

خداشناسی در دنیای وارونه و غیر وارونه بسیار متفاوت است. در دنیای وارونه، خداوند وسیله‌ای برای دستیابی به مقاصد و خواسته‌های انسان است. بنابراین، او خدا را برای هموار کردن مسیر زندگی زمینی خود می‌خواهد و هر جا احساس ناتوانی کند، رو به سوی او می‌کند تا ضعف خود برای رسیدن به اهدافش را جبران سازد. به‌طور خلاصه می‌توان گفت که در دنیای وارونه، خدا فقط برای رفع حاجت‌های مادی و خواسته‌های زمینی (حفظ منافع فردی) خوانده می‌شود؛ نه برای کمال و قرب الهی.[1]

اما در دنیای غیر وارونه، خدا نقش یک وسیله را ندارد و به دلیل وسیله‌ساز بودن نیست که مورد توجه قرار می‌گیرد. در این دنیا، خود خدا مطلوب انسان است و نزدیکی به او (حرکت در مسیر کمال)، هدف محسوب می‌شود.

محب صادق از جانان به جز جانان نمی‌خواهد

که حیف است از خدا چیزی تمنا جز خدا کردن

«فروغی بسطامی»

---

۱. در دنیای وارونه وقتی افراد به یاد خدا می‌افتند و به او توجه می‌کنند که حاجتی دارند و خودشان قادر به رفع آن نیستند.

۳- دین:

در دنیای وارونه، خداوند برای رسیدن به مقاصد فردی، مورد پرستش واقع می‌شود. بنابراین، این مقاصد هستند که مورد پرستش قرار می‌گیرند؛ نه خود خدا. با این نوع پرستش، فرد بدون این که خود واقف باشد، در اصل خودپرستی می‌کند. به همین دلیل، کسانی که در دنیای غیر وارونه، از رابطه‌ی عاشقانه با خداوند سرمست هستند، با اشاره به پرستش مستانه‌ی خود، دیگران را از آن طاعت (که شرک‌آمیز و بت پرستانه است) بر حذر می‌دارند.

گـر یـار منیــد تــرک طاعــات کنیـد   غم‌های مــرا بــه می مکافـات کنیــد
چــون در گــذرم خاک مرا گِــل سازید   در رخنـهٔ دیــوار خــرابــات کنیــد

«خیام»

پیام دیگری که در همین راستا برای هر عابد و زاهدی وجود دارد، این است که ورود به دنیای عرفان و چشیدن می آگاهی، انسان را عاشق می‌کند و در این حالت، او دین را به عنوان دینی که خدای آن، خدای وسیله است کنار می‌گذارد و آن را به‌عنوان دین خداجویانه دنبال می‌کند.

زاهـد از ما به ســلامت بگذر کایــن مــی لعـل[1]

دل و دین می برد از دست بدان سان که مپرس

«حافظ»

به عبارت دیگر، دین از منظر دنیای وارونه، اصول و قوانین داد و ستد و بده و بستان با خداوند است که انسان برای حفظ منافع خود، آن را دنبال می‌کند. با داشتن چنین دینی، ذهن فرد همواره به دنبال حداکثر بهره‌برداری منفعت‌طلبانه و ایمنی از عقوبت، در دنیا و آخرت است و به دین به عنوان وسیله‌ای برای رسیدن به غایت کمال (خدا) نگاه نمی‌کند. در

---

۱. منظور از می لعل، آگاهی ناب است.

حالی که در دنیای غیر وارونه گفته می‌شود:

ما ز دوست غیر از دوست مقصدی نمی‌خواهیم

حور و جنت ای زاهد بر تو باد ارزانی

«شیخ بهایی»

سخن عارف در این باره، این است که:

فرو رفتم به دریایی که نه پای و نه سر دارد

ولی هر قطره‌ای از وی به صد دریا اثر دارد

ز عقل و جان و دین و دل به کلی بی خبر گردد

کسی کز سرّ این دریا سر مویی خبر دارد

«عطار»

۴- دعا:

اولین و مهم‌ترین سؤال در طول تاریخ زندگی بشر، این بوده است که «من کیستم؟». به دنبال این پرسش، انسان در پی یافتن خالقی بر آمد که تغییرات و تحولات طبیعت را ناشی از وجود او می‌دانست. پس خواهان برقراری ارتباط با او شد تا با دعا، قربانی و ... از رخدادهای غیر مترقبه مانند زلزله که آن را ناشی از غضب او می‌دانست، در امان بماند. از همان زمان، دعا همواره پلی میان انسان و خالق بوده است تا در ارتباط با او، انواع کمبودها و ناملایمات خود را جبران کند و برای غلبه بر ترس و نگرانی و رفع نقاط ضعف خود، چاره‌ای بیابد.

اما علاوه بر این، انسان از ابتدا با مجهولاتی مواجه بوده است که اشتیاق وافر برای کشف جواب آن‌ها، وی را در معرض الهامات قرار داده است و الهامات، میل به کمال را در او برانگیخته است. بنابراین، میل به کمال نیز یکی از انواع خواسته‌های انسان است که عده‌ای را به سوی دعا سوق می‌دهد.

یکی از حقایقی که بشر در طول تاریخ ادیان، از پیام‌های آسمانی دریافت، وجود آخرت بود که باعث شد دریافت پاداش اخروی نیز انگیزه‌ای برای دعا شود. امروزه، در بین انواع خواسته‌های انسان، نیازهای زمینی عاملی است که او را به یاد خدا می‌اندازد؛ اما اغلب، هرگاه این نیازها برطرف شود، به وی احساس بی‌نیازی یا احساس قدرت دست می‌دهد و خدا را فراموش می‌کند. خواسته‌هایی مانند رسیدن به پاداش اخروی نیز با این‌که باعث می‌شود فرد به‌طور مستمر خدا را بخواند، به خودی خود، او را به کمال و تعالی نمی‌رساند.[1]

در دنیای غیر وارونه، انسان خدا را برای رفع نیازها و رسیدن به منافع و مصالح خود نمی‌خواهد؛ بلکه او را فقط به اشتیاق خود او می‌خواند و همواره او را طلب می‌کند.

فراق و وصل چه باشد رضای دوست طلب　　　که حیف باشد از او غیر از او تمنایی

«حافظ»

نزد عارف، که دنیای او دنیای غیر وارونه است، دعا رنگ و بوی خاصی دارد و تمام توجه وی به خدا و عشق او را نشان می‌دهد.

از در خویش خدایا به بهشتم نفرست　　　که سر کوی تو از کون و مکان ما را بس

«حافظ»

به بیان روشن‌تر، در دنیای عرفان، حرف دل این است که:

یارب ز تو آن چه من گدا می‌خواهم　　　افزون ز هزار پادشا می‌خواهم

هر کس ز در تو حاجتی می‌خواهد　　　من آمده‌ام از تو، تو را می‌خواهم

«حسن غزنوی»

و گفته می‌شود:

دانی که چه ها چه ها چه ها می‌خواهم　　　وصل تو من بی سر و پا می‌خواهم

---

۱. اما در عین حال می‌تواند زمینه‌ساز کمال باشد. (همچنین، ادعیه‌ی منسوب به اولیای خدا موجب آشنایی با نحوه‌ی دستیابی به کمال می‌شود و علاوه بر این، در صورتی که موجب برقراری اتصال و ارتباط با خدا گردد، باعث تحول می‌شود.)

فریـــاد و فغــان و نـــاله‌ام دانی چیست	یعنی که تو را تو را تو را می‌خواهم

«بابا طاهر»

۵- نذر:

تعالیم هر دینی می‌تواند با یکی از دو هدف کمال‌گرایی و یا منفعت‌طلبی، پذیرفته و اجرا شود. به‌طور معمول، بسیاری از مردم، بیشتر هدف دوم را دنبال می‌کنند؛ در حالی که مقصود تمام ادیان الهی، رساندن بشر به کمال است.

یک نمونه از این رفتارهای دینی، نذر کردن است. در دنیای غیر وارونه، نذر کردن، انجام کار خیری است که تشعشعات مثبتی دارد؛ موجب «جذب فیض الهی» می‌شود و وسیله‌ی تقرب است. بنابراین، اثر مطلوبی بر امور جاری زندگی می‌گذارد.

این درست بر خلاف نذر در دنیای وارونه است که در آن، انسان در قبال رسیدن به خواسته‌ی خود، در نظر می‌گیرد که کار خیری انجام دهد؛ اما انتظار دارد، حتی اگر با انجام آن، عدالتی نقض و حقی پایمال شود، خداوند او را به خواسته‌اش برساند.[1] یعنی، با توقع اجابت حتمی، برای خدا شرط تعیین می‌کند و نذری را که در نظر دارد، انجام نمی‌دهد؛ مگر این که خواسته‌ی او اجابت شود و به مطلوب خود دست یابد. در این گونه نذرها، گویا انسان خدا را مقید یا حتی مکلف به انجام کاری می‌کند.

در دنیای غیر وارونه که نذر بر مبنای عشق است، یا شرطی تعیین نمی‌شود و بدون در نظر گرفتن نتیجه، نذر ادا می‌شود و یا اگر شرطی هم تعیین شود، شرط انسان با خودش خواهد بود. یعنی، او بدون انتظار وقوع حتمی چیزی که می‌خواهد، با خود شرط می‌کند (خود را ملزم می‌کند) که اگر به حاجتش رسید، نذر خود را ادا کند.

---

۱. برای مثال، موفقیت در یک رقابت علمی، نیازمند تلاش و مطالعه و پیروزی در یک مسابقه‌ی ورزشی، مستلزم تمرین و ممارست است و در هر دو مورد، اگرکسی مستحق موفقیت نباشد، خلاف عدالت الهی است که با انجام نذر به آن دست یابد.

- نذر
  - در دنیای غیر وارونه: جذب فیض الهی
    - بدون شرط
    - شرط با خود
  - در دنیای وارونه: شرط با خدا

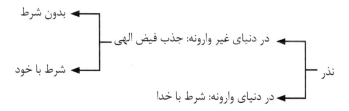

۶- صدقه:

پرداخت صدقه، باعث می‌شود که انسان در فاز مثبت[1] قرار بگیرد و احساس سبکی کند. این در فاز مثبت بودن، از مشکلات زیادی که ناشی از تشعشعات منفی و هر نوع تداخل تشعشعاتی خطرناک است، پیشگیری می‌کند و به‌طور کلی، ما را از بلایا و صدمات متعددی که ناشی از قرار داشتن در فاز منفی است، دور می‌کند.[2] برای مثال، در فاز منفی، انسان دچار پریشان‌خاطری می‌شود و این، امکان بروز اشتباه و وقوع سوانح را زیاد می‌کند؛ اما صدقه او را به فاز مثبت سوق می‌دهد و اشتباهات ناشی از پریشان‌خاطری، به شدت کاهش می‌یابد.

در دنیای غیر وارونه، خاصیت صدقه شناخته شده است و کسی انتظار ندارد که تأثیر دیگری غیر از آن را مشاهده کند. بنابراین، اگر صدقه‌ای پرداخت کرد و دچار حادثه‌ای شد، خاصیت صدقه را انکار نمی‌کند و دچار تضاد درونی با خداوند نمی‌شود.

۷- حقیقت و واقعیت زندگی:

زندگی، مجموعه‌ای است از «واقعیت‌ها» و «حقیقت‌ها». در دنیای وارونه، واقعیت زندگی، شیرین است. یعنی به‌طور محسوس یا نامحسوس در ضمیر ناخودآگاه افراد، حک شده است

---

۱. در هر حالت و وضعیتی، انسان در یکی از دو فاز مثبت یا منفی قرار دارد. فاز منفی، شرایطی است که انسان، پریشان احوال، نا امید و مضطرب است و در وضعیت ترس و درماندگی قرار دارد و فاز مثبت، قرار گرفتن در حالت امید، آرامش، شادی و ... می‌باشد.

۲. تشعشعات منفی، آثار بدی بر جسم، روان و ذهن انسان دارد و اصابت آن‌ها به فرد، فقط در صورتی است که او در فاز منفی قرار داشته باشد. (به بخش «کالبد روان» در کتاب «انسان از منظری دیگر» مراجعه شود.)

که حقیقت تلخ است و به همین دلیل، آن‌ها خواسته یا ناخواسته، از حقیقت گریزان هستند. به همین دلیل، در زندگی خود، فقط به واقعیت‌ها نگاه می‌کنند و از نظر آن‌ها این واقعیت‌ها (بر خلاف حقیقت) چنان شیرین قلمداد می‌شود که به آن دل می‌بندند. یکی از نتایج چنین دیدگاهی این است که برای این افراد، دل کندن از زندگی (مرگ) بسیار سخت است.

در دنیای غیر وارونه، حقیقت شیرین است و به هیچ وجه، از زندگی افراد حذف نمی‌شود. به عکس، واقعیت زندگی برای آن‌ها شیرین نیست؛ به این معنی که از آن دل کنده‌اند. آن‌ها در عین حال که از واقعیت زندگی (فرصت موجود) برای رسیدن به حقایق بیشتر استفاده می‌کنند، آغوش خود را برای جدا شدن از آن (مرگ) باز می‌گذارند؛ زیرا با حقیقت مرگ، آشنا هستند و می‌دانند که مرگ، عامل نزدیک شدن به خداوند است.

آگاهی از حقیقت، باعث می‌شود که انسان با دیدن واقعیت و حقیقت (در کنار هم) نشاطی داشته باشد که برای او «بهشت نقد» خواهد بود. این بهشت نقد، زمینه‌ساز فرداهای بهتری است که او را به تجربه‌ی بهتری در بهشت برین نیز می‌رساند.

۸- تلاش و تسلیم:

برای انجام امور زمینی، لازم است که انسان **تلاش** کند؛ در حالی که امور آسمانی (تجربه‌های معنوی)، با سعی و تلاش حاصل نمی‌شود و بر آن‌ها، قانون **تسلیم** حاکم است. بر همین اساس، در دنیای غیر وارونه، به چند نکته توجه می‌شود:

- انجام کارهای زمینی، به عهده‌ی خود انسان است و باید برای آن «تلاش» کند.

- لازم است که انسان برای انجام هر کار زمینی، اختیار داشته باشد و با انتخاب خود، آن را دنبال کند؛ زیرا فقط با اختیار است که می‌تواند نقش و هنر خود در زندگی را آشکار کند. بدون اختیار، فلسفه‌ی خلقت انسان، باطل و از درجه‌ی اعتبار، ساقط می‌شود.

- فعالیت در راه خدا نیز نیازمند سعی و تلاش است. هر کسی این راه را انتخاب

می‌کند، باید برای آن بکوشد. فرستادگان الهی و پیروان آن‌ها این درس را به ما داده‌اند که هم برای رسیدن به مرز امور آسمانی[1] و هم برای دفاع از حق و حقیقت، باید تلاش کرد.

- نعمت‌های[2] آسمانی الهام، اشراق، ادراک[3] و تحولات تعالی‌بخش، مستلزم «**اشتیاق**» است. انسان با «اشتیاق» خود، امکان دریافت این نعمت‌ها را فراهم می‌کند و به شرط «تسلیم»، به آن‌ها دست می‌یابد. به‌طور خلاصه می‌توان گفت که رسیدن به این امور آسمانی، نیازمند تسلیم است و تلاش انسان، تنها بروز «اشتیاق» اوست. دریافت مزد اشتیاق حتمی است؛ اما در لحظه‌ی دریافت این مزد (دریافت آسمانی)، باید تسلیم بود.

غیر تسلیم، در این عرصه کسی پیش نبرد

سر فکندن به زمین گوی ربودن بوده است

«بیدل دهلوی»

برای مثال، اگر کسی به قصد برقراری ارتباط با خدای خود، عازم عبادتگاهی شود، حضور او در آن محل، ناشی از اشتیاق و متکی به «تلاش» است؛ اما ارتباط و اتصال او با معبود، مستلزم «تسلیم» است و دریافت‌های معنوی وی، نتیجه‌ی این تسلیم خواهد بود.

در مجموع، می‌توان برای نشان دادن دیدگاهی که در دنیای غیر وارونه وجود دارد، این شکل را ترسیم کرد:

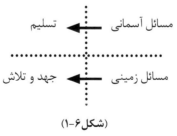

(شکل ۶-۱)

---

۱. منظور از امور آسمانی، برقراری ارتباط با خدا و تجربه‌های معنوی است.
۲. هر یک از آفریده‌های خداوند، نعمت است. برخی از این نعم، آسمانی و برخی، زمینی محسوب می‌شوند.
۳. در این‌جا منظور از ادراک، درکی است که در دنیای عرفان به‌دست می‌آید. برای آشنایی بیشتر به بخش «توصیف حرکت عرفانی» مراجعه شود.

اما در دنیای وارونه همه چیز بر عکس است و انسان گمان می‌کند که برای حل مسائل زمینی خود، باید تسلیم باشد و بدون این که تدبیری کند و زحمتی بکشد، از خدا انتظار دارد که برای او امکانات زندگی زمینی را فراهم سازد. در اصل، در چنین دنیایی، انسان به طور عمده، خدا را برای همین منظور می‌خواهد.

از طرف دیگر، در دنیای وارونه، کسی که طالب نعمت‌های آسمانی و معنوی است، انتظار دارد فقط با تلاش به مقصود برسد. برای مثال، برای غلبه بر امیال، به خود سختی زیادی می‌دهد تا به‌وسیله‌ی آن، پیام‌های آسمانی دریافت کند و یا فقط به ظاهر مناسک اکتفا می‌کند و تلاش می‌کند که با تکرار و مداومت بر آداب ظاهری عبادات، خود را به کمال برساند؛ در حالی که برخورداری از نتیجه‌ی عبادات و رسیدن به اشراق و روشن‌شدگی، نیازمند اشتیاق و طلب انسان و لطف و عنایت خداوند است و با تسلیم در مقابل او، به دست می‌آید.

به سعی خود نتوان برد پی به گوهر مقصود   خیال بود که این کار بـی حواله بر آید

«حافظ»

شکل زیر، نحوه‌ی نگرش در دنیای وارونه را نشان می‌دهد:

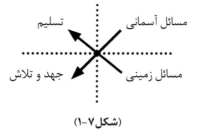

(شکل ۷-۱)

عرفان عملی

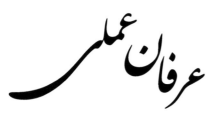

۱- تعریف حرکت عرفانی
الف) منظور از حرکت عرفانی

در این فصل، سیر و سلوک عرفانی که به‌طور معمول، با اصطلاح **«عرفان عملی»** شناخته می‌شود، با عنوان **«حرکت عرفانی»** توصیف می‌گردد و خصوصیات آن، مورد بررسی قرار می‌گیرد.

باید توجه داشت که در اینجا منظور از حرکت، تحول است. بنابراین، حرکت عرفانی به معنای **«تحول عرفانی»** به‌کار می‌رود. چنین تحولی، رسیدن به اشراق و روشن‌بینی و درک رموز هستی است.

شناسایی هستی و اسرار آن، به دو صورت امکان دارد: یکی دست یافتن به شناخت حسی، عقلی و ... و دیگری رسیدن به درکی که فراتر از شناخت حسی، عقلی و ... بوده، در اصطلاح، مربوط به «دل» است. می‌توانیم این دو حوزه را پله‌ی عقل و پله‌ی عشق بنامیم و برای آشنایی بیشتر با هر‌یک و همچنین، شناسایی نسبتِ عرفان با هرکدام، ویژگی‌های آن دو را با هم مقایسه کنیم:

۱- بر پله‌ی عقل، ابزارهایی وجود دارد که می‌توان آن‌ها را به دو دسته‌ی ابزارهای اصلی،

و واسطه‌ای تقسیم کرد. ابزارهای اصلی، ابزارهایی هستند که به‌طور مستقیم، به شناخت، تصمیمات و نتایج عقلانی منجر می‌شوند و برنامه‌های زندگی، از طریق آن‌ها طراحی می‌گردد. این ابزارها عبارتند از: «دلیل و استدلال»، «علم و دانش»، «فن و تکنیک»، «راه و روش» و «تفکر و تعقل». ابزارهای واسطه‌ای، ابزارهایی هستند که در خدمت ابزارهای اصلی پله‌ی عقل در می‌آیند تا رسیدن به نتایج عقلانی تسهیل شود. این ابزارها عبارتند از: «تخیل و تصور»، «سعی و کوشش»، «اراده و خواست»، «تلقین و تکرار»، «ذکر و مانترا» و «پند و نصیحت».[1]

رویدادها و پدیده‌هایی که بر پله‌ی عشق تحقق می‌یابد، شامل «ذوق و شوق»، «حیرت و تعجب»، «شور و هیجان»، «علاقه و توجه»، «وجد وسرور»، «مهر و محبت»، «ایثار و فداکاری» و همچنین «ادراک و اشراق» است. پیش آمدن هیچ‌یک از این حالات و رویدادها وابسته به هیچ ابزاری نیست و هر یک از پدیده‌های پله‌ی عشق، به‌طور خودجوش ایجاد می‌شود.

به بیان دیگر، برخلاف پله‌ی عقل، بر پله‌ی عشق، هیچ‌گونه ابزاری وجود ندارد و آن‌چه بر روی این پله روی می‌دهد، با اراده‌ی فرد در آن لحظه، به‌دست نمی‌آید؛ بنابراین، هیچ‌یک از ابزارهای دیگری نیز که بر پله‌ی عقل به‌کار می‌آید، در قلمرو عشق، کاربردی ندارد.[2] قلمرو عشق، قلمرو دل است و دل، پذیرای فن و تکنیک و ... نیست. برای مثال، با فن و تکنیک، علم و دانش و یا تفکر و تعقل، نمی‌توان در کسی ایجاد ذوق کرد تا شعری بسراید و یا شور و شوق یا حیرت و تعجبی در او ظاهر شود.[3] همچنین، عاشق شدن یا دریافت الهام ، با سعی و کوشش حاصل نمی‌شود.

---

۱. گاهی برخی از این ابزارها مانند تخیل و تصور و تلقین و تکرار، عامل نتیجه‌گیری کاذب نیز می‌شوند.

۲. همه‌ی ابزارهای پله‌ی عقل، به‌دنبال تصمیم‌گیری و اراده به‌کار می‌روند و رویداد درون‌جوشی که در هنگام رخ دادن، تصمیم و اراده در آن نقشی نداشته باشد، به ابزارهای دیگر پله‌ی عقل هم وابسته نیست.

۳. چنان که توضیح داده خواهد شد، هریک از عواملی همچون تفکر و تعقل و علم و دانش می‌توانند برای پدیداری عشق محرک باشند؛ اما این‌طور نیست که هرگاه بخواهیم تجربه‌ای از پله‌ی عشق داشته باشیم، به سراغ این ابزار برویم و از این طریق، به مقصود خود برسیم.

آنان که راه عشق سپردند پیش از این   شبگیر کرده‌اند؛ به ایشان نمی‌رسیم
ایشان مقیم در حرم وصل مانده‌اند   ما سعی می‌کنیم و به دربان نمی‌رسیم

«عبید زاکانی»

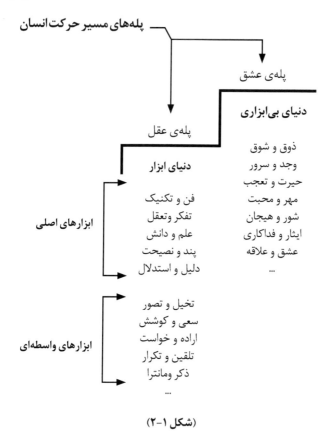

(شکل ۱-۲)

۲- یکی از خصوصیات عقل، منفعت‌طلبی است؛ در حالی که عشق، خودجوش است و به همین دلیل، منفعت‌جویی در آن معنا ندارد.

در چار سوی عقل غم سود و زیان است   در حلقه‌ی عشاق به جز امن و امان نیست

«قاسم انوار»

۳- حوزه‌ی عقل، حوزه‌ی تجارب ماورایی نیست. به همین لحاظ، عقل محدودیت‌هایی دارد که باعث می‌شود تجارب گسترده‌ی حوزه‌ی عشق را انکار کند.

عقل گوید شش جهت حد است و بیـــرون راه نیست

عشـــــق گوید راه هســـت و رفتـــه‌ام مـــن بـــارها

«مولانا»

۴- ابزارهای موجود بر پله‌ی عقل، امکان تعریف، توضیح و تشریح شناختی را که روی این پله به‌دست می‌آید، فراهم می‌کنند؛ اما بر پله‌ی عشق، نه این ابزارها کاربردی دارند و نه شناخت قابل توصیفی وجود دارد. پله‌ی عشق، پله‌ی درک است؛ نه شناخت. آن‌چه بر پله‌ی عشق درک می‌شود، تجربه‌ای کاملا شخصی است که قابل تعریف و توصیف نیست.

در حریم عشق نتوان زد دم از گفت و شنــــود

زانکه آن‌جا جمله اعضا چشم باید بود و گوش

«حافظ»

(شکل ۲-۲)

درکی که بر پله‌ی عشق به‌دست می‌آید، از شناختی که بر پله‌ی عقل حاصل می‌شود، برتر و شفاف‌تر و در وجود فرد، اثرگذارتر است و این طور نیست که فقط اطلاعات ذهنی او را افزایش دهد.

گرچه تفسیر زبان روشنگر است   لیک عشق بی‌زبان روشن‌تر است

«مولانا»

در عین حال، تجربه بر پله‌ی عشق، با کلام قابل انتقال نیست؛ یعنی، تجربه‌ای کیفی است که برای خود فرد، وضوح دارد؛ اما چون با هیچ کمیتی نمی‌توان کیفیتی را چنان که هست، توضیح داد، فرد حتی با داشتن بیانی شیوا نیز نمی‌تواند آن را به همان خوبی که درک کرده است، توصیف کند.

به همین دلیل، اهل دل می‌گویند:

بشوی اوراق اگر هم‌درس مـایی   کـه درس عشق در دفتر نباشد

«حافظ»

برای توضیح این بیان‌ناپذیری، می‌توان از یک مثال حسی استفاده کرد. چشیدن طعم یک سیب، یک تجربه‌ی شخصی است. کسی که طعم سیب را می‌چشد، به هیچ وجه قادر نیست که آن طعم را برای دیگران توصیف کند و آنچه را حس کرده است، به آن‌ها انتقال دهد. او با نهایت سعی خود، فقط می‌تواند به طعمی که چشیده است، اشاره کند و توضیحات وی، حقیقت حس او را آشکار نخواهد کرد.

در قلمرو عشق، این ناتوانی در تشریح آنچه تجربه و درک شده است، وجود دارد[1] و به همین دلیل، نه محبتی که در دل برانگیخته می‌شود و حیرتی که فرد را سرگشته می‌کند، قابل توصیف است و نه چگونگی و جزئیات الهامی که دریافت می‌شود، قابل تعریف و توضیح می‌باشد.

آن نقطه‌ی خاموشی در حرف نمی‌گنجد   بــر طاق فراموشی بگذار کتاب اول

«صائب تبریزی»

---

[1]. در حقیقت، ناتوانی از توصیف آنچه بر پله‌ی عشق روی می‌دهد، مربوط به عقل است؛ زیرا تجربه در قلمرو عشق در محدوده‌ی ابزارهای قلمرو عقل نمی‌گنجد.

۵- مرتبه‌ی عشق، بالاتر از مرتبه‌ی عقل است و فخر خداوند به خلق انسان، به‌دلیل قابلیت او در زمینه‌ی عشق است. برتری مقام عشق نسبت به مقام عقل، از دو نظر قابل بررسی است:

الف) اولین تجلی ذات حق که موجب پیدایش عالم وجود شد، بر مبنای حب و عشق بوده است؛ نه بر مبنای عقل. یکی از بارزترین ویژگی‌های عقل، منفعت‌طلبی است. خداوند، نیازمند آفرینش نبوده و نیست و از عالم وجود، سودی نمی‌برد. در بخش هستی‌بخشی، ترتیب عوالم وجود و نقش عشق در پیدایش هریک از آن‌ها، بررسی خواهد شد. در این بررسی، معلوم می‌شود از آن‌جا که عامل متجلی شدن هر چیز عشق است، مقام آن بالاتر است.

ب) انسان با خودشیفتگی در این دنیا متولد می‌شود و زندگی را آغاز می‌کند. نشانه‌ی خودشیفتگی او این است که از بدو تولد، فقط به رفع نیازهای خود اهمیت می‌دهد و حتی وجود مادر را به‌خاطر خود می‌خواهد. بنابراین، دوست داشتن او، بر پله‌ی عشق نیست و نوعی سودجویی و منفعت‌طلبی است که برای ادامه‌ی بقا ابراز می‌شود. در این مرحله، او رفتاری غریزی[1] دارد؛ اما در ادامه‌ی حیات، به ابزارهای پله‌ی عقل دست می‌یابد و از آن‌ها نیز استفاده می‌کند؛ تا منافعی را به‌دست آورد.

نکته‌ی مهم این است که وجه تمایز انسان از سایر مخلوقات، برخورداری او از حوزه‌ی عشق است. او در مرحله‌ای پس از به‌کارگیری عقل، به تجربه‌ی عشق می‌رسد و بدون آن، به تعالی نخواهد رسید.

حریم عشق را درگه بسی بالاتر از عقل است

کسی آن آستان بوسد که جان در آستین دارد

«حافظ»

---

۱. رفتار غریزی، کنش‌ها و واکنش‌هایی است که بر اساس نرم‌افزار ثابتی بروز می‌کند و تعقل و عشق‌ورزی در آن وجود ندارد.

۶- عقل، توانایی برداشت صحیح از عشق را ندارد؛ زیرا در مرتبه‌ی پایین‌تری نسبت به آن قرار دارد و نمی‌تواند آن‌چه را مربوط به درجه‌ای بالاتر است، درک، قبول و توجیه کند. به همین دلیل، رویدادهای مربوط به پله‌ی عشق، با مخالفت عقل مواجه می‌شود و برای مثال، ایثار و فداکاری، توجیه عاقلانه‌ای ندارد و عقل آن را رد می‌کند.

عقـــل راه نا امیـــدی کـی رود　　　عشـــق باشد کان طرف با سر دود

لا ابالـی عشــق باشـد نی خـرد　　　عقــل آن جوید کــز آن سودی برد

«مولانا»

از منظر عقل، عاشق دیوانه است؛ اما عاشق حقیقی، به این دیوانگی می‌بالد؛ زیرا این دیوانگی به‌معنای زایل شدن عقل نیست؛ بلکه به معنای فراتر رفتن از عقل است؛ بنابراین، جنونی که عاشق حقیقی دارد، جنون ارزشمندی است و همواره می‌تواند افزایش یابد.

۷- انسان، همواره به هر دو پله‌ی عقل و عشق نیازمند است و برخورد او با جهان هستی، هم از منظر عقل و هم از منظر عشق انجام می‌شود. عقل و عشق، لازمه‌ی یکدیگر هستند و هر یک، کاربرد خاص خود را دارند و نمی‌توان ارزش هیچ‌کدام را نادیده گرفت.

این توضیحات نشان می‌دهد که عرفان (ارتقای کیفی که محصول آن معرفت است)[1] بر پله‌ی عشق حاصل می‌شود؛ زیرا الهام و اشراق، مربوط به این پله است. عارف، بدون به‌کار بردن هر گونه ابزاری، به الهام و ادراک می‌رسد و سپس، نسبت به بیان آن‌چه برای او روی داده است و حتی نسبت به انتقال دقیق آگاهی به‌دست آمده، اظهار عجز می‌کند:

من گنگ خواب دیده و عالم تمام کر　　　من عاجزم ز گفتن و خلق از شنیدنش

« شمس تبریزی»

اما به‌دلیل این‌که رسالت او آگاهی‌بخشی به دیگران و همراه کردن آن‌ها با خود (در

۱. به بخش «معرفت و عرفان» مراجعه شود.

حرکت عرفانی) است، به‌ناچار از ابزارهای پله‌ی عقل بهره می‌جوید تا در حد امکان، به اطلاعات و معارفی که از آن برخوردار شده است، اشاره کند و اگرچه نمی‌تواند با بیان نتایج تجربه‌ی خود، دیگران را به ادراک آن برساند، سعی می‌کند آن‌ها را از آگاهی حاصل‌شده، بی‌نصیب نگذارد. بنابراین، عرفان بر پله‌ی عقل نیز جایگاهی پیدا می‌کند.

به عبارت دیگر، حرکت عرفانی، بر پله‌ی عشق انجام می‌شود و نتیجه‌ی آن، بر پله‌ی عقل گزارش می‌شود. به این ترتیب، می‌توان گفت که عرفان، دو بخش نظری و عملی دارد. جایگاه عرفان عملی (حرکت عرفانی)، پله‌ی عشق است و جایگاه عرفان نظری، پله‌ی عقل. عرفان نظری (که می‌خواهد انسان را با عظمت وجود خود و با مبدأ و مقصدش آشنا کند)[1] محتاج بحث و بررسی و توضیح است و ابزار این روشنگری، بر پله‌ی عقل است. به بیان دیگر، عرفان نظری، بر پله‌ی عقل انسان را به سوی باطن و حقیقت جهان هستی سوق می‌دهد و عرفان عملی، بر پله‌ی عشق او را با حقیقت و باطن جهان هستی، رو به رو می‌کند و با ایجاد تحول درونی، به او تعالی می‌بخشد.

(شکل ۳-۲)

پله‌ی عقل، پایه‌ی فهم موضوعات پله‌ی عشق است و نقش مهمی در کمال انسان ایفا می‌کند. همچنین، در جای خود توضیح داده خواهد شد که در تحلیل و تأیید الهامات و آگاهی‌های عرفانی نیز عقل اهمیت ویژه‌ای دارد و چنین نیست که عارف با دستیابی به پله‌ی

---

[1]. عرفان نظری، از یک سو به توضیح اطلاعات دریافت شده از طریق الهام و اشراق، درباره‌ی موضوعات ذکر شده (عظمت وجود انسان و مبدأ و مقصد او در هستی) می‌پردازد و از سوی دیگر، مسیر و هدف عرفان را معلوم می‌کند.

عشق، از آن بی‌نیاز شود.

ب) رابطه‌ی حرکت عرفانی با شریعت و حقیقت

به مسیر حرکت عرفانی، «طریقت» گفته می‌شود؛ اما «طریقت» می‌تواند تعاریف دیگری هم داشته باشد. به طور کلی، می‌توان گفت:

۱- تعریف عام و انسان‌شمول طریقت: طریقت، همان مسیر زندگی است (خواه انسان بر اساس عقیده و جهان‌بینی خاصی به‌طور هدفمند زندگی کند و خواه بی‌هدف، گذران عمر کند.)

۲- تعریف خاص طریقت: طریقت به مسیر زندگی گفته می‌شود؛ وقتی که بر اساس برنامه‌ی خاصی و در جهت هدف خاصی سپری شود.

نکته: ممکن است محور طریقت خاص کسی، شیطان‌پرستی و محور طریقت خاص شخص دیگری، خداپرستی باشد. هر دوی این افراد در طریقت خاصی زندگی می‌کنند. یعنی وقتی کسی به طور هدفمند زندگی می‌کند، چه در مسیر هدایت باشد و چه در مسیر گمراهی، در طریقت خاص است.

۳- تعریف عرفانی طریقت: طریقت، به مسیر زندگی گفته می‌شود؛ در صورتی که در جهت کمال باشد.[۱] در این معنای ویژه، «طریقت» بستر حرکت عرفانی است.

در طریقت هرچه پیش سالک آید خیر اوست

در صراط مستقیم ای دل کسی گمـراه نیست

«حافظ»

در حرکت عرفانی مبتنی بر کمال، مسیر و طریقتی وجود دارد که با راهکار خاصی می‌توان آن را طی کرد. پیش از این که این راهکار، تحت عنوان «اساس حرکت» مورد

---

۱. با توجه به این که انواع مختلفی از عرفان وجود دارد و در این مبحث، منظور از عرفان، عرفان کمال است، منظور از طریقت عرفانی (در تعریف سوم از طریقت) نیز طریقت عرفان کمال است.

بررسی قرار گیرد، لازم است که نقطه‌ی آغاز طریقت و نسبت طریقت با حقیقت و شریعت شناخته شود.

برای این‌که انسان در زندگی خود، متحول شود و در مسیر عرفان و کمال قرار بگیرد، محرکی لازم است. این محرک، به فردی که به روزمرگی عادت داشته است، بیداری می‌بخشد و افق جدید و ارزشمندی را بر زندگی او می‌گشاید. یعنی انسان با رسیدن به این بیداری، در طریقت (عرفانی) گام می‌گذارد.

این محرک می‌تواند هر یک از «طبیعت»، «شریعت» و «حقیقت» باشد:

۱- **طبیعت**: جهان هستی، کتاب آیات آشکار الهی است. از میان این آیات، آیاتی که در دسترس هر فرد عادی است و می‌تواند توجه و تفکر او را برانگیزد، آیاتی مربوط به جهانی است که اکنون در آن به سر می‌بریم و به‌طور نسبی به آن شناخت داریم. وجود هر تجلی از تجلیات خداوند که در معرض توجه و تفکر انسان قرار گیرد، می‌تواند انگیزه و اشتیاق شدیدی ایجاد کند که منجر به برقراری ارتباط با خالق هستی شود و به این وسیله، با دریافت‌های عرفانی، سؤالات او درباره‌ی فلسفه‌ی خلقت و جایگاه انسان در هستی، پاسخ یابد.

به بیان دیگر، توجه به پیچیدگی‌های آفرینش هر آفریده و ارتباط آن با سایر آفریدگان و مطرح شدن معمای چرایی خلقت، عامل افزایش پرسش‌ها و کشش‌هایی است که انسان را به ارتباط با مبدأ خلقت فرا می‌خواند و به میزان اشتیاقش، او را از نتیجه‌ی این اتصال برخوردار می‌کند. به این ترتیب، طبیعت می‌تواند عامل محرکی برای پیمودن طریقت عرفانی واقع شود.

۲- **شریعت**: رشد انسان در مسیر کمال، مستلزم در پیش گرفتن راه و روش‌ها و رعایت فرامینی است که آفریننده‌ی او از طریق هزاران پیامبر و رهبر آسمانی، در اختیار وی گذاشته، به آن تأکید کرده است. بی‌شک، طرح عظیم الهی در آفرینش انسان، بدون وجود پیام‌های این پیام‌آوران، طرح نتیجه‌بخشی نبود. بنابراین، ادیان و رمزگشایی از رموز آن‌ها دارای

اهمیتی ویژه است. هر دینی دارای ظاهر و باطن است و ظاهر آن را «شریعت» می‌گوییم.

به‌طور معمول، هر انسانی پیش از آن‌که به باطن دین راه یابد، با ظاهر آن (شریعت) مواجه می‌شود. شریعت می‌تواند انگیزه‌ای برای راهیابی به باطن دین باشد و از این نظر، محرکی برای قدم گذاشتن در طریقت عرفانی است. حتی ممکن است کسی که از دین خاصی تبعیت نمی‌کند، در مواجهه با یک مراسم مذهبی، به یک بیداری معنوی برسد. این در صورتی است که آن مراسم او را به تفکر وا دارد و تمایل وی را به برخورداری از آثار باطنی آن، بر انگیزد.

۳- **حقیقت**: حقیقت هر چیزی، فلسفه‌ی وجودی و یا چرایی و چگونگی آن است. به بیان دیگر، باطن یا غیب وجود هر چیز، «حقیقت» آن به شمار می‌رود. تنها راه دستیابی به حقایق، دریافت وحی و الهام است. حتی برای کسی که هنوز قدم در مسیر عرفان نگذاشته است، امکان دریافت الهام وجود دارد. برای چنین فردی، الهام می‌تواند محرک مهمی برای آغاز طریقت عرفانی باشد.

در صورتی که محرک بیداری عرفانی، انسان را چنان به تأمل و تفکر وا دارد که در نهایت، به تجربه‌ی ادراک و اشراق (بر پله‌ی عشق) منجر شود و یا در صورتی که این بیداری، در اثر خود ادراک و اشراق باشد، به سالک و سیر کننده، «**عاشق سالک**» می‌گوییم. عاشق سالک کسی است که تحت کششی آسمانی، عرفان را تجربه می‌کند و هدایت مرحله به مرحله‌ی او در طریقت عرفانی، فقط از طریق دریافت آگاهی (بر پله‌ی عشق) انجام می‌شود؛ نه به کمک مرشد و راهنمای دیگری که این وظیفه را به عهده داشته باشد.

اما در صورتی که یک عاشق سالک، به معرفت و شرایطی دست یابد که بتواند کسی را به تجربه‌ی ارتباط با خداوند برساند و مرحله به مرحله، دعوت کننده‌ی او به طریقت باشد، برای این نفر دوم، نوعی تعالی درونی ایجاد خواهد شد که در هر مرحله، مراتبی از ادراک و اشراق

را نیز به دنبال خواهد داشت. به چنین سالک و سیر کننده‌ای «**سالک عاشق**» می‌گوییم.

وجود انواع مختلفی از سالکان عاشق و عاشقان سالک، نشان می‌دهد که نحوه‌ی ورود افراد به دنیای عرفان یکسان نیست. با این حال، قواعد مشترکی در سیر و سلوک همه‌ی آن‌ها وجود دارد. از جمله این‌که ورود به طریقت، هم عامل برخورداری از حقیقت و هم عامل بهره‌مندی از شریعت است. یعنی در حرکت رو به جلو، همواره انوار حقیقت و کاربرد شریعت، بیشتر آشکار می‌شود.

همچنین، در بستر «طریقت»، شریعت و حقیقت به رمز گشایی از یکدیگر کمک می‌کنند و رابطه‌ی دو طرفه‌ی میان آن‌ها چنان می‌شود که در مرحله‌ای از حرکت عرفانی، طریقت، شریعت و حقیقت به‌طور کامل بر هم منطبق می‌شوند. این رابطه در شکل زیر نشان داده شده است.

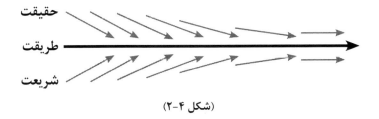

(شکل ۴-۲)

۲- ویژگی‌های حرکت عرفانی

الف) کیفی بودن

حرکت عرفانی، حرکتی کیفی است. با دقت در نکات زیر، می‌توان منظور از کیفی بودن این حرکت را دریافت:

۱- هر عمل انسان، دو بعد کمی و کیفی دارد و کیفیت، از هیچ بخش زندگی او جدا نیست. برای مثال، حضور یک کارمند در محل کار خود، یک بعد کمی دارد. او رأس ساعت

معینی در محل کار خود حاضر می شود و رأس ساعت معین دیگری، آن محل را ترک می‌کند و در ازای انجام وظایف خود، مبلغی حقوق نیز دریافت خواهد کرد. ساعات حضور او و حقوقی که دریافت می‌کند، بعد کمی فعالیت او را نشان می‌دهد. اما بُعد کیفی آن را چه عواملی معلوم می‌کند؟ آیا همه‌ی کارمندانی که به محل کار می‌روند و زمان حضور یکسانی دارند، از کیفیت حضور یکسانی نیز برخوردار هستند؟ به طور مسلم، این طور نیست. به همین دلیل، در مورد یک کارمند گفته می‌شود که دلسوز است و عاشقانه کار می‌کند؛ اما در مورد دیگری گفته می‌شود که با علاقه کار نمی‌کند. امکان سنجش کیفیت (انگیزه، علاقه، دلسوزی و ...)، بر پله‌ی عقل امکان‌پذیر نیست؛ زیرا نمی‌توان برای آن، واحدی تعیین کرد و گفت که چند واحد است. به عبارت دیگر، کیفیت، مربوط به پله‌ی عشق است و بر پله‌ی عشق، کمیت و اندازه‌گیری جایگاهی ندارد.

۲- به‌طور کلی، کیفیت هر یک از اعمال و افکار انسان، مثبت یا منفی (خیر یا شر) است. یعنی او دو قابلیت کیفی خوب و بد دارد و بر اساس همین دو قابلیت که مخصوص جهان دو قطبی است،[۱] خالق خیر و شر محسوب می شود. به دنبال آن، هر یک از این خیر و شر ایجاد شده نیز، خود خالق آثاری می‌شود که همان کیفیت خیر یا شر را خواهد داشت.

به این ترتیب، او با تبعات هر یک از این دو کیفیت که انتخاب کرده است، مواجه خواهد شد. فیض خداوند یا غضب او که در ازای خیر یا شر بودن کیفیت اعمال بنده، به او تعلق می گیرد، همین بازتاب قطعی اعمال او است که خالق هستی، قانون آن را در طراحی جهان دوقطبی قرار داده است.

به بیان دیگر، خود خداوند از دو قطبی بودن، منزه است و وجود متضادی ندارد. او سراسر

۱. جهان دو قطبی، بخشی از کل مجموعه‌ی هستی است که ما هم‌اکنون در حال تجربه‌ی یک مرحله از آن هستیم. در این جهان، همه‌چیز زوج و دو قطبی است. برای استفاده از توضیحات بیشتر به بخش «جهان‌شناسی» مراجعه شود.

عشق است[۱] و همواره به همه‌ی تجلیات خود، عشق می‌ورزد؛ اما در عین حال، قوانینی که در جهان دو قطبی جاری کرده است، موجب رویارویی انسان با تبعات و پیامدهای مثبت آثار کیفی مثبت خود و تبعات و پیامدهای منفی آثار کیفی منفی‌اش می‌شود که اولی، دوست داشتن و رضایت خداوند و دومی، دوست نداشتن و نارضایتی او یا غضب الهی به شمار می‌رود.

۳- در مورد آگاهی نسبت به هستی نیز انسان دارای دو نگاه کمی و کیفی است. نگاه کمی، شناخت کمی جهان هستی است که بر پله‌ی عقل حاصل می‌شود[۲] و نگاه کیفی، ادراک کیفی جهان هستی (حقیقت) است که بر پله‌ی عشق به‌دست می‌آید. به عبارت دیگر، پله‌ی عقل، پله‌ی کمیت و پله‌ی عشق، پله‌ی کیفیت است.

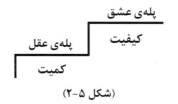

(شکل ۵-۲)

یعنی، بعد کمی جهان هستی، با مشاهدات تجربی و تفکر و تعقل، شناخته می‌شود و از این راه، می‌توان به رابطه‌ی میان پدیده‌ها نیز پی برد؛ اما معرفت به بعد کیفی جهان هستی، با کشف و شهود عرفانی و ادراک و اشراق (یافتن حقایق) به‌دست می‌آید.

انسان با چشم ظاهربین (کمیت‌یاب) به دنیا می‌آید؛ اما لازم است که بر پله‌ی عشق قرار گیرد و چشم باطن‌بین (کیفیت‌یاب) نیز پیدا کند. زیرا با این چشم باطن‌بین است که به هر سو نگاه کند، جلوه‌ی خدا را خواهد دید.

رسد آدمی به جایی که به جز خدا نبیند　　　بنگر که تا چه حد است مقام آدمیت

«سعدی»

۱. برای فهم بهتر این مطلب، به بخش «هستی‌بخشی» مراجعه شود.

۲. حتی وقتی چگونگی و کیفیت چیزی را بر پله‌ی عقل ارزیابی می‌کنیم، تعریف و ارزیابی ما بر اساس حد و حدود، منطق و استدلال‌هایی است که همگی کمیت دارند. به همین دلیل، در این‌جا، شناخت بر پله‌ی عقل، شناخت کمی معرفی می‌شود.

۴- عرفان، ارتقای کیفی (از جمله، تحول ناشی از کیفیت مثبت اعمال) و همچنین، ادراک (شناخت کیفی) حقایق جهان هستی است.

۵- عامل تجلی هریک از اجزای جهان هستی، عشق است. به این معنا، همه‌ی اجزای جهان هستی، در حد خود و بر حسب برخورداری از این عشق، در حال عبادت حق هستند. در حقیقت، هر جزئی، نقش و رسالتی دارد که به جا آوردن آن، عبادت آن جزء بوده، به‌منزله‌ی «**لبیک**» اوست. انسان، تنها عضو این مجموعه‌ی عظیم است که علاوه بر این «عبادت ذاتی»، لازم است به «درک عشق» (که عبادتی برتر است) نیز دست یابد.[۱] به همین دلیل، برای انسان، «عبادت» ارتقای کیفی است. منظور از ارتقای کیفی، صعود بر پله‌ی عشق است و رسیدن به باطن اعمال عبادی، بخشی از عبادت (انجام رسالت بندگی) است که این ارتقا را ایجاد می‌کند.

انسان با گذر از ظاهر هر یک از آداب عبادی به باطن آن، به نوعی ارتباط با خدا نائل می‌شود که او را به ادراک حقایق می‌رساند و باعث تحولی درونی (تعالی) می‌گردد. بنابراین، بر پله‌ی عشق است که عبادت، ارزش واقعی خود را آشکار می‌کند. یعنی ارزش هر عبادتی را بعد کیفی آن تعیین می‌کند و از این نظر، عبادات همه‌ی افراد در یک سطح نیست.[۲]

۵- با توجه به آن‌چه بیان شد، حرکت عرفانی ناظر بر حرکتی کیفی است که حرکت از ظاهر به باطن نیز تعریف می‌شود. در این حرکت، انسان به جایی می‌رسد که:

الف) هر چیزی را پرتو روی خداوند می‌بیند.

---

۱. بر پاداری مناسک (با حفظ بعد کیفی آن‌ها) یکی از انواع عبادت او به شمار می‌رود که به این معنا، موجب درک عشق خواهد شد. درک عشق، عامل درک رحمانیت و رحیمیت حق است. درک رحمانیت حق، باعث برخورداری بیشتر فرد از این رحمانیت می‌شود و این بهره‌مندی، عامل انعکاس آن (رحمانیت) از او می‌گردد. همچنین، وی را برای حرکت به سوی رحمانیت مطلق مهیا می‌کند.

۲. برای مثال، کسی به‌جای برپایی نماز، فقط با انجام حرکات ظاهری مربوط به آن، نماز می‌خواند و دیگری، در نماز خود، مقیم کوی یار (خداوند) می‌شود. یعنی هر دو نفر با ترتیب مشخصی وضو می‌گیرند و در جهت مشخصی و با رعایت احکام یکسانی، مراسم نماز را برگزار می‌کنند و کمیت رفتار عبادی آن‌ها یکسان است؛ اما کیفیت عبادتشان تفاوت دارد. ارزش عبادت هرکدام از این دو نفر را کیفیت آن تعیین می‌کند؛ نه کمیت آن.

به دریـــا بنگـــرم دریـــا تـــو بینـــم	به صحــرا بنگــرم صحــرا تــو بینــم
به هرجا بنگرم کــوه و در و دشــت	نشـــان از قامــت رعنـــا تــو بینــم

«بابا طاهر»

ب) به دور از هرگونه شرک، مراسم دینی را به نحو شایسته بر پا می‌دارد و نگاه او در انجام آن اعمال، نگاه باطن‌بین[1] است؛ نه نگاهی سطحی‌نگر و ظاهربین. به همین دلیل، برای مثال گفته می‌شود:

ای خانه پرستان چه پرستید گل و سنگ	آن خانه پرستید کــه خوبان طلبیدند

«مولانا»

۶- به‌طور خلاصه می‌توان گفت حرکت عرفانی این است که انسان، بُعد کیفی وجود خود را ارتقا بخشد و با نگاهی باطنی، جهان هستی را ادراک کند.

ب) کمال‌محوری

داشته‌های انسان، شامل داشته‌های زمینی و ماورایی است. داشته‌های زمینی او شامل دانش، هنر و توان‌ها و مهارت‌های گوناگون (جسمی، تجسمی و شغلی) است که در طول زندگی، برای هریک از آن‌ها زمان قابل توجهی صرف می‌شود. هیچ‌یک از این داشته‌های زمینی، اعم از علوم گوناگون (علوم انسانی، پایه، پزشکی و فنی)، ورزیدگی‌های جسمی و ذهنی (توانمندی‌های ورزشی و فکری) و مهارت‌ها و هنرهای مختلف (رانندگی، سخنوری، نقاشی، موسیقی و ...) در زندگی بعدی انسان، کاربردی ندارد و نیاز به آن‌ها برای گذران امور دنیا و محدود به زندگی در همین جهان است.

بعضی از این داشته‌ها، امکانات و تسهیلات زندگی روزمره را افزایش می‌دهند و بعضی دیگر،

---

۱. منظور از نگاه باطن‌بین، اشاره به دیدن درون افراد، فکرخوانی، شخصیت‌خوانی و ... نیست. زیرا این نوع باطن‌بینی، ورود به حریم شخصی دیگران است که دانسته یا ندانسته، با دخالت شیطان (شبکه‌ی منفی) انجام می‌شود. در این‌جا منظور از نگاه باطن‌بین، رسیدن به حقیقت اعمال عبادی است.

برای ادامه‌ی زندگی، ایجاد انگیزه می‌کنند؛ اما هرکدام از آن‌ها فقط در صورتی برای زندگی بعدی مفید خواهند بود که زمینه‌ی دستیابی به حقیقت و فهم و درک کمال را فراهم سازند.

به عبارت دیگر، هریک از ما انسان‌ها در یک بازی زمینی شرکت داریم که می‌تواند عامل دستیابی به درجات گوناگون کمال باشد. نتیجه‌ی این تجارب می‌تواند در جهت تحقق هدف خلقت انسان، در خدمت او قرار گیرد و زیستن در این جهان را ارزشمند کند.

برای مثال، ورزش می‌تواند عامل سلامت و تندرستی باشد و برخورداری از سلامت و تندرستی، امکان اندیشه به کمال و پیگیری آن را می‌افزاید و با افزودن طول عمر، فرصت بیشتری برای پیمودن مسیر کمال به ارمغان می‌آورد. همچنین، توانمند شدن در یک حرفه، تلاشی برای کسب روزی زمینی است که با رفع نیازهای اولیه‌ی زندگی، امکان و آمادگی جستجوی کمال را افزایش می‌دهد.

ابر و باد و مه و خورشید و فلک در کارند   تا تو نانی به کف آری و به غفلت نخوری

«سعدی»

و اما داشته‌های ماورایی، به دو دسته تقسیم می‌شوند که یکی «داشته‌های قدرتی» و دیگری «داشته‌های کمالی» است. هیچ‌یک از داشته‌های قدرتی اعم از فکرخوانی، آینده‌بینی، شخصیت‌خوانی، طالع‌بینی، طی‌الارض[1]، نفوذ در دیگران و ... در زندگی بعدی مورد استفاده نخواهند بود و هیچ ثمره‌ی مفیدی نیز به دنبال نخواهند داشت که بتواند از دست رفتن زمان زیادی که صرف به دست آوردن آن‌ها شده است، جبران کند. در حقیقت، عمری که در این راه صرف می‌شود، به هدر می‌رود.

اما برخلاف آن، داشته‌های کمالی (تمام آگاهی‌ها و ادراکات کمال‌بخشی که در وجود انسان نهادینه می‌شود) قابل انتقال به زندگی بعد است و نقش تأثیرگذار مفیدی بر چگونگی

---

۱. هر انسانی پس از مرگ از این جهان، به‌طور خود به خود، قابلیت غلبه بر بعد مکان را می‌یابد و طی‌الارض می‌کند. اما تلاش برای کسب این قابلیت در زندگی کنونی، نه تنها سودی ندارد، بلکه عمر گران‌مایه‌ی او را تلف می‌کند.

آغاز و ادامه‌ی آن زندگی دارد. به عبارت دیگر، آگاهی‌ها و داشته‌های کمالی، تنها ثمره‌ی مفید و ارزشمند عمر انسان است که از این نظر، ارزش پیگیری دارد. نمونه‌هایی از این ادراکات، شامل «درک وحدت هستی» و «درک جمال یار» است.[1]

آگاهی‌ها و توانمندی‌های مربوط به حوزه‌ی قدرت و آگاهی‌ها و ادراکات مربوط به حوزه‌ی کمال، دو منشأ مختلف دارند و اهداف دوگانه‌ای را دنبال می‌کنند.

هوشمندی کل که شکل دهنده‌ی جهان دو قطبی است، در این جهان، برای انسان به نحو دوگانه و متضادی ایفای نقش می‌کند و متناسب با نقش خود، هوشمندی مثبت (شبکه‌ی مثبت) یا هوشمندی منفی (شبکه‌ی منفی) نام می‌گیرد. شبکه‌ی منبت، انسان را به سوی کمال و شبکه‌ی منفی، او را به‌سوی ضد کمال فرا می‌خواند و هر یک در راستای هدف خود، او را در معرض القائات و آگاهی‌هایی قرار می‌دهند تا از این رهگذر، زمینه‌ی آزمایش او فراهم شود و او با غلبه بر جاذبه‌های فریبنده‌ی شبکه‌ی منفی و موانعی که بر سر راه او می‌گذارد، به حرکت خود به سوی کمال، ارزش و اعتبار ببخشد. (البته، کسانی که از این آزمون با موفقیت عبور نمی‌کنند، به دام شبکه‌ی منفی گرفتار می‌شوند و سقوط می‌کنند.)

شبکه‌ی مثبت، حقایقی را برای انسان آشکار می‌کند که رموز خلقت را می‌گشاید؛ او را از ظاهر به باطن حرکت می‌دهد و باعث تحولی می‌شود که نقش تعیین‌کننده و سودمندی در حیات بعدی او دارد؛ اما شبکه‌ی منفی، با اطلاعات سرگرم کننده و غیر مفید و یا ایجاد جاذبه به سوی قدرت‌طلبی و برتری‌طلبی، او را به سمت داشته‌های قدرتی (که نمونه‌هایی از آن ذکر شد) می‌کشاند؛ رعایت حقوق و حریم شخصی دیگران را نادیده می‌گیرد و گاهی با ایجاد این تلقی که این توانمندی‌های قدرتی، «کرامت» است، فریبکاری می‌کند و وی را به خدمت خود در می‌آورد.

---

[1]. برخورداری انسان از داشته‌های کمالی در زندگی پس از مرگ، وابسته به برخورداری از آن در زندگی کنونی است و به خودی خود، حاصل نمی‌شود.

کرامت حقیقی که از شبکه‌ی مثبت منشأ می‌گیرد، آگاهی و دانستگی است و به نمایش گذاشته نمی‌شود. در حالی که کرامت‌نمایی مربوط به شبکه‌ی منفی، همچون خوردن حلوایی شیرین، لذتی ظاهری دارد؛ اما انسان را از وظیفه‌ی اصلی و سعادت حقیقی‌اش باز می‌دارد و تنها با صرف‌نظر کردن از آن، می‌توان به کشف حقایق چرخ گردون (کرامت حقیقی) دست یافت و راه کمال و سعادت را پیمود.

مولانا سخن نابه‌جا را به حلوا تشبیه می‌کند. در این‌جا می‌توان از تشبیه او برای اشاره به عوامل سرگرم‌کننده‌ای که تحت عنوان کرامت از آن یاد می‌شود (اما موجب عقب افتادن از کمال می‌شود) نیز استفاده کرد؛ زیرا این کرامت‌ها شیرینی فریبنده‌ای دارند که باید از آن دوری کرد:

گر سخن خواهی که گویی چون شکر   صبر کن از حرص و این حلوا مخور
صبر باشد مشتـــهای زیرکــان   هســت حلـوا آرزوی کــودکــان
هرکه صبر آورد گـردون بـــر رود   هر که حلوا خــورد واپس تــر رود

«مولانا»

دانستن این نشانه‌ها برای تفکیک عرفان حقیقی (عرفان کمال) از انواع عرفان قدرت، لازم است و به همین منظور تأکید می‌شود که داشته‌های کمالی، نتیجه‌ی بهره‌مندی ماورایی از شبکه‌ی مثبت و داشته‌های قدرتی، دستاورد بهره‌مندی ماورایی از شبکه‌ی منفی است و به عبارت دیگر، عرفان کمال، منشأ و هدف متفاوتی نسبت به عرفان قدرت دارد و انسان را به‌سوی آگاهی و لذتی ماندگار و زوال‌ناپذیر فرا می‌خواند.

ویژگی بارز حرکت عرفانی، «کمال‌محوری» است و به همین دلیل، هیچ گونه میل یا نمایش قدرت‌طلبانه و برتری‌جویانه یا رفتار بیهوده و بی‌حاصلی در آن وجود ندارد.

در رابطه با موضوع کمال، به این نکته نیز باید توجه داشت که انسان در حرکتی ذاتی که

از مبدأ متعالی خود آغاز کرده است و با بازگشت به سوی آن ادامه می‌یابد، مراحلی از کمال را طی می‌کند تا سرانجام به رب خود برسد و با او ملاقات کند. همه‌ی انسان‌ها این مسیر را طی خواهند کرد؛ اما چگونگی طی مسیر برای همه‌ی آن‌ها یکسان نیست. در هر مقطعی از این حرکت، برخورداری هر کسی از عشق و معرفت، متفاوت از افراد دیگر است و از میان همه، آن کسانی که در هر مقطعی از مسیر، به‌دنبال رشد و کمال متناسب با آن مقطع هستند، در حرکت عرفانی (سیر و سلوک) هستند و از این عشق و معرفت نصیب می‌برند. این مطلب، در بخش «حرکت انسان» شرح داده خواهد شد.

ج) خدامحوری

خدامحوری، ویژگی یک حرکت عرفانی است و با دیگر محوری (از جمله خودمحوری) مغایرت دارد. عارف، هم قرب خداوند[1] را به‌عنوان هدف برگزیده است و هم برای رسیدن به آن، فقط از خود خداوند استعانت می‌جوید و بنابراین، به‌هیچ‌وجه، روی خود را از سوی او به هیچ سوی دیگر برنمی‌گرداند.[2]

به بیان دیگر، حرکت در طریقت عرفانی، مستلزم خدامحوری در هدف و عمل است و این نشان می‌دهد که هر حرکتی در راستای خودمحوری و یا با تکیه بر خود یا دیگری، نمی‌تواند حرکت عرفانی به سوی کمال باشد. اتکای کسی که طریقت عرفانی را طی می‌کند، فقط و فقط بر خداوند است و خواسته‌اش قرب اوست. اما در انواع بینش‌ها و روش‌های خودمحور، حتی

---

1. قرب خداوند در مسیر بازگشت به سوی او تحقق می‌یابد و همان‌طور که در بخش معادشناسی توضیح داده می‌شود، همه‌ی انسان‌ها آن را تجربه خواهند کرد؛ اما در این‌جا منظور از قرب خداوند، پیمودن راه کمال، در همین، جهان است. زیرا انسان با پیمودن راه کمال، توأم با کسب آگاهی، عشق الهی را درک خواهد کرد و در حد مقدور، آن را انعکاس خواهد داد و همه‌ی این‌ها به‌منزله‌ی نزدیکی به خداوند است. به بیان دیگر، انگیزه‌ی خلقت عشق است و عشق، کششی دوجانبه است؛ نه یک‌طرفه. بنابراین، لبیک گفتن انسان به عشق خداوند نیز در قالب عشق است و به‌منزله‌ی قرب او شناخته می‌شود.
2. به نظر می‌رسد که نام «خدا» اشاره‌ای است به مفهوم «خودآ»؛ یعنی کسی که به خود آینده است و کسی یا چیزی آن را به وجود نمی‌آورد. در عین حال، این کلمه می‌تواند نوعی یادآوری به انسان باشد که با به خود آمدن (بیداری و آگاهی)، به سوی غایت کمال (خدا = به خود آینده) حرکت کند.

اگر برتری‌جویی و برتری‌طلبی هم وجود نداشته باشد، خودبینی و تکیه بر غیر خدا رواج دارد. منشأ خودبینی یا تمایلات برتری‌جویانه، شبکه‌ی منفی و مبدأ آن در آفرینش، «خود برتر بینی» ابلیس در برابر آدم است. یکی از دلایل بیان احساس برتری ابلیس نسبت به آدم و توصیف غرور او در کتب مقدس، این است که انسان از آن درس بگیرد و فراموش نکند که خودبینی، عامل تمرد از خواست خداوند است و همچنین، بداند که تمام ترفندهای شیطان نیز برای تقویت آن، طراحی و اجرا می‌شود. با این توضیح، معلوم است که انواع قدرت‌جویی و قدرت‌نمایی نیز از همین سرچشمه می‌جوشد و انسان را از وظیفه‌ی شورانگیز او که کمال‌طلبی و خداجویی است، بسیار دور می‌کند.

راهکار دیگر شبکه‌ی منفی برای اغواگری نیز پسندیده جلوه دادن تکیه بر غیر خداوند است که خود از مظاهر شرک است و به آرامی، «دیگر محوری» را جایگزین «خدامحوری» می‌کند؛ در حالی که در نگاه عرفانی، یکی از دو رکن خدامحوری در عمل، «اجتناب از پناه بردن به غیر خداوند» است. کسی که در طریقت عرفانی حرکت می‌کند، در رابطه با رعایت این اصل، با خداوند پیمان می‌بندد و همواره به این پیمان پایبند می‌ماند؛ زیرا در غیر این صورت، از مسیر کمال منحرف خواهد شد.

ویژگی دیگر حرکت خدامحور، «تسلیم بودن» است. همان‌طور که اشاره شد، خدا محوری در هدف، همان کمال‌محوری است و خدا محوری در عمل، چیزی جز اتکا بر خداوند نیست. این اتکا با برقراری ارتباط میان بنده و خدا تحقق می‌یابد که منجر به ارتباط انسان به‌عنوان یک جزء با کل خود می شود.

نتیجه‌ی ارتباط جزء و کل که آگاه شدن از چرایی خلقت و چگونگی حرکت است، انسان را از زندگی غیر هدفمند و انجام امور پوچ و عبث نجات می‌دهد. هوشمندی هر انسانی نسبت به هوشمندی کل، همچون هوشمندی هر سلول بدن یک فرد، نسبت به هوشمندی خود

اوست. همان‌طور که یک سلول، از اهداف هوشمندانه‌ی صاحب خود بی‌خبر است، هر انسانی نیز بدون برقراری ارتباط با کل، از درک هدف خلقت، بی‌نصیب است و چه‌بسا به شیوه‌ی تنازع بقا زندگی کند و خود و دیگران را به رنج حاصل از این نا آگاهی دچار سازد.

برای ارتباط با کل، باید «تسلیم» بود. بر اساس یکی از قوانین هستی، پیگیری امور و مسائل مربوط به زندگی زمینی، نیازمند «تلاش» است و به عکس، برخورداری از روزی‌های آسمانی، «تسلیم» می‌طلبد.

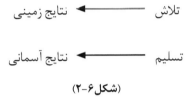

تلاش ← نتایج زمینی

تسلیم ← نتایج آسمانی

(شکل ۶-۲)

در این‌جا منظور از تسلیم، صرف‌نظر از همه‌ی توانمندی‌ها و امکانات پله‌ی عقل، در لحظه‌ی برقراری ارتباط با خداوند است. به بیان ساده‌تر، «تسلیم» یعنی سپردن به خدا. این واسپاری، آمادگی دریافت الهام و آگاهی را ایجاد می‌کند و درجات مختلفی دارد که هر یک، نتایجی آسمانی مربوط به خود را خواهد داشت. اما نکته‌ی مهم، این است که هیچ تلاشی دربردارنده‌ی نتایج آسمانی نیست؛ مگر این که منجر به تسلیم شود.

البته، تلاش و تسلیم، بی‌ارتباط با یکدیگر نیستند. زیرا تلاش هدفمند (در جهت کشف حقایق)، به تفکر منتهی می‌شود و تفکر، پایه‌ی ادراک است. در حقیقت، تفکر موجب مطرح شدن سؤالاتی می‌شود که به نوبه‌ی خود، اشتیاق دانستن را افزایش می‌دهد؛ اما این اشتیاق، به شرط تسلیم بودن (در ارتباط جزء و کل) پاسخ داده می‌شود و انسان را به آگاهی و ادراک می‌رساند. انجام آداب دینی نیز می‌تواند بر مبنای اشتیاق باشد. در این صورت، آن‌ها نیز زمینه‌ی برقراری ارتباط با خدا خواهند بود و با رمز تسلیم، نتایجی آسمانی، در بر خواهند داشت.

از طرف دیگر، تسلیم شدن، منجر به دریافت «آگاهی» می‌شود و دستیابی به آگاهی نیز، بر زندگی زمینی تأثیرگذار است و به تلاش در راه وظیفه و رسالت الهی، تشویق و ترغیب می‌کند.

بنابراین، رابطه‌ی ساده‌ای که ترسیم شد، با نشان دادن این دو رابطه تکمیل می‌شود؛ اما در عین حال، همچنان گویای این است که رسیدن به نتایج آسمانی، مستلزم «تسلیم» و به دست آوردن نتایج زمینی، مستلزم «تلاش» است:

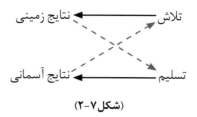

(شکل ۷-۲)

د) انسان‌شمولی

عرفان، قلمرو عشق است و همه‌ی انسان‌ها می‌توانند به درک عشق الهی که آن‌ها را در بر گرفته است، نائل شوند و با حرکت عرفانی، از این سرمایه‌ی جاودانه نصیبی ببرند؛ زیرا یکی از خصوصیات عشق الهی، عام بودن و همه‌گستری آن است.

| عشق یکسان ناز درویش و توانگر می‌کشد | این ترازو سنگ و گوهر را برابر می‌کشد |

«صائب تبریزی»

به فراخور عام بودن عشق، همه‌ی انسان‌ها می‌توانند از تبعات آن بهره‌مند شوند. لطف این تجربه، تنها در لذت حاصل از آن نیست. همان‌طور که مکرر اشاره شد، انسان به آگاهی‌های ناشی از این تجربه نیازمند است و فقط در سایه‌ی این آگاهی‌ها است که زندگی شایسته‌ی خود را خواهد داشت. انحصاری دانستن عرفان برای عده‌ای خاص، به این معنی است که فقط عده‌ای از انسان‌ها نیاز به رشد و تعالی دارند و یا دارای این امکان هستند؛ در حالی که چنین چیزی، عدالت و حکمت خداوند را نقض می‌کند.

به عبارت دیگر، حرکت عرفانی، حرکتی انسان‌شمول است و بی‌نصیب ماندن از آن، در اثر نا آشنایی و کوتاهی است؛ نه به دلیل امکان‌ناپذیری آن. بر همین اساس، هر کسی می‌تواند در عمل، تجربه‌پذیری عرفان را مورد ارزیابی قرار دهد و به این حقیقت دست یابد که ارتباط با کل، نه تنها نیازی عمومی، بلکه راهکاری همگانی برای تعالی انسان است.

۳- اساس حرکت عرفانی

به دلیل این‌که بدون لطف و عنایت الهی نمی‌توان طریقت عرفانی را پیمود، در هر قدم از این مسیر، نیاز به ارتباط با خداوند وجود دارد. از این رو، یکی از بزرگ‌ترین پیام‌های ادیان توحیدی، برقراری ارتباط با خداوند است تا زمینه‌ی دریافت آگاهی مهیا شده، بر اساس درک فلسفه‌ی خلقت، حرکت انسان در زندگی ارزشمند شود.

به عبارت دیگر، اساس حرکت عرفانی، اتصال و ارتباط با خداوند است. این ارتباط، بر پله‌ی عشق تحقق می‌یابد و به همین دلیل، نمی‌توان کیفیت آن را تعریف کرد و فقط به همین اندازه می‌توان در معرفی آن سخن گفت که این اتصال و ارتباط، رابطه‌ی مستقیمی بین انسان و خداوند است که میل انسان در برقراری آن نقش دارد؛ اما کیفیت نتیجه‌ی آن، چندان قابل پیش‌بینی نیست.

خداوند، بر مبنای رحمت خود و از طریق روح‌القدس، فرد متصل را از نتیجه‌ی اتصال با خود بهره‌مند می‌سازد. اتصال و ارتباط با خداوند، به دو نوع فردی و جمعی شکل می‌گیرد؛ اما تفاوت این دو نوع اتصال، فقط در شرایطی است که برای تحقق هرکدام از آن ها لازم است؛ نه در نتیجه‌ی آن‌ها.

الف) انواع ارتباط با خدا

اتصال فردی

اتصال فردی، رابطه‌ای مستقیم و بی‌واسطه بین بنده و خداوند است که فقط با اضطرار و اشتیاقی زایدالوصف برقرار می‌شود.

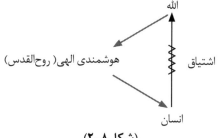

(شکل ۸-۲)

در واقع، در برقراری این اتصال، مقاومتی وجود دارد که فقط اشتیاق فراوان و زایدالوصف یا مضطر شدن می‌تواند آن را از میان بردارد.

نقش اشتیاق در برقراری اتصال، به قدری اهمیت دارد که گفته شده است:

شـوق اگر قـاید راهت نشود   کعبـه‌ی وصـل پناهت نشود

...

به هـوس گـام طلـب نتـوان زد   خیمـه در کـوی طـرب نتوان زد

...

شـوق صادق چو کشد محمل مرد   کعبـه‌ی وصـل کند منـزل مرد

«عبدالرحمن جامی»

اشتیاق، جوششی درونی است که در حرکت عرفانی مورد نظر، در جهت کشف حقیقت و نزدیکی به خداوند بروز می‌کند. حد نهایی این اشتیاق در وجود هر شخص را برنامه‌ی منحصر به فرد «بنیاد»[1] تعیین می‌کند؛ اما به کمک رحمت الهی، امکان افزایش آن وجود دارد.

هـر کجــا دردی دوا آن‌جـا رود	هــر کجــا فقـری نــوا آن‌جــا رود
هر کجا مشکل جواب آن‌جا رود	هــر کجا کشتی‌ست آب آن‌جا رود
آب کم جو تشنگی[2] آور به دست	تــا بجــوشــد آبــت از بــالا و پســت

«مولانا»

اشتیاق دو گونه است. گاهی اشتیاق فراوان در مورد خواسته‌ی مشخصی، اتصالی فردی را برقرار می‌کند و به فراخور آن، پاسخی دریافت می‌شود و گاهی نیز بدون وجود خواسته‌ای معین و تنها در نتیجه‌ی میل حقیقت‌جویانه، اشتیاقی به صورت بی‌تابی و بی‌قراری زایدالوصف، وجود فرد را در بر می‌گیرد که می‌تواند اتصال و ارتباطی فردی با خداوند برقرار کند که یکی پس از دیگری، دریچه‌هایی از حقیقت را می‌گشاید. گویی که عظمتی وصف‌ناپذیر در انتظار این اشتیاق است تا به این بهانه، فرد را از آگاهی ناب نسبت به حقایق بهره‌مند کند.

به عشرتگاه مستان آی اگر عیش ابد خواهــی

به نزهتــگاه جانــان آی اگر جــویای جانــانی ...

بساط وصــل گســترده سماط عشــرت افکنــده

به جــام شــوق در داده شــراب ذوق حقــانی

«فخرالدین عراقی»

چنان که گفته شد، عامل دیگر برقراری اتصال فردی، اضطرار است. مضطر بودن در این

---

۱. برای آشنایی با «بنیاد» به بخش «ابعاد وجود انسان» و مبحث «من برنامه‌ریزی شده و من برنامه‌پذیر» مراجعه شود.

۲. در این جا، تشنگی کنایه از اشتیاق است.

اتصال، درجه‌ی بالایی از «تسلیم» یعنی «رو گردانی از غیر خداوند»[۱] است. به عبارت دیگر، «اضطرار»، دل بریدن از هر چه غیر از خدا معنا می‌شود.

فرد مضطر، به درکی از این حقیقت رسیده است که «هر تغییر و تحول و هر نیرو و توانی به دست خداوند است و بس». درک این حقیقت، درجات مختلفی دارد و می‌تواند به حدی برسد که اتصالی فردی برقرار کند.[۲]

اتصال جمعی

اتصال جمعی، رابطه‌ای بین بنده و خداوند است که به‌واسطه‌ی هر فردی که صاحب این روزی آسمانی است و امکان انفاق آن روزی را دارد، برقرار می‌شود. در این اتصال، «وحدت» به‌عنوان تسهیلاتی برای برقراری ارتباط با خدا جایگزین «اشتیاق زایدالوصف» و «اضطرار» می‌شود. بنابراین، اتصال جمعی، اعتباری است که خداوند برای وحدت بین انسان‌ها قائل شده است تا به‌وسیله‌ی آن، روزی آسمانی، قابل انفاق شود.

انفاق در روزی‌های زمینی، شکاف‌های طبقاتی را پر می‌کند و مردم جامعه را از تشعشعات منفی حسرت‌زدگی مصونیت می‌بخشد. در جامعه‌ای که در آن، به این امر خیر بی‌توجهی شود، عده‌ای در فقر به‌سر می‌برند و دیگران، از تشعشعات منفی حسرت فقرا که همه را در بر می‌گیرد، در امان نخواهند بود و به عبارتی، همه‌ی افراد جامعه در شکاف طبقاتی موجود، فرو می‌افتند. انفاق، با پر کردن این شکاف و کاهش فقر و حسرت، به ایجاد سلامت جامعه کمک می‌کند.

---

۱. برای انسان حقیقت‌بین، این حقیقت آشکار است که «غیر خدا در دو جهان هیچ نیست»؛ اما این باور او با رو گردانی از غیر خدا منافاتی ندارد. زیرا رو گردانی از غیر خدا به معنای عدم اتکا به غیر خداوند است. در حالی که « غیر خدا در دو جهان هیچ نیست» یعنی هر چیزی غیر از خدا مجازی بیش نیست و همان وجود مجازی نیز وابسته به حقیقت مطلق (ذات مقدس حق) است و به خودی خود، وجود ندارد.

۲. هر کسی ممکن است حداقل یک بار به شرایط اضطرار رسیده باشد و آن، وقتی است که از هر چیزی و هر کسی غیر از خدا قطع امید کرده و در اثر آن، به نتیجه رسیده است.

انفاق در روزی‌های آسمانی[1] نیز، از اهمیت ویژه‌ای برخوردار است و همان‌طور که در بخش «قوانین حرکت» توضیح داده خواهد شد، بر ارتقای کیفی جامعه تأثیر مثبت خواهد داشت؛ اما فقط کسانی امکان انفاق روزی آسمانی را دارندکه همراه با آن روزی، رمز استفاده از آن را نیز دریافت کرده باشند و به این وسیله، اجازه‌ی انفاق یافته باشند. زیرا هر روزی آسمانی، با کشف رمز آن (دستیابی به حکمت آن روزی) کامل می‌شود و ارائه‌ی آن به دیگران، امکان می‌یابد.

بنابراین، اولا بدون انفاقِ کسی که صاحب‌روزی آسمانی است، وحدت افراد (به هر تعدادی)، به‌تنهایی عامل برقراری ارتباط جمعی نخواهد بود. ثانیا ممکن است کسی از روزی آسمانی اتصال و ارتباط با خدا برخوردار شده باشد؛ اما امکان انفاق آن برای وی فراهم نباشد. در این صورت نیز، وحدت او با دیگران (میل او به انفاق) منجر به اتصال جمعی نخواهد شد.

چند نکته‌ی مهم درباره‌ی انفاق آسمانی این است که:

۱- دستیابی به روزی آسمانی اتصال و ارتباط با خدا و انفاق آن، از طریق هر دو نوع اتصال فردی و جمعی امکان پذیر است؛ اما منشأ اولیه‌ی همه‌ی اتصال های جمعی، اتصال فردی است؛ زیرا اگر اتصال فردی نبود، کسی صاحب روزی مورد نظر نمی‌شد تا بتواند از روزی خود، انفاق کند و از این طریق، اتصال جمعی برقرار شود.

۲- بهره‌مندی از روزی آسمانی، برخورداری از رحمت خداوند است. بنابراین، اگر کسی از این روزی انفاق کند، رحمت الهی را انعکاس داده است.

۳- روزی آسمانی، برای کسی که آن را انفاق می‌کند، افزایش می‌یابد.

۴- شبکه‌ی مثبت که عامل جریان روزی های آسمانی است، مشوق انفاق آن‌ها نیز هست؛ اما برای مبادرت به این انفاق، بررسی آمادگی افراد نسبت به پذیرش روزی آسمانی ضرورت

---

[1]. انفاق روزی آسمانی، هم شامل این است که: ۱- فرد آگاهی‌های دریافت‌کرده را در اختیار دیگران بگذارد. ۲- فرد در برقراری ارتباط دیگران با خداوند ایفای نقش کند. (در اینجا با توجه به موضوع این بخش (ارتباط با خدا) منظور از انفاق، همین نوع دوم آن است.)

دارد. (زیرا ممکن است زمینه‌ی فرهنگی مناسبی برای چنین انفاقی وجود نداشته باشد.)

به طور خلاصه، انفاق صاحب‌روزی اتصال و ارتباط با خدا و وحدت او با فرد دیگر، رکن اساسی برقراری اتصال جمعی است. هر اتصال جمعی با وحدت حداقل دو نفر **(ارتباط گیرنده و ارتباط دهنده)** برقرار شده، با حضور عضو سوم **(هوشمندی الهی)** که به‌عنوان مأمور جاری کردن روزی آسمانی ایفای نقش می‌کند، حلقه‌ای را تشکیل می‌دهد که **«حلقه‌ی وحدت»** نام می‌گیرد. وجود هر حلقه‌ی وحدتی نشانه‌ی برقراری ارتباط با خداوند است و خداوند که خود، این تسهیلات رحمانی را برای کمال انسان قرار داده است و این ارتباط را به نتیجه می‌رساند، عضو اصلی این جمع به شمار می‌رود.

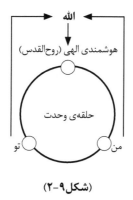

(شکل ۹-۲)

برای تشکیل این حلقه، نیازی به اشتیاق و یا مضطر بودن نیست. زیرا تنها شرط لازم برای برقراری این اتصال، شاهد بودن است. شاهد، نظاره‌گری است که بدون هیچ‌گونه تلاش و تقلا و بدون تعیین نتیجه، در حلقه‌ی اتصال جمعی قرار می‌گیرد و هنگام رویارویی با آثار آن، به‌طور بی‌طرف و بدون تعصب، داوری می‌کند.

ز می بنیوش و دل در شاهدی بند   که حسنش بسته‌ی زیور نباشد

«حافظ»

از منظری دیگر، شاهد بودن، پایین‌ترین درجه‌ی «تسلیم» است که می‌تواند در اثر ارتباط با خداوند (ارتباط فردی یا جمعی) به درجات بالاتری ارتقا یابد و به مرتبه و مقام محو شدن برسد. مقام «محو» یکی از مدارج کمال است که دلیل اشاره به آن (در این بخش از مطالب)، جایگاه بلند آن در عرفان عملی است.

به بیان دیگر، «تسلیم» در امور آسمانی، دارای درجاتی است که از شاهد بودن آغاز می‌شود و بعد، ابتدا به درجاتی می‌رسد که از جمله، حذف منیت و خودشیفتگی است و سپس، به رتبه‌ی بالاتری ختم می‌شود که همان محو یا فنا شدن است.

محـــو می‌باید نه نحو این‌جا بدان	گر تو محـوی بـی‌خطر در آب ران
آب دریــا مـــرده را بـر ســر نـهـد	ور بـود زنـــده ز دریـــا کــی رهـد
چون بمردی تــو ز اوصـاف بشـــر	بحـــر اسرارت نهـد بر فــرق سـر

«مولانا»

برای توصیف درجه‌ی محو یا فنا می‌توان از یک مثال ساده کمک گرفت. اگر کوزه‌ای بشکند و به تکه‌های بزرگی تقسیم شود، احتمال دارد که از همان تکه‌ها بتوان تشخیص داد که آن‌ها اجزای یک کوزه بوده‌اند؛ اما اگر چنان خرد شود که تکه‌های ریزی از آن باقی بماند، امکان تشخیص این‌که آن تکه‌ها، حاصل شکسته شدن چه ظرفی هستند، وجود ندارد. در صورتی که این خرد شدن به حدی باشد که فقط خاکی از کوزه باقی بماند، دیگر نشانی از وجود هیچ ظرفی وجود نخواهد داشت و فقط به‌عنوان مشتی خاک شناسایی می‌شود. حال، اگر این خاک چنان ساییده شود که به صورت گرد و غبار در آید، با ملایم‌ترین نسیمی پراکنده می‌شود و دیگر از وجود کوزه اثری باقی نمی‌ماند. در این حالت، کوزه به شکل غبار در حالت شناوری قرار می‌گیرد و به نوعی محو شدن می‌رسد که در عین حالی که هست، اثری از کوزه را نشان نمی‌دهد. این حالت در اصطلاح، **«محو شدن»** است.

در مورد انسان، محو شدن به حالتی گفته می شود که فرد، با گم شدن در عظمت الهی، به حذف «من» برسد و عرض اندامی نداشته باشد. هرچه این گم شدن بیشتر باشد، از خودبینی فرد کاسته می‌شود؛ تا جایی که دیگر خود را نمی‌بیند و به مقام «**فقر**» دست می‌یابد.

تا تو پیدایی خدا باشد نهان تو نهان شو تا خدا آید عیان

«اسیری لاهیجی»

حذف «من»، در سیر و سلوک عرفانی، نوعی نیستی متعالی است. زیرا عامل بیشترین پیدایی خداوند برای عارف است و از این جهت، اهمیت ویژه دارد.

با من بودی منت نمی‌دانستم یا من بودی منت نمی‌دانستم
رفتم چو من از میان تو را دانستم تا من بودی منت نمی‌دانستم

«فیض کاشانی»

در این فنا و نیستی، انسان به نوعی، شناوری در خداوند را تجربه می‌کند و به درک شناوری خداوند در هستی می‌رسد. خداوند با همه چیز همراه است[1] و همه‌چیز با حضور او حضور دارد؛ آن‌چنان که می‌توان گفت در او شناور است. با توجه به این حقیقت، فاصله‌ی انسان از خداوند، فاصله‌ای مجازی و ناشی از جهل است که با رسیدن به آگاهی، جای خود را به نزدیکی به خداوند می‌دهد.

کسانی که بر پله‌ی عشق، به تجربه‌ی این غوطه وری نائل می‌شوند و احاطه‌ی خداوند بر هر چیز را درک می‌کنند، بیشترین نزدیکی را با او دارند و توجه آن‌ها به غیر او معطوف نیست. دست یافتن به چنین تجربه و ادراکی، رسیدن به مقام «**تسبیح**» است. یعنی تسبیح حقیقی، در مقام محو و فنا تحقق پیدا می‌کند و کسی که به ادراک آن برسد، به دو جانبه

---

1. منظور از این همراهی، در هم آمیختن (اتحاد) نیست. زیرا خداوند حقیقت مطلق است و مخلوقات، تجلیات او هستند که در نسبت با او مجازی به شمار می‌روند (مانند نسبت تصویر و صاحب تصویر).

بودن آن، پی می‌برد.

اتصال مدام

«اتصال مدام» نوعی ارتقای کیفی است که می‌توان آن را در مباحثی هم‌چون «محور اندیشه و محور وجودی»، «تشعشعات شعوری» و «مراتب ذکر»، مورد شناسایی قرار داد.

۱- محور اندیشه و محور وجودی:

انرژی ذهنیِ، هر فردی، صرف اندیشه به موضوعات مختلفی می‌شود که برخی از آن‌ها (مانند فکر تأمین معاش، تهیه‌ی مسکن، تربیت فرزندان، آینده‌ی آن‌ها و ...) در حد متعادل، لازم است؛ اما برخی دیگر، ضروری نیست و موجب هدر دادن انرژی ذهنی می‌شود.

اندیشه‌ای که صرف تضادهای درونی و بیرونی، غیبت و بدگویی و بررسی‌ها و ارزیابی‌های ذهنی بیهوده[1] می‌شود، از این قبیل است. نمودارهای ۲-۱۰ و ۲-۱۱ به طور فرضی ترسیم شده است تا در دو وضعیت متفاوت، نسبت میان اندیشه به موضوعات مختلف و اندیشه به کل را نشان دهد.

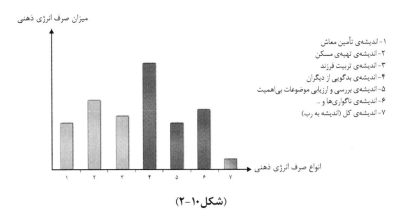

(شکل ۲-۱۰)

---

[1]. برای مثال، هنگام عبور از یک معبر، با مشاهده‌ی هر چیز و هر فرد، ذهن خود را مشغول اظهار نظر درباره‌ی آن می‌کنیم. اما نه تنها این توجه و ارزیابی، هیچ فایده و ارزشی ندارد، بلکه بخشی از انرژی ذهنی را (که می‌تواند برای موضوع مفیدی صرف شود) به خود اختصاص می‌دهد.

به‌طور معمول، در نظر هر فردی، یک موضوع بیش از سایر موضوعات اهمیت دارد و گاهی چنان ذهن او را به خود معطوف می‌کند که محور اندیشه‌ی او می‌شود و سایر اندیشه‌ها در سایه‌ی آن، محو می‌گردد. به همین دلیل، روبه رو شدن با بسیاری از افراد، همان موضوعی را که محور اندیشه‌ی آن‌ها شده است، تداعی می‌کند. برای مثال، ملاقات با کسی که غرق اندیشه‌ی ثروت‌اندوزی است، انسان را به یاد پول می‌اندازد و ملاقات با کسی که محور اندیشه‌ی او کمال و دغدغه‌ی او، ارتباط با کل است، خدا را به یاد می‌آورد.

تا در طلب گوهر کانی کانی — تا در هوس لقمه نانی نانی
این نکته رمز اگر بدانی دانی — هر چیز که در جستن آنی آنی

«مولانا»

و

گر از دل تو گل گذرد گل باشی — ور بلبل بی‌قرار بلبل باشی
تو جزئی و حق کل است اگر روزی چند — اندیشه‌ی کل پیشه کنی کل باشی

«مولانا»

نکته‌ی مهم این است که از طرفی، کسانی که با مدیریت انرژی ذهنی، اندیشه‌های زائد را به ذهن نمی‌آورند و در اندیشه به موضوعات ضروری، زیاده روی نمی‌کنند، با حفظ انرژی ذهنی، امکان اندیشه به کمال را افزایش می‌دهند و از طرف دیگر، در ذهن کسانی که بیش از هر چیز اندیشه‌ی کمال دارند، اندیشه‌های زائد، تحت‌الشعاع قرار می‌گیرد و حذف می‌شود و اندیشه‌های ضروری، در حد تعادل باقی می‌ماند.

به عبارت دیگر، هم مدیریت انرژی ذهنی، زمینه‌ساز افزایش اندیشه‌ی کمال می‌شود و هم افزایش اندیشه‌ی کمال، مانع از این می‌شود که انرژی ذهنی، صرف امور بیهوده و مضر شود و به این صورت، انرژی ذهنی مدیریت می‌گردد.

بنابراین، هرگاه اشتیاق درک حقایق جهان هستی و رابطه‌ی خداوند با تجلیات او، چنان افزایش یابد که به طور عمده، توجه فرد به کشف این حقایق معطوف شود و هنگامی که عشق الهی، وجود انسان را در بر گیرد، محور اندیشه‌ی او کمال خواهد بود و از این رهگذر، به نحو مؤثری، انرژی ذهنی او نیز مدیریت خواهد شد.

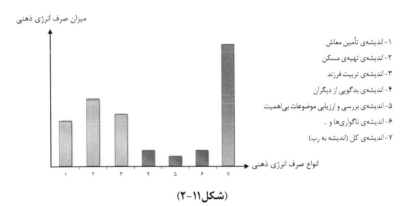

(شکل۱۱-۲)

حال اگر توجه به کمال و خدامحوری در وجود انسان نهادینه شود، نه تنها محور اندیشه‌ی او، بلکه «محور وجودی» وی نیز منطبق بر کمال خواهد بود. به بیان دقیق تر، اگر کسی به درک عارفانه ای برسد که از یک طرف، به هر چیز نگاه می کند، خدا را در آن ببیند و از طرف دیگر، در مواجهه با هر چیزی که قابل تحسین و ستودن است، با همه‌ی وجودش متوجه خدا باشد و همه‌ی حمدها را مخصوص خدا بداند (به حقیقت الحمدلله رسیده باشد) و ...، «**محور وجودی**» او که پنهانی‌ترین بعد وجود هر فرد است، محور کمال خواهد بود و می توان او را که در نوعی اتصال مدام و تثبیت شده با خداوند قرار دارد، «**دائم‌الاتصال**» نامید.

به طور مسلم، از ظاهر رفتار و گفتار افراد نمی‌توان انطباق یا عدم انطباق محور وجودی آن‌ها بر کمال (مثبت یا منفی بودن محور وجودیشان) را تشخیص داد و حتی در اغلب موارد، خود فرد نیز از آن بی‌خبر است؛ اما اثر تشعشعاتی محور وجودی هر کسی (به صورت

تشعشعات شعوری مثبت یا منفی) در همه‌ی آثار او، وجود دارد.

```
                                    ┌── اگر هر جا نگاه کنیم، وجه خدا را ببینیم
تشعشع وجودی مثبت ← محور وجودی مثبت ──┤
                                    └── اگر همه‌ی حمدها را مخصوص خدا ببینیم
```

۲- تشعشعات شعوری:

گفتار و اندیشه‌ی انسان و آثار دیگر او همچون شعر، موسیقی، نقاشی و ... دارای شعور[1] ظاهری (آشکار) و باطنی (پنهان) است که هر یک، به طور طبیعی بر جهان هستی تأثیر می‌گذارد.

شعور، زیربنای ماده و انرژی است و ساختار جهان هستی را شکل می‌دهد. علاوه بر این که شعور، انرژی و ماده، قابل تبدیل به یکدیگر هستند و شعور، با ایجاد ماده و انرژی، نقش مهمی در هستی ایفا می‌کند، اولین و تأثیرگذارترین زبان ارتباطی میان انسان‌ها و میان انسان و جهان، زبان تشعشعات شعوری (تبادلات شعوری) است.

شعور ظاهری (تشعشعات شعوری ظاهری) آثار فرد که همراه با خلق هر اثر، خلق می‌شود، مربوط به حالات و شرایط، نیت، نرم‌افزارهای خودآگاه و ناخودآگاه فرد و عوامل دیگری است که در تولید آن آثار، نقش دارد. برای مثال، شعور ظاهری یک قطعه‌ی موسیقی، برآیند تشعشعات شعوری نوازنده و تشعشعات شعوری بار شده بر ساز است. تشعشعات شعوری بار شده بر ساز نیز مربوط به احساس و انگیزه‌ی سازنده‌ی آن در هنگام ساخت، محل نگهداری ساز، رضایت یا نارضایتی فروشنده و خریدار ساز از خرید و فروش آن، شعور ظاهری کسانی که ساز را در دست گرفته‌اند و ... می‌باشد.

---

۱. برای آگاهی از مفهوم شعور، به بخش «شبکه‌ی شعور کیهانی» در کتاب «انسان از منظری دیگر» مراجعه شده، به مبحث «جهان تک‌ساختاری» دقت شود.

بر اساس این تئوری، تحقیقاتی که نشان می‌دهد با قرار گرفتن آب در معرض انواع کلام، موسیقی، رفتار و ....، بلورهای حاصل از آن، تغییر شکل می‌دهد و اثبات می‌کند این بلورها در وضعیت مثبت، موزون و منظم می‌شوند و در وضعیت منفی، به شکل ناموزون و نامنظم در می‌آیند، حاکی از تأثیر تشعشعات شعوری ظاهری انسان بر محیط پیرامون او است. (تا کنون در تحلیل این فرایند، عامل مؤثر، نوعی انرژی قلمداد شده است؛ در حالی که این اثر، تشعشعاتی است و کیفیت شعور ظاهری را آشکار می‌کند.)

شعور باطنی که «ضد شعور» نامیده می‌شود، تابع «محور وجودی» است و خودآگاه فرد و نیت ظاهری او در آن تأثیری ندارد. بنابراین، با ریا و تظاهر و تصمیمات مختلف، نمی‌توان آن را تغییر داد.

در آینده‌ای نه چندان دور، بشر به چگونگی آشکارسازی محور وجودی و ارزیابی تشعشعات مربوط به آن، دست خواهد یافت. هم اکنون نیز راهکارهای اولیه‌ای در این زمینه به دست آمده و تجربه شده است. برای مثال، از طریق برگردان نرم‌افزاری کلام فرد (با استفاده از نرم‌افزارهای رایانه‌ای) می‌توان کلمات رمزی و پیام‌هایی را شنید که با محور وجودی او مرتبط است. این موضوع در حوزه‌های مختلف موسیقی، تعلیم و تربیت و ... جایگاه ویژه‌ای دارد و به دلیل اهمیت خود، توجه زیادی می‌طلبد. (البته باید توجه داشت که تشخیص محور وجودی افراد در بررسی آثار آن‌ها، برای انتخاب آثار ادبی، فرهنگی و هنری مناسب، مفید است؛ اما مجوز داوری درباره‌ی این افراد نیست و قضاوت راجع به خدامحوری و رستگاری دیگران، مخصوص خداوند است.)

بر اساس این که محور وجودی کسی، رحمانی یا شیطانی (مثبت یا منفی) باشد، ضد شعور (تشعشعات شعوری باطنی) به ترتیب، مثبت یا منفی خواهد بود. محل تأثیر ضد شعور، ذهن انسان است که به طور ناخودآگاه، پیام‌های شعوری و ضدشعوری را دریافت می‌کند و

در پذیرش اطلاعات، تنها تابع بخش خودآگاه نیست. یعنی حتی بدون این که فرد متوجه باشد، او را تحت تأثیر پیام‌های انتقال یافته از طریق ضد شعور قرار می‌دهد.

چنان که اشاره شد، ارتقای درک انسان در حد درک وجودی «الحمدلله» و درک وجودی حضور خداوند در همه‌ی تجلیات او، «اتصال مدام» است و موجب رحمانی شدن محور وجودی و عرضه‌ی تشعشعات شعوری باطنی مثبت می‌شود. درک حقیقت «الحمد لله» با درک حقیقت «لا اله الا الله»، «سبحان الله»، «الله اکبر»، «بسم‌الله الرحمن الرحیم» و سایر اذکار قدسی، همراه است و به همین دلیل، می‌توان گفت که «اتصال مدام» ناشی از تثبیت حقیقت اذکار قدسی بر محور وجودی، یعنی رسیدن به بالاترین درجه‌ی ذکر است.[1] این تحول عرفانی، حتی بدون تجربه‌ی درجات دیگر ذکر نیز امکان‌پذیر است؛ اما بدون لطف و رحمت الهی ممکن نیست.

۳- درجات ذکر:

اولین درجه‌ی ذکر خداوند، ذکر زبانی است که با امکانات پله‌ی عقل انجام می‌شود.[2] وقتی این ذکر ارتقا می‌یابد، تبدیل به ذکر ذهنی می‌شود. در این حالت، فرد حضور ذهن دارد؛ اما ذهن انسان، چیزی یا کسی را یاد می‌کند که غایب است و همین نشان می‌دهد که در این مرحله، هنوز درک قلبی و وجودی از حضور خداوند، وجود ندارد و فرد، همچنان بر پله‌ی عقل خداوند را یاد می‌کند. در این صورت، احساس انس و نزدیکی چندانی نیز با او نخواهد داشت.

در مرحله‌ی بعد، انسان ذکر بر پله‌ی عشق را تجربه می‌کند که دارای درجات مختلفی است. ذکر بر پله‌ی عشق، قابل تعریف و توصیف نیست. چنین ذکری در مرحله‌ی اول، قلبی است؛ اما مداوم نیست و به صورت نوعی برانگیختگی احساسی و شوق نسبت به او تجربه می‌شود.

---

۱. در این وضعیت، انسان به درک بی‌نامی او (ذات خداوند) نیز می‌رسد.

۲. ذکر زبانی به تأیید و تشویق عقل انجام می‌شود و تا وقتی به مراتب قلبی و وجودی ارتقا نیابد، تأثیرپذیر از عشق نیست.

در درجه‌ی بالاتر ذکر، انسان چنان حضور خداوند را درک می‌کند که او را در خود و خود را در عظمت وجود او، غوطه‌ور می‌بیند و تمام وجود وی، سرشار از عشقی توصیف‌ناپذیر است. «درک حضور» خداوند، «ذکر وجودی» است. در بالاترین درجه‌ی ذکر وجودی، انسان به درک عمیق حقیقت توحید می‌رسد. از این رو، همه‌ی اذکار توحیدی، در وجود او نهادینه می‌شود و محور وجودی او، بر آن انطباق خواهد یافت.

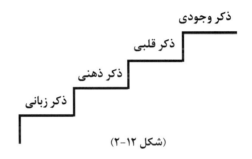

(شکل ۲-۱۲)

این درجه از ذکر وجودی، «تنظیم وجود، حول محور کمال» است و چنان که اشاره شد، نقش آن، بر آثار بیرونی نیز به جا می‌ماند.

در حقیقت، محور وجودی هر انسانی، بر دست، زبان، چشم و گوش او اثرگذار است و به عبارتی، حتی اعضای بدن کسی که محور وجودی او منطبق بر کمال باشد، ذاکر است. بنابراین، نه تنها نگاه چنین فردی، از ظاهربینی به باطن‌بینی (معرفت الهی) رسیده است و در هر مخلوقی، وجه خدا را می‌بیند[1] و شنوایی او ارتقا یافته است و آواهای کمال‌بخشی را که با گوش ظاهری نمی‌توان شنید، می‌شنود، بلکه تشعشعات رفتار، نگاه، بیان و نوشتار او، آثار مثبتی به جا می‌گذارد.

به این ترتیب، اتصال مدام، عامل تحولات عظیم درونی و بیرونی است که نه تنها بر زندگی

---

۱. به عکس، اگر محور وجودی کسی منطبق بر کمال نباشد، نگاه او نگاهی شرک‌آمیز خواهد بود.

خود فرد، بلکه کما بیش، بر زندگی کسانی که با او در ارتباط هستند نیز تأثیر مثبت دارد.

ب) عوامل نتیجه‌بخشی اتصال

هوشمندی الهی

هر بخش از جهان خلقت، به‌واسطه‌ی کارگزارانی تحقق و نظام می‌یابد. اگر این کارگزاران را ملک بنامیم، می‌توان گفت که ملائک جهان دو قطبی، بر اساس چهار وظیفه از یکدیگر متمایز می‌شوند:

۱- ایجاد قوانین حاکم بر جهان هستی

۲- اجرای قوانین حاکم بر جهان هستی

۳- نگه داشتن ستون‌های عرش الهی در جهان هستی

۴- آشکار کردن نتیجه‌ی قوانین حاکم بر جهان هستی[1]

در این جهان دو قطبی، سرمنشأ تدبیر امور، مَلَکی است که با به عهده داشتن نقش اول، سه دسته‌ی دیگر را اداره می‌کند. این ملک که مجموعه‌ی هوشمندی حاکم بر جهان هستی (ابر آگاهی) است، در این جهان دوقطبی، به صورت دو هوشمندی مثبت و منفی نمایان می‌شود.

هوشمندی حاکم بر جهان هستی (هوشمندی الهی) که در مجموعه‌ی بی‌کران جهان دوقطبی، نقش جاری کردن فیض الهی برای انسان را به‌عهده دارد، **«روح‌القدس»** نیز نام می‌گیرد. این کارگزار، موجب جریان فیض رحمانی در هر اتصال می‌شود و آن (اتصال) را به نتیجه می‌رساند.

به این ترتیب، انسان در همه‌ی تحولات عرفانی، دریافت همه‌ی الهامات و آگاهی‌های تعالی‌بخش و ادراکات رحمانی، از نعمت وجود این ملک برخوردار است و به عبارتی، در

---

۱. به بخش «ارکان هستی» مراجعه شود.

همه‌ی تجارب عرفانی که حاصل از ارتباط با خداوند است، از حضور و نقش هوشمندی الهی، بهره‌مند می‌شود.

رحمت الهی

در هر نوع اتصال و ارتباط با خداوند (فردی یا جمعی) رحمت الهی جریان دارد و آن اتصال و ارتباط را به نتیجه می‌رساند. یعنی رحمت الهی، از هیچ‌یک از انواع ارتباط با خدا جدا نیست. رحمت الهی، همان عشق او به همه‌ی هستی است که با دو خاصیت رحمانیت و رحیمیت، همه چیز را در بر گرفته است.

عشق و رحمت، کششی دو طرفه است که وقتی موجب تجلی خدا (آفرینش) می‌شود و به تجلیات خداوند روزی می‌رساند، «**رحمانیت**» نام می‌گیرد و وقتی آن‌ها را به‌سوی او باز می‌گرداند، «**رحیمیت**» خوانده می‌شود.

بر اساس این تعریف، رحمانیت، «دهش» خداوند و رحیمیت، «بازدهش» او محسوب می‌شود. ذات مقدس حق[1]، با دم عاشقانه‌ی خود، عوالم وجود را پدید آورده است و با بازگرداندن آن‌ها به‌سوی خویش، کشش بازگشت را ایجاد می‌کند که مانع از رو به کاستی رفتن هستی (تنزل آن تا بی‌انتها)، می‌شود و هدفمندی خلقت را نشان می‌دهد.

هر رحمانیتی، رحیمیتی به دنبال دارد. به وجود آمدن هر چیز، در اثر رحمانیت و بازگشت آن به‌سوی مبدأ، در اثر رحیمیت است. یعنی کشش به سمت وجود کثرات، ناشی از رحمانیت و کشش به سمت مبدأ وجود آن‌ها، ناشی از رحیمیت است. جزئیات این تنزل و صعود، در بخش هستی‌بخشی توضیح داده می‌شود؛ اما آن‌چه در این‌جا اهمیت دارد، این است که نقش دو سویه‌ی رحمت در نزول و صعود، خاطرنشان شود.

---

۱. هیچ قطبی (برای آشنایی با هیچ‌قطبی، به بخش جهان‌شناسی مراجعه شود).

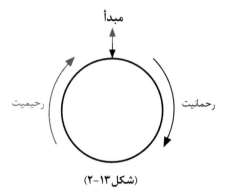

(شکل ۲-۱۳)

این نقش دوسویه، در هر لحظه‌ای از وجود هر چیز نیز وجود دارد. زیرا هر جزئی از هستی، در هر لحظه، وجود خود را از خداوند می‌گیرد.[1] پس، هر یک از مخلوقات الهی، اثر وجودی ثابتی دارد که بر اساس طراحی الهی، آشکار می‌شود. از این منظر، هیچ چیز در خلقت خود، اختیاری ندارد و از نقش خود در هستی، منحرف نمی‌شود. به این ترتیب، همه‌ی اجزای هستی، اثر وجودبخش رحمانیت خداوند را انعکاس می‌دهند و به این معنا در برابر او، سر به سجده گذاشته‌اند.

در این میان، فقط انسان است که با دو خصوصیت عشق و اختیار، عهده‌دار رسالت بندگی است و در انتخاب خیر یا شر بودن اثر وجودی خود، مختار است.

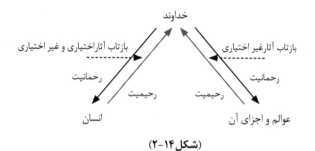

(شکل ۲-۱۴)

به بیان دیگر، ساختار همه‌ی اجزای هستی، بر پایه‌ی عقل و هوشمندی است و انسان

---

۱. به بخش «حرکت ادراکی» مراجعه شود.

علاوه بر آن، از گوهر عشق نیز برخوردار است. عشق، به وجود انسان، پیچیدگی و رمز و رموزی می‌دهد که موجب ارزش و اعتبار ویژه‌ی بندگی و سجود او می‌شود.

به تبع وجود عشق که کششی دوطرفه است، دمش و بازدمش یا دهش و بازدهش برای انسان نیز تحقق پیدا می‌کند؛ اما او موجود مختار عاشقی است که با اختیار خود می‌تواند خالق خیر یا شر باشد. این خیر یا شر، به عالم بالا انعکاس می‌یابد و بازخورد آن، نصیب خود او می‌شود. یعنی دمش او به بازدمش منجر می‌شود. به بیان دیگر، اگر خیری دمیده باشد (اشتیاق مثبتی داشته باشد)، در معرض خیر قرار می‌گیرد و اگر شری دمیده باشد (اشتیاق منفی داشته باشد)، **در معرض شر واقع می‌شود.** این قانون، با عنوان «**قانون بازتاب**» شناخته می‌شود و اساس آن، «رحیمیت» خداوند است.

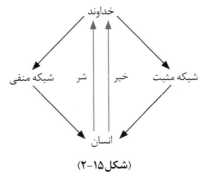

(شکل ۱۵-۲)

بر اساس قانون بازتاب، هر اندیشه و عمل انسان (چه خوب و چه بد) به سوی خداوند منعکس می‌شود تا نتیجه‌ی آن، به صورت هدایت یا ضلالت (گمراهی) به او باز گردد. خداوند با قرار دادن قانون بازتاب در جهان دوقطبی، انسان را هدایت یا گمراه می‌کند. با توجه به این قانون، هر فردی بر مبنای اشتیاق خویش (که در افکار، گفتار و رفتار او وجود دارد) هدایت یا گمراهی را انتخاب می‌کند و خود را در معرض آن قرار می‌دهد.

قانون بازتاب، با شدت بخشیدن به هر حالت و صفت مثبت یا منفی، نتیجه‌ی آن را به فرد

باز می‌گرداند[۱] و همچنین، میل درونی او برای رسیدن به آگاهی مثبت یا منفی را از طریق کارگزارانی (به ترتیب، شبکه‌ی مثبت و شبکه‌ی منفی) پاسخ می‌دهد.

این جهان کوه است و فعل ما ندا سوی ما آید نداها را صدا

«مولانا»

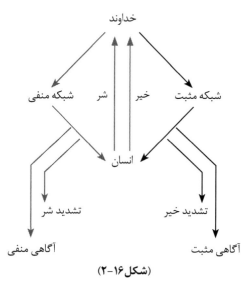

(شکل۱۶-۲)

قانون بازتاب، در جهان دو قطبی جاری است و هر فردی، بر اساس این قانون که ناشی از رحیمیت خداوند است، با بازتاب آثار خود مواجه می‌شود و به نتیجه‌ی انتخاب هدایت یا ضلالت، دست می‌یابد. (البته، بازتاب هریک از آثار او، بر مبنای وسع وی خواهد بود.)

بنابراین، می‌توان گفت که رحمانیت و رحیمیت خداوند، هم در آفرینش و معاد (بازگشت) همه‌ی موجودات و هم در روزی رسانی به انسان، نقش دارد. یعنی، از یک طرف، وجود و بقای هر چیز، ناشی از رحمانیت خداوند و بازگشت آن به‌سوی مبدأ، نتیجه‌ی رحیمیت او است

۱. برای مثال، کسی که خسیس است، خسیس‌تر و یا کسی که رئوف است، رئوف‌تر می‌شود. این نتیجه، تنها وقتی تغییر می‌کند که فرد، متحول شود و تغییری درونی یابد. اما با گذر زمان، تغییر و تحول و رفع اشکالات شخصیتی، دشوارتر خواهد شد. زیرا همان گونه که لایه‌های گل و لای ته اقیانوس‌ها با گذشت زمان به لایه‌هایی از سنگ‌های سخت (سنگ‌های رسوبی) تبدیل می‌شود، خصوصیات انسان نیز با گذشت زمان نهادینه تر می‌شود و بر اساس تنوع خود، لایه‌های مختلف خواهد یافت و صلب و سخت خواهد شد.

و از طرف دیگر، نوعی روزی‌رسانی بازتابی (حتمی) در هر لحظه از زندگی انسان وجود دارد که ناشی از رحیمیت خداوند است و نوعی روزی‌رسانی غیر بازتابی (انتخابی) در هر اتصال و ارتباط او با خدا تحقق دارد که نتیجه‌ی رحمانیت او به شمار می‌رود.

به بیان دیگر، همان‌طور که رحیمیت خداوند علاوه بر باز گرداندن همه‌ی موجودات (از جمله انسان)، به سوی مبدأ هستی (بازدهش)، نتیجه‌ی اشتیاق هر فردی را به او منعکس می‌کند، رحمانیت خداوند نیز علاوه بر وجودبخشی (دهش) به همه‌ی موجودات (از جمله انسان)، روزی آسمانی هر فرد صاحب‌اتصالی را بر اساس نوع درخواست او جاری می‌کند.

یکی از ویژگی‌های رحمانیت خداوند در نقش روزی‌رسانی آسمانی، این است که می‌تواند برای همه جاری باشد و هیچ‌کدام از خصوصیات فردی اعم از سن، جنس، نژاد، ملیت، مذهب، اعتقادات، تحصیلات، اخلاق و ... بر آن تأثیرگذار نیست. بنابراین، بهره‌مندی از نتایج اتصال و ارتباط با خداوند، برای هر کسی امکان‌پذیر است و کسی که در این اتصال قرار بگیرد، از رحمت فراگیر و بی‌دریغ او، بی‌نصیب نخواهد بود.

بیا که دوش به مستی سروش عالم غیب   نوید داد که عام است فیض رحمت او

«حافظ»

خصوصیت دیگر رحمانیت خداوند این است که در هر نوع اتصالی، جلوه‌ای از آن آشکار می‌شود و نتیجه‌ی منحصر به فردی وجود دارد و به همین دلیل، تعداد اتصال‌های فردی و حلقه‌های جمعی (که به آن‌ها حلقه‌های رحمانیت نیز می‌توان گفت) نامحدود است.

تو از هر در که باز آیی بدین خوبی و زیبایی

دری باشد که از رحمت به روی خلق بگشایی

«سعدی»

و سخن آخر این‌که:

تا قیامت سخن اندر کرم و رحمت او   همه گویند و یکی گفته نیاید ز هزار

«سعدی»

و

رحمت بار خدایی که لطیف است و کریم   کرم بنده‌نوازی که رحیم است و ودود

گر کسی شکرگزاری کند این نعمت را   نتواند که همه عمر بر آید ز سجود

«سعدی»

۴- مراحل حرکت عرفانی

با توجه به این که حرکت عرفانی، بر مبنای دو نوع اتصال فردی و جمعی انجام می‌شود، می‌تواند به‌صورت حرکت فردی و یا جمعی باشد.

کسی که با برقراری اتصال فردی، در مسیر حرکت عرفانی به پیش می‌رود، دارای حرکت فردی است و می‌توان او را «**عاشق سالک**» نامید. اما کسی که با استفاده از اتصال جمعی (حلقه‌های رحمانی) سیر و سلوک می‌کند، در حال حرکت جمعی است و می‌توان نام «**سالک عاشق**» را به او اختصاص داد.

هر کدام از این دو نوع حرکت، مراحلی دارند که به‌منظور آشنایی اولیه، به اختصار ذکر می‌شود:

الف) مراحل حرکت فردی

همان‌طور که در مطالب قبل اشاره شد، عاشق سالک، حرکت عرفانی خود را با اشتیاق فردی و کششی آسمانی آغاز می‌کند که در اثر اتصال و ارتباط با خدا او را به مشاهده و ادراک حقایق، بر پله‌ی عشق می‌رساند. این حقیقت‌بینی که با تحولات درونی همراه است، شیرینی سیر و سلوک را در کام دل وی، می‌نشاند و او را قدم به قدم پیش می‌برد.[1]

---

[1]. با توجه به مأموریت همیشگی شیطان و امکان غفلت و ناآگاهی انسان، در هر مرحله، امکان توقف یا سقوط وجود دارد.

اما به‌طور مسلم، قبل از این که عاشق سالک، به تجارب مسیر عرفان دست یابد، چند مرحله را پشت سر می‌گذارد:

۱- **جذبه**: کنجکاوی درباره‌ی جهان هستی و خالق آن، در اثر اشتیاقی درونی است که انسان را به تفکر درباره‌ی خود و جهان اطراف خود، وادار می‌کند. عاشق سالک، در رویارویی با هر جزء و هر مجموعه‌ای از اجزای جهان هستی، مجذوب آن می‌شود و به مرحله‌ی دوم وارد می‌گردد. این جاذبه‌ی الهی که او را مجذوب خود می‌کند، آغازی برای طی مسیر عرفانی وی به شمار می‌رود.

۲- **حیرت**: پاسخ عالم بالا به این جست‌وجوی مقدس، ایجاد حیرت است.[1] در این مرحله، فرد، شگفت‌زده از عظمت خلقت، خود را در میان انبوهی از سؤالات و مبهوت از بودن و چگونه بودن خویش می‌یابد و این حیرت، او را به سوی مرحله‌ی بعد سوق می‌دهد. در حقیقت، «حیرت» بر اساس حکمت الهی، عشق و اشتیاق و انگیزه‌ی حرکت را می‌افزاید و فرد را به بی‌قراری و طلب می‌کشاند.

۳- **بی‌قراری و طلب**: آشکارترین نغمه‌ی عاشقانه‌ی وجود عاشق سالک که به دنبال ورود به وادی حیرت، سروده می‌شود، بی‌قراری و طلب او است. در این مرحله، چه بسا او نمی‌داند که به‌طور مشخص، چه می‌خواهد و چه باید بخواهد؛ اما در شیفتگی از حقیقتی ناشناخته، از اعماق وجود خود، آن را طلب می‌کند و برای رسیدن به آن‌چه همواره او را فرا می‌خواند، بی‌قرار است.

دست از طلب ندارم تا کام من بر آید   یا تن رسد به جانان یا جان ز تن بر آید

«حافظ»

۴- **اجابت**: بی‌قراری و طلب، می‌تواند در حدی باشد که باعث برقراری اتصال و ارتباط با

---

[1]. قابلیت همه‌ی انسان‌ها در تحیر یکسان نیست. هر کسی دچار حیرت نمی‌شود و در برابر عظمت خلقت، هر حیرت‌زده‌ای مانند حیرت‌زده‌ی دیگر نیست؛ اما بر اساس قانون بازتاب، امکان افزایش این قابلیت وجود دارد.

خدا و عامل اجابت از سوی او شود. این اجابت که پاسخ و مزد اشتیاق و طلب است، بر اساس حکمت و عدالت الهی انجام می‌شود. در این مرحله، سالک در تعیین و ترتیب آن چه از سوی خدا نصیب او می‌شود، نقشی ندارد و نمی‌داند که چگونه، کجا و چه وقت، به مزد اشتیاق خود می‌رسد. او از اولین لحظه‌ی اشراق[1] و دریافت الهام، مسافری است که با هدایت خداوند، مسیر عرفان را در می‌نوردد و متصلی[2] است که عاشقانه به پیش می‌رود و سلوک می‌کند.

و اما با شروع دریافت‌های عرفانی، مراحل دیگری از مسیر عرفان، پیش روی سالک قرار می‌گیرد. آشنایی با این مراحل، کمک می‌کند که همه‌ی رفتارهای سالک را مثبت ارزیابی نکنیم و بدانیم که هر سالکی، مراحلی را سپری می‌کند؛ در معرض آزمایش‌هایی قرار می‌گیرد و لغزشگاه‌هایی را پشت سر می‌گذارد، تا در کمال‌جویی ورزیده شود و ملاک‌هایی به‌دست آورد که بتواند به کمک آن‌ها عرفان کمال را از عرفان قدرت تشخیص دهد و با این شناخت، به شیرینی و جاذبه‌های دروغین عرفان قدرت، رغبتی نشان ندهد و از مسیر مستقیم منحرف نشود. مراحل مورد نظر، به این ترتیب است:

۱- با برقراری اولین ارتباط‌ها و دریافت اولین آگاهی‌های آسمانی، سالک می‌فهمد که با رویدادی متعالی مواجه است؛ اما از جزئیات آن، آگاه نیست.

۲- هم‌زمان با جاری شدن آگاهی‌های کمال‌آفرین که از طریق شبکه‌ی مثبت به او می‌رسد، شبکه‌ی منفی وارد عمل می‌شود و اطلاعات و توانایی‌هایی در اختیار او می‌گذارد که فریبنده و توجه برانگیز است. بسیاری از کسانی که این مسیر را طی می‌کنند، در این مرحله، از منفی بودن این اطلاعات و قدرت‌ها اطلاعی ندارند و حتی گمان می‌کنند که این آگاهی‌ها و توانمندی‌ها، نعمت‌ها و نشانه‌هایی هستند که به دلیل رشد و تعالی نصیبشان شده است تا به کمک آن‌ها بتوانند مسیر قرب الهی را بهتر طی کنند. بنابراین، از بسیاری از آن‌ها به

---

۱. اشراق، همان روشن‌شدگی است که منجر به روشن‌بینی می‌شود.
۲. منظور از متصل، کسی است که در ارتباط و اتصال با خدا قرار دارد.

اشتباه، به‌عنوان «کرامت» استفاده می‌کنند.

۳- در مرحله‌ی بعد، به دلیل استقامت عاشق سالک در جستجوی حقیقت، برای او معلوم می‌شود که فریبی در کار است. یعنی، به یاری خداوند، ویژگی‌های هر یک از شبکه‌های مثبت و منفی را در می‌یابد و می‌فهمد که آگاهی‌های مثبت و منفی چه تفاوت‌هایی دارند و کدام‌یک از آن‌ها در مسیر عرفان کمال، برای او مفید هستند.[1] در حقیقت، او دیگر آگاهی‌ها و قدرت‌بخشی‌های شبکه‌ی منفی را تشخیص می‌دهد و با توجه به این که می‌داند همه‌ی آن‌ها «ضد کمال» هستند، از این دریافت‌ها رو می‌گرداند.

۴- پس از مشاهدات و دریافت‌های عرفانی، نوبت به تجزیه و تحلیل آن‌ها می‌رسد. در اولین بررسی‌ها، عاشق سالک با حقایقی مواجه می‌شود که دغدغه‌ها و دل مشغولی‌های او را متفاوت از دیگران می‌کند. او از زاویه‌ی بازتری (افق بالاتری) به زندگی و به جهان نگاه می‌کند و دیگران، درکی از او و دیدگاه‌های او ندارند. شاید حرف دل وی در آن زمان، این باشد که:

من که از بازترین پنجره با مردم این ناحیه صحبت کردم،

حرفی از جنس زمان نشنیدم

هیچ چشمی، عاشقانه به زمین خیره نبود

کسی از دیدن یک باغچه مجذوب نشد

هیچ‌کس زاغچه‌ای را سر یک مزرعه جدی نگرفت

...

«سهراب سپهری»

در این بیگانگی نگاه‌ها و این غربت عجیب، احساس تنهایی بر انسان غلبه می‌کند و در عین حال، دوست ندارد کسانی که از احوال عارفانه‌ی او بی‌خبرند، به این شور و شیدایی

---

[1]. این مطلب، در بخش «رسیدن به آگاهی‌های کمال‌بخش» توضیح داده می‌شود.

فردی او، خللی وارد کنند. سروده‌هایی از این قبیل، همین حالات را گزارش می‌دهند:

به سراغ من اگر می‌آیید

پشت هیچستانم

...

آدم اینجا تنهاست

و در این تنهایی سایه‌ی نارونی تا ابدیت جاریست

به سراغ من اگر می‌آیید

نرم و آهسته بیایید، مبادا که ترک بردارد

چینی نازک تنهایی من

«سهراب سپهری»

از طرف دیگر، او همچنان در ابهام انبوهی از آگاهی‌هایی که هنوز رمز آن‌ها برایش گشوده نشده است، سرگردان اما خوشدل است و در این احساس دوگانه، تنهایی خود را عظیم‌تر می‌بیند:

چرا گرفته دلت، مثل آن که تنهایی

چقدر هم تنها!

خیال می‌کنم دچار آن رگ پنهان رنگ‌ها هستی

دچار یعنی عاشق

و فکر کن که چه تنهاست

اگر که ماهی کوچک، دچار آبی دریای بیکران باشد

«سهراب سپهری»

اما احساس تنهایی[1] نشان می‌دهد که سالک، در این مرحله از تعالی خود، هنوز از احساساتی که شبکه‌ی منفی آن را برمی‌انگیزد، رها نشده است و در عین حال که از فیض الهی و جوشش عشق بهره می‌برد، همچنان، با مزاحمت شبکه‌ی منفی، دست به گریبان است.

۵- در پایان کشاکش‌های ناآگاهانه، عاشق سالک، با تجزیه و تحلیل دقیق‌تر آگاهی‌هایی که دریافت می‌کند، در می‌یابد که دخالت‌های شبکه‌ی منفی، ظریف‌تر از آن است که در مرحله‌ی سوم گمان می‌کرد از آن نجات یافته است. بنابراین، او مصمم‌تر از قبل و با آگاهی بیشتر، شبکه‌ی مثبت را انتخاب می‌کند و بدون فرو رفتن در حالات منفی و بدون پیش داوری، به بررسی تجارب عرفانی خود و نتیجه‌گیری از آن‌ها می‌پردازد.

از آن به بعد، او مسافری راه‌آشنا است که با هشیاری از خطرات شبکه‌ی منفی و در امان از آن، در مسیر حرکت می‌کند و عشق الهی چنان وجود او را در بر می‌گیرد که حالاتی چون احساس تنهایی، امکان بروز نخواهد داشت.

| چون شدی زیبا به آن زیبا رسی | که رهاند روح را از بی‌کسی |

«مولانا»

ب) مراحل حرکت جمعی

وقتی فردی تصمیم می‌گیرد علاوه بر پله‌ی عقل، پله‌ی عشق را نیز تجربه کند، می‌تواند به کمک یک یا چند حلقه از حلقه‌های اتصال جمعی، با دنیای عرفان آشنا شود. اما اگر مصمم باشد که به طور جدی و مستمر، مراحل رشد و تعالی (در جهت کمال) را طی کند، دو مرحله‌ی کلی در پیش رو دارد.

---

۱. احساس تنهایی، یکی از انواع حالاتی است که شبکه‌ی منفی آن را ایجاد می‌کند. برای آشنایی بیشتر، مراجعه شود به بخش «اجتناب از احساس‌های شیطانی».

- مرحله‌ی اول:

بدون لطف و رحمت خداوند، نمی توان در مسیر کمال حرکت کرد. سالک با بهره‌مندی از حلقه‌های اتصال جمعی، مشمول این رحمت بی‌انتها می‌شود و از لحظه‌ی برقراری اولین اتصال، دیگر فقط یک فرد عاقل نیست. او سالک عاشقی است که با انتخاب اتصال، خود را به دست لطف خدا سپرده است.

مرحله‌ی اول حرکت این سالک، چند ویژگی دارد:

۱- لازم است کسی که او را به اتصال و ارتباط با خدا دعوت می‌کند، خود از این اتصال بهره‌مند باشد و بتواند دیگران را نیز از این فیض برخوردار کند.

۲- در هر قدم و در استفاده از هر حلقه‌ی رحمانی، همان فرد صاحب اتصال است که به عنوان راهنما او را با کاربرد آن حلقه آشنا می‌کند.

۳- ترتیب استفاده از حلقه‌ها را نه خود شخص تعیین می‌کند و نه فرد صاحب اتصال؛ بلکه طبق حکمت الهی و بر اساس ترتیبی که برای فرد صاحب اتصال تعیین می‌شود، در قدم اول، آشنایی عملی با هوشمندی الهی صورت می‌گیرد و سپس، فرد به ترتیب اولویت، از فیض حلقه‌های رحمانی دیگر، بهره‌مند می‌گردد.

یکی از تعالیم مهمی که در این مرحله لازم است، معرفی شبکه‌ی مثبت و منفی و اطلاعات و کرامت‌هایی است که هرکدام از این دو شبکه برای شخص فراهم می‌کنند. در حقیقت، یکی از تجهیزات این فرد برای ورود به مرحله‌ی دوم، شناخت کافی نسبت به جزئیات این موضوع و توانایی تفکیک عرفان کمال از عرفان قدرت است. فرد صاحب اتصالی که در این مسیر، نقش راهنما را ایفا می‌کند، در این زمینه، معیارهای لازم را به او ارائه می‌دهد.[۱]

اشراف بر قوانین حرکت و رعایت اصول آن، آمادگی سالک عاشق را برای گذر از مرحله‌ی

---

۱. راهنما و مربی فقط نقش ارشادی دارد و رهرو را در جهت تسلیم به خدا هدایت می‌کند.

اول نشان می‌دهد؛ اما یکی از مهم‌ترین راهکارهایی که او را به مرحله‌ی بعد می‌رساند، رعایت شرط «تسلیم» بودن به خداوند در تمام مسیر است.

در مجموع، اگر بخواهیم مرحله‌ی اول را به‌طور خلاصه توصیف کنیم، باید بگوییم که این مرحله، شامل به پرواز در آوردن فرد در آسمان کمال و سپس، آشنا کردن او با اصول پرواز مستقل است.

مرحله‌ی دوم:

اصلی‌ترین شرط ورود به این مرحله که مرحله‌ی پرواز مستقل است، تکمیل بخشی از هدایت است که به عهده‌ی شخص راهنما قرار گرفته است و فرد باید هشیار باشد که پیش از آمادگی لازم و به فریب شبکه‌ی منفی، گمان نکند در این مرحله واقع شده است و با این گمان، خود را از ارشاد و راهنمایی کسی که پرواز را به او می‌آموزد، محروم کند و یا تنها به یادگیری نکات، اکتفا نماید و بدون تجربه‌ی لازم، دچار توهم پرواز مستقل شود.

در این مرحله، سالک عاشق به‌طور مستقیم، مورد تعلیم هوشمندی الهی واقع می‌شود و از این نظر، به‌طور مستقل، پرواز در آسمان کمال را تجربه می‌کند. یعنی، از این‌جا به بعد، دیگر به راهنمایی که او را تا این مرحله پیش برده است، متکی نیست و می‌تواند بدون نیاز به راهنمایی او و بر اساس اشتیاق خود، از اتصال‌ها و دریافت‌های بی‌شمار دیگر، استفاده کند.

در این پرواز مستقل، ارتباط با خدا نزدیک و نزدیک‌تر می‌شود تا در نهایت، به تجربه‌ی وحدت در یک نقطه ختم شود و البته، این نقطه نیز، خود آغازی دیگر است.

آن نقطه‌ی خاموشی در حرف نمی‌گنجد   بر طاق فراموشی بگذار کتاب اول

«صائب تبریزی»

آسمان کمال، آسمانی بی‌انتها است و پرواز در این آسمان، حد نهایتی ندارد. بنابراین، رسیدن به نقطه‌ی خاموشی، تنها امکان اوج گرفتن را افزایش می‌دهد و از آن به بعد نیز

وسعت و بلندای آسمان، همچنان محل پرواز است.

۵- پیامدهای حرکت عرفانی

حرکت و سیر و سلوک عرفانی، عامل تغییرات وسیعی است که ابعاد مختلف وجود انسان را سامان می‌بخشد؛ وجودش را با سایر اجزای هستی هماهنگ می‌کند؛ به او ظرفیت بیشتر و شخصیت بهتری می‌دهد و موجب تحول بینشی و معرفتی او می‌شود. مجموعه‌ی این تغییرات، انسان را به شرافت انسانی می‌رساند و زندگی او را که بر اساس ادراک و اشراق، رنگ خدایی می‌گیرد، سرشار از شور و عشق و سرمستی می‌کند.

بخشی از تحولاتی که در مسیر حرکت عرفانی حاصل می‌شود، نه تنها به وجود انسان تعادل می‌بخشد، بلکه امکان الهام و دریافت آگاهی را افزایش می‌دهد و از این نظر، در تداوم حرکت، نقش زیربنایی دارد. اما بخش دیگر، تحولاتی معرفتی است که با دریافت آگاهی و رسیدن به ادراکات وجودی، به دست می‌آید. بنابراین، به طور کلی، پیامدهای حرکت عرفانی در دو دسته قابل مطالعه و بررسی است:

۱- نتایج زیربنایی

۲- نتایج معرفتی

اما پیش از هر چیز، بهتر است اهمیت این نتایج بررسی شود. برای این منظور، لازم است شرح وظیفه‌ی انسان را با نقش و وظیفه‌ی سایر موجودات در هستی مقایسه کنیم و بدانیم که چرا انسان، «اشرف مخلوقات» معرفی شده است. در این صورت، متوجه خواهیم شد که رابطه‌ی بین دستاوردهای عرفانی و این رتبه‌ی ویژه چیست.

با ترسیم یک نمودار که محور افقی آن، گذر زمان را نشان می‌دهد و محور عمودی آن، بر اساس شرح وظیفه‌ی هر موجود، امتیازات صفر، مثبت و منفی او را به تصویر می‌کشد،

می‌توان به تفاوت قابلیت و امتیاز انسان نسبت به گیاه، حیوان و ملک پی برد.

برخی از رفتارهای انسان، غریزی است (مانند ابراز مهر مادری) و به خودی خود، هنر او را نشان نمی‌دهد. همچنین، انسان وظیفه دارد در رفتار ظاهری خود، اصولی را رعایت کند که از نظر فرهنگی و اجتماعی نیز شایسته‌ی مقام انسانیت است. اما عمل بر اساس این قوانین (طبیعی، عرفی و شرعی) نیز، به خودی خود، هنر ویژه‌ای نیست و بر مبنای این که انجام وظیفه است، امتیاز مثبتی به آن تعلق نمی‌گیرد.

به عبارت دیگر، وقتی انسان بر اساس شرح وظیفه‌ی انسانی خود عمل می‌کند، صفر امتیاز دارد و آنچه می‌تواند به او امتیازی ببخشد، صرفا انجام وظایف تعیین شده برای او نیست. البته، این به معنای بی ارزش بودن انجام وظایف نیست و تنها کافی نبودن آن را نشان می دهد و گویای این است که تا این مرز، حضور انسان در جهان هستی، جلوه‌ی ویژه‌ای ندارد. برای تفهیم این مطلب، می‌توانیم ابتدا وضعیت موجودات دیگر را که فقط بر اساس شرح وظیفه‌ی تعیین شده‌ی خود در جهان هستی عمل می‌کنند، ارزیابی کنیم.

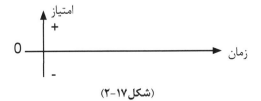

(شکل ۱۷-۲)

هر گیاهی به برنامه‌ی نرم‌افزاری مخصوص به خودش مجهز است و مطابق آن، عناصر مشخص و معینی را از دل خاک انتخاب و جذب می‌کند تا بتواند به زندگی ادامه دهد و ثمری به بار آورد. هیچ گیاهی نمی‌تواند بیش از قابلیت محدود خود، فرایندی را پیش برد و یا حتی در شرایط نامساعد و نامتناسب با نیازش، به حیات خود ادامه دهد. به عبارت دیگر، هر گیاهی، امکان رشد در هر مکانی را ندارد و رشد هر گیاه، وابسته به برنامه‌ی نرم‌افزاری

ثابتی است که از حد تعیین شده برای آن (شرح وظیفه‌ی آن) فراتر نمی‌رود و اگر برای انجام وظیفه، صفر امتیاز در نظر بگیریم، موجب کسب امتیاز مثبت نمی‌شود.

این برنامه‌ی نرم‌افزاری، به گیاه اجازه‌ی کم‌کاری نیز نمی‌دهد؛ یعنی در صورتی که شرایط محیطی مناسب وجود داشته باشد، گیاه نمی‌تواند تحلیل برود یا محصول ندهد. بنابراین، یک گیاه، امکان اخذ امتیاز منفی نیز ندارد و همواره با صفر امتیاز، وظیفه‌ی خود را انجام می‌دهد.

حیوانات نیز چنین هستند. یک حیوان، دارای دامنه‌ی فعالیت مشخصی است و دقیقاً مطابق شرح وظیفه‌ی خود عمل می‌کند و رفتار هر نژادی از حیوانات، بر اساس الگوی نرم‌افزاری ثابتی شکل می‌گیرد. برای مثال، خصوصیات همه‌ی سگ‌های یک نژاد، از نظر وفاداری به صاحب خود، حمله به غریبه و ... یکسان است. از طرف دیگر، همان‌طور که محبت یک سگ به صاحب خود، جزئی از شرح وظیفه‌ی آن است، نیش زدن عقرب نیز بر اساس برنامه‌ی نرم‌افزاری ثابتی است که نه امتیاز مثبت دارد و نه امتیاز منفی.

(شکل۱۸-۲)

فرشتگان الهی (کارگزاران هستی) نیز همواره به شرح وظیفه‌ی خود عمل می‌کنند. آن‌ها نمی‌توانند از انجام وظیفه‌ی خود، عدول کنند یا بیش از آن، اقدامی انجام دهند و ارتقای درجه یابند. بنابراین، از نظر انجام وظیفه در وضعیت ثابتی قرار گرفته‌اند و چون کم‌کاری یا اضافه‌کاری ندارند، در نمودار مورد نظر، امتیاز آن‌ها نیز صفر محسوب می‌شود.

حال اگر به عملکرد انسان‌ها دقت کنیم، در اغلب موارد، با وضعیت تأسف‌انگیزی مواجه می‌شویم. انسان، موجودی دارای اختیار است که کیفیت اندیشه، رفتار و گفتار او بسیار

متغیر است و این موجب می‌شود که بتواند امتیازات مثبت یا منفی متعددی به خود اختصاص دهد. در صورتی که کسی رفتار صحیحی داشته باشد، می‌توان ادعا کرد که تا مرز رشد و تعالی پیش رفته است؛ اما تا وقتی که رفتار او دارای کیفیت مثبت نباشد، هیچ امتیازی نخواهد داشت.

به این ترتیب، وضعیت کسانی که هنوز به این مرز نرسیده‌اند، مشخص است. آن‌ها دارای امتیازات منفی هستند؛ زیرا حتی به وظایف ظاهری خود عمل نمی‌کنند و یا به عبارتی، از شرح وظیفه‌ی خود تخلف می‌کنند. بنابراین، سطح امتیاز این افراد، از گیاه و حیوان پایین‌تر است. سوضوع تأسف برانگیز این است که نه فقط اشخاصی که به وضوح، ناهنجاری‌های رفتاری دارند، بلکه انسان‌های معمولی نیز در چنین وضعیتی به سر می‌برند؛ زیرا همواره دارای این تخلفات هستند و اگر در بین آن‌ها کسی باشد که تخلف نکند، فقط به سطح امتیاز صفر رسیده است.

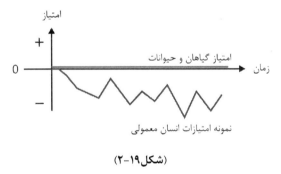

(شکل ۱۹-۲)

ترفند شیطان باعث می‌شود که خیلی از افراد تصور کنند به‌عنوان پدری دلسوز، مادری فداکار، دوستی وفادار و ... رسالت خود را در زمین به انجام رسانده‌اند. با همین تفکر، بسیاری از ما عادت داریم از افرادی که دزدی نمی‌کنند، رشوه نمی‌گیرند، به حق دیگران تجاوز نمی‌کنند و اهل ریا، غیبت و ... نیستند، تعریف و تمجید کنیم.

اما آیا رعایت این موارد، حداقل چیزی نیست که از انسان انتظار می‌رود؟ آیا آفرینش انسان برای رسیدن به همین مقام است یا قرار بر این است که او مسیر بی‌انتهای کمال و تعالی را طی کند؟! آیا می‌توانیم تنها رفتار صحیح را ملاک تعالی انسان بدانیم؟!

به‌طور مسلم، رشد و تعالی انسان چیزی نیست که ظاهر پسندیده‌ی اعمال و رفتار او، آن را به ارمغان آورد. انسان متعالی، دارای نوعی ارتقای کیفی و رشد درونی است که هنر وی را نشان می‌دهد و او را صاحب امتیازاتی می‌کند که بر اساس آن، «اشرف مخلوقات» نامیده می‌شود.

فلسفه‌ی خلقت انسان و دلیل حضور او در جهان هستی این نیست که فقط تکالیفی را انجام دهد تا در ظاهر، حق انسانیت را ادا کند. آن چه موجب فخر خداوند به آفرینش انسان است، ارتقای کیفی و تعالی این مخلوق در حرکتی عرفانی است که او را از حد اکتفا به انجام وظایف ظاهری بالاتر می‌برد و به او صفای درون، وسعت اندیشه، وسعت وجودی و معرفتی می‌بخشد که باعث می‌شود بتوان او را **«اشرف مخلوقات»** نامید.

به عبارت دیگر، انسان متعالی، انجام تکالیف را کافی نمی‌داند و بر خلاف کسانی که فقط با تکیه بر امکانات پله‌ی عقل، سعی در انجام کارهای خوب و شایسته دارند، انجام آن‌ها را با عشق و معرفت همراه می‌کند؛[1] نابسامانی‌های درون خود را به کمک ارتباط با خدا سامان می‌دهد و چشم دل خود را به حقایق بی انتهای جهان هستی می‌گشاید تا به منزلت حقیقی‌اش نزدیک شود و شرافت انسانی را به ظهور برساند. همه‌ی این تحولات، درونی و کیفی است و به همین دلیل، نمی‌توان آن را به رخ کشید؛ اما نه تنها خود انسان از آن بهره‌مند می‌شود؛ بلکه در اثر آن، تشعشعات شعوری مثبتی به کل هستی می‌سپارد.

---

۱. خرد را خرقه از تکلیف پوشند   ولیکن عشق را تشریف پوشند
«عطار»

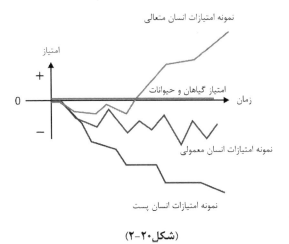

(شکل۲۰-۲)

تحولات کیفی که انسان را متعالی می‌کند، همان پیامدهای حرکت عرفانی است که در این بخش، بعضی از آن‌ها معرفی می‌گردد.

یکی از نتایج این حرکت که باعث ارتقای کیفی عبادات نیز می‌شود، «کنترل ذهن» است. بدون کنترل ذهن، انسان مانند برده‌ای در اسارت به سر می برد. او اسیر بخشی از ذهن خویش است که هر لحظه برای وی تصمیم می‌گیرد که به چه اندیشه، خیال یا خاطره‌ای مشغول باشد. به این ترتیب، بخش اعظم عمر انسان، در بیراهه‌ها تلف می‌شود. این وضعیت، به اعمال عبادی او نیز لطمه می‌زند و کیفیت آن‌ها را سلب می‌کند یا به شدت کاهش می‌دهد[1]؛ اما چاره‌ی آن، برقراری نوعی اتصال و ارتباط با خداوند است که باعث به دست گرفتن «مدیریت ذهن» می‌شود.

این مثال، ما را متوجه بخشی از اهمیت موضوع می‌کند؛ اما حقیقت این است که ارتقای کیفیت اعمال انسان، ابعاد بسیار گسترده‌تری دارد که لازم است با دنبال کردن اهداف

۱. در حیطه‌ی اعمال عبادی، بسیار اتفاق می‌افتد که فرد، پس از به جا آوردن فریضه‌ی نماز متوجه می‌شود در خلال برپایی این فریضه‌ی مهم دینی، چندین معامله انجام داده است و به چند سفر رفته، اشیائی را که گم شده بودند، نیز پیدا کرده است و... . بنابراین، بدون داشتن کنترل ذهن، بر کیفیت بسیاری از اعمال انسان خط بطلان کشیده می‌شود.

زیربنایی و معرفتی عرفان، جدی گرفته شود.

الف) نتایج زیربنایی

اتصال و ارتباط با خداوند، ثمرات متعدد و متنوعی دارد. بخشی از این نتایج و ثمرات، با ایجاد تعادل در جسم، ذهن، روان و سایر ابعاد وجودی و حتی شکوفایی ذهنی و روانی، نه تنها شرایط درونی مساعدی برای رویارویی با مسائل زمینی فراهم می‌کند، بلکه آمادگی برخورداری از روزی‌های آسمانی را نیز افزایش می‌دهد و مسیر کمال را هموار می‌سازد.

وضعیت مطلوب جسم، ذهن و روان افراد متعالی در مقایسه با افراد عادی، نشان می‌دهد که این وضعیت، رابطه‌ی مستقیمی با ارتقای کیفی انسان دارد. فرد متعالی، در سنین کهولت، افت جسمی کمتری نسبت به دیگران دارد و به جای افت روانی و ذهنی معمول در این دوران، شاهد رشد روانی و ذهنی خود خواهد بود.

به‌طور کلی، افراد معمولی در سنین کهولت دچار افت جسمی می‌شوند؛ گیرایی ذهن آن‌ها کاهش می‌یابد و از نظر روانی، به دوران کودکی باز می‌گردند و خصوصیاتی مانند بهانه‌گیری، لجبازی، قهر کردن و ... از آن‌ها سر می‌زند.

همان‌طور که در شکل معلوم است، این افت همه‌جانبه، درست بعد از سنینی شروع می‌شود که جسم و روان و ذهن، به بیشترین شکوفایی می‌رسد و پس از آن، با افزایش سن، روند افت، افزایش می‌یابد. اما سنین اوج شکوفایی فرد عادی، سنین آغاز بهره‌وری بیشتر از ذهن و روان برای فرد متعالی است. یعنی از آن زمان به بعد، شکوفایی ذهنی و روانی انسان متعالی افزایش می‌یابد. نمونه‌ی بارز این روند را می‌توان در پیامبران الهی یافت که از این رشد فزاینده بهره برده‌اند.

توجه به دو نمودار ۲-۲۱ و ۲-۲۲ این موضوع را روشن‌تر می‌کند.

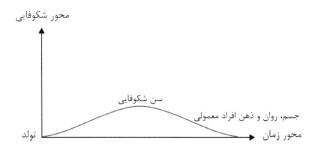

تغییرات جسمی، ذهنی و روانی افراد معمولی

(شکل ۲۱-۲)

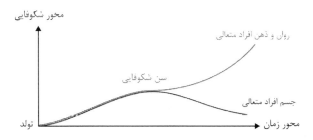

تغییرات جسمی، ذهنی و روانی افراد متعالی

(شکل ۲۲-۲)

حرکت عرفانی، علاوه بر این دستاورد، پیامدهای مفید و مطلوب دیگری نیز دارد که نسبت به نتایج معرفتی آن، نقشی زیربنایی ایفا می‌کند. برخی از این نتایج که به اختصار توضیح داده خواهد شد، عبارتند از:

۱- محافظت در سلوک

۲- دستیابی به هنر ضد ضربه شدن

۳- ارتقای ظرفیت

۴- تزکیه

۵- هم‌فازی با زمان

۶- هم‌فازی با فلک

۷- هم‌فازی کالبدی

...

محافظت در سلوک

به طور طبیعی، حرکت در مسیر کمال (که بر اساس ارتباط با خدا و در نتیجه، بهره‌مندی از نقش شبکه‌ی مثبت تحقق می‌یابد)، واکنش شبکه‌ی منفی را به‌دنبال دارد.

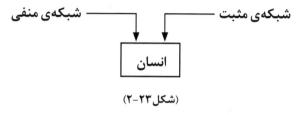

(شکل ۲۳-۲)

بنابراین، در حرکت عرفانی، وجود «**حفاظ**» در برابر تعرضات شبکه‌ی منفی، ضروری است. منظور از تعرضات، تغییراتی درونی است که به طور مستقیم یا غیر مستقیم، اثر بازدارنده‌ای بر رشد و تعالی دارد. این بازدارندگی، از طریق ایجاد نابسامانی‌هایی مانند غرور، منیت، خساست، بدبینی، فراموشی، درگیری با وسوسه‌های مختلف و ... آغاز می‌شود و در بسیاری از موارد، به فشارهای روانی و ناهنجاری‌های دیگر نیز منجر می‌گردد و آسیب‌های ناشی از آن، جدی است.

این نشان می‌دهد که انسان در برقراری هر نوع اتصال و ارتباط با خداوند، به حفاظتی از سوی او نیاز دارد تا بتواند از آسیب این حملات، در امان بماند. در اتصال جمعی که فرد به راحتی از تسهیلات رحمانی خداوند بهره‌مند می‌شود، هر حلقه‌ای، حفاظ مربوط به خود را دارد. اما در اتصال فردی، برخورداری از حفاظ، نیازمند شرایطی است که اگر شخص ارتباط

گیرنده، آن را نداند و رعایت نکند، به شدت مورد حمله‌ی شبکه‌ی منفی واقع خواهد شد.[1] در ضمن، به دلیل این که اتصال‌های فردی برای هر کسی منحصر به فرد است، نمی‌توان تجربه‌ی یک شخص در زمینه‌ی دریافت حفاظ مربوط به آن را به دیگران تعمیم داد.

به علاوه، حفاظ‌های دیگری با کاربرد عمومی‌تر نیز وجود دارد که «حفاظ عبادی»، از آن جمله است. این حفاظ، برای با کیفیت انجام دادن اعمال عبادی ضرورت دارد و پناه بردن حقیقی به خداوند است.[2] ایجاد این حفاظ، از مزاحمت عوامل شبکه‌ی منفی (که مأمور به ممانعت از عبادت حقیقی هستند) جلوگیری می‌کند. به عبارتی، همان‌طور که در عبادت، تمایل ذهن به تفرقه، بیشتر است، حملات بازدارنده‌ی دیگری نیز وجود دارد که این حفاظ، آن‌ها را خنثی می‌کند.

حفاظ عبادی، مانند سپری است که در مواقع لزوم (انجام اعمال عبادی و تفکر و تحقیق عمیق در متون دینی) باید از آن استفاده کرد. اما حفاظ دیگری نیز با دامنه‌ی اثر بیشتر وجود دارد که مانند یک «زره» همواره مصونیت‌بخش است. می‌توانیم نام این حفاظ را «حفاظ اعظم» بگذاریم.

دستیابی به حفاظ اعظم، نتیجه‌ی درک عمیقی است که انسان را از ظاهربینی خارج می‌کند و به مشاهده‌ی حقیقت هر جزئی از اجزای هستی می‌رساند؛ تا جایی که در هر یک، جمال خدا را می‌یابد و با این مشاهده، درباره‌ی تقدس همه‌ی اجزای عالم، به یقین می‌رسد. به بیان دیگر، این حفاظ که همواره از نفوذ شیاطین و حملات شبکه‌ی منفی جلوگیری می‌کند، محصول یک فرایند معرفتی است و زمانی به‌دست می‌آید که حقیقت «بسم‌الله الرحمن الرحیم» در سراسر وجود فرد (و نه فقط کلام یا اندیشه‌ی او) محقق شود.

---

[1]. بسیاری از افراد مشتاق بوده و هستند که بی‌اطلاع از این موضوع و بدون برخورداری از حفاظ لازم، به یکباره رو به عرفان و عبادات عمیق و مستمر آورده‌اند و پس از مدت زمان کوتاهی، دچار عوارض روانی شدیدی شده و به مراکز مراقبت روانی انتقال یافته‌اند.

[2]. این حفاظ، رسیدن به باطن «اعوذ بالله من الشیطان الرجیم» است.

در حقیقت، در جهان هستی، همه چیز تجلی خداوند است و مجموعه‌ی همه‌ی تجلیات او که هر کدام، دو جلوه‌ی رحمانی و رحیمی او را نشان می‌دهند، «اسم» او هستند و به همین دلیل، هر یک از آن‌ها تقدس دارند. درک شهودی این حقیقت، برای انسان حفاظی ایجاد می‌کند که کامل‌ترین حفاظ است و «حفاظ اعظم» نام می‌گیرد.

دستیابی به هنر ضد ضربه شدن

زندگی مانند یک اقیانوس مواج است که در آن، هر لحظه امکان رویارویی با امواجی سهمگین وجود دارد. هر کسی که در زورقی نشسته باشد و بخواهد اقیانوسی را طی کند، به طور قطعی، با برخورد چند موج از امواج این اقیانوس و ضربات این تلاطم، زورق او متلاشی می‌شود و تخته‌پاره‌های آن، به گوشه و کنار پرتاب خواهد شد.

به همین دلیل، لازم است که انسان در اقیانوس زندگی، زورق وجودی خود را به کشتی اقیانوس پیمایی تبدیل کند تا بتواند عرصه‌ی این اقیانوس را با مصونیت بیشتر و به طور مطمئن‌تری بپیماید. حرکت عرفانی، چنین امکانی را فراهم می‌کند. زیرا از طرفی به انسان وسعت و عظمتی می‌دهد که آن امواج بر او بی‌تاثیر می‌شوند و از طرف دیگر، انگیزه‌ای متعالی ایجاد می‌کند که او با وجود امواج سهمگین حوادث، محکم و استوار در مسیر زندگی به پیش می‌رود. بنابراین، از این نظر می‌توان گفت که عرفان، هنر ضد ضربه شدن است.

عارف در راه رسیدن به محبوب خود، با هر ضربه‌ای دچار وقفه و سکون نمی‌شود. او در مسیر عشق، به تحولاتی رسیده است که افراد معمولی، از آن بی‌بهره‌اند. به عبارتی، در این مسیر، او توانسته است زورق وجودی خود را به یک کشتی اقیانوس‌پیما تبدیل کند که در مقابل امواج سهمگین اقیانوس زندگی، به خوبی مقاومت می‌کند؛ در حالی که زورق افراد معمولی، در رویارویی با اولین امواج این اقیانوس، واژگون می‌شود و از ادامه‌ی راه باز خواهند ماند.

ارتقای ظرفیت

عرفان، انسان‌هایی با ظرفیت بالا و دریا دل تربیت می‌کند. ظرفیت انسان، قابل تغییر است. اگر کسی از ظرفیت مناسبی برخوردار نباشد، هر رویداد ناخوشایندی برای او ایجاد به‌هم ریختگی درونی و آسیب‌های جدی می‌کند؛ در صورتی که ظرفیت بالا به هیچ محرک بیرونی مخرب و تنش آفرینی، میدان نمی‌دهد و اثر آن را خنثی می‌کند.

می‌توانیم ظرفیت افراد مختلف را به ظروف مختلفی تشبیه کنیم؛ زیرا همان طور که هر چه درون ظروف کوچک باشد، دیده می‌شود، تأثیر وقایع نیز در ظرفیت‌های پایین، مشاهده می‌گردد. اگر سکه‌ای را به درون کاسه‌ی آبی بیندازیم، هرکسی به محض نگاه کردن به درون این کاسه، سکه را خواهد دید. اما اگر همین سکه را به درون حوضی بیندازیم، رؤیت آن کمی مشکل‌تر می‌شود و در صورتی که آن را به درون استخری بیندازیم، دیدن آن سخت‌تر خواهد شد و اگر این سکه به دریاچه‌ای انداخته شود، دیگر امید چندانی به پیدا کردن آن نیست.

ظرف وجود انسان نیز می‌تواند اندازه‌های مختلفی داشته باشد؛ از اندازه‌ای کوچک که تأثیر هر اتفاقی بر آن آشکار می‌شود تا عظمتی که نه تنها هر مشکلی در آن محو می‌گردد، بلکه در برابر تعریف و تمجید و تشویق و حوادث شوق‌آور و شعف‌انگیز نیز، تعادل فرد را حفظ می‌کند و مانع از خودباختگی او می‌شود.

دنیای عرفان، دریا دلی و ظرفیت وجودی بالایی ایجاد می‌کند که به‌واسطه‌ی آن، فرد قادر می‌شود بدون هیچ لطمه‌ای، از کنار همه‌ی ناملایمات، صحبت‌های نابجا و ناروا، نیشخندها و طعنه‌ها، اهانت‌ها و بی‌احترامی‌ها بگذرد و برای همیشه، آن‌ها را در وسعت ظرفیت خود مدفون کند؛ به طوری که آشکار کردن و بیرون کشیدن آن‌ها، از وجود او، کاری مشکل و یا حتی ناممکن باشد؛ گویی که هیچ اتفاق نامطلوبی برای او رخ نداده است. به عبارت دیگر، عرفان، ظرفیت حفظ تعادل درونی در خوشی‌ها و ناخوشی‌ها را ایجاد می‌کند.

تزکیه

تزکیه و پاکسازی اخلاقی و رفتاری از عوامل ضد کمال، یکی از اهداف مهم در راه کمال است. تحت تأثیر پند و نصیحت و یا به حکم عقل، می‌توان تصمیم به اصلاح اعمال و رفتار خود گرفت و برای آن تلاش کرد؛ اما این تزکیه، «**تزکیه‌ی بیرونی**» یا «**تزکیه‌ی ظاهری**» است. در عرفان، تزکیه‌ی بیرونی زمانی ارزشمند است که نتیجه‌ی «**تزکیه‌ی درونی**» یا «**تزکیه‌ی باطنی**» باشد.

تزکیه‌ی بیرونی (تزکیه‌ی رفتاری) با استفاده از ابزارهای پله‌ی عقل به‌دست می‌آید؛ اما تزکیه‌ی درونی بدون ارتباط با خدا و برخورداری از رحمانیت او امکان ندارد. در صورتی که انسان به تزکیه‌ی درونی برسد، خواه ناخواه، رفتار او نیز تحت تأثیر این تزکیه قرار می‌گیرد و به‌طور بنیادی اصلاح می‌شود.

بنابراین، اصلاح زیربنایی، با ورود به مسیر عرفان و تجربه‌ی پله‌ی عشق به‌دست می‌آید. برای این منظور، رحمانیت خداوند در انواعی از ارتباط با او جریان می‌یابد و تحولاتی از قبیل «تزکیه‌ی ذهنی»، «تزکیه‌ی اخلاقی» و «تزکیه‌ی تشعشعاتی» اتفاق می‌افتد.

۱- تزکیه‌ی ذهنی

ناآگاهی انسان از برخی قوانین هستی و یا بی‌توجهی به آن‌ها، منجر به تخلفاتی می‌شود که او را در معرض آلودگی به ویروس‌های غیر ارگانیک[1] قرار می‌دهد. این ویروس‌ها با تسخیر

---

۱. برای آشنایی با این موجودات و دلایل آلودگی به آن‌ها، به کتاب «موجودات غیر ارگانیک» مراجعه شود.

کالبد ذهنی[1] و یا کانال‌ها و مبدل‌های انرژی انسان، انواعی از مشکلات ذهنی[2] و بسیاری از اختلالات روانی و جسمی را ایجاد می‌کنند.

ویروس‌های غیر ارگانیک، هوشمند هستند و حتی در صورتی که به وضوح، موجب بروز اختلالات ذکر شده نشوند، رفتار، گفتار و اندیشه‌ی فرد را به میل خود تغییر می‌دهند و در بسیاری از موارد، به انحراف می‌کشانند.

بنابراین، در مسیر عرفان، پاک شدن از این نوع آلودگی، از این نظر اهمیت دارد که لازم است کسی که در مسیر عرفان حرکت می‌کند، مطمئن باشد بدون دخالت این عوامل مداخله‌گر، تصمیم‌گیرنده‌ی زندگی خویش است و در انتخاب‌های خود، تحت تأثیر القائات ویروس‌های غیر ارگانیک قرار ندارد.

به همین دلیل، یکی از امکانات رحمانی که خداوند در مسیر سیر و سلوک قرار داده است، رفع این نوع آلودگی است و از آن جا که اغلب، مرکز تسخیر شونده توسط این دسته از ویروس‌ها، «ذهن» است، پاک شدن از آن‌ها «تزکیه‌ی ذهنی» نام‌گذاری می‌شود.

۲- تزکیه‌ی اخلاقی

انسان به قدر اشتیاق خود، از دانش کمال بهره می‌برد و به قدری که به مبدأ توجه دارد، حرکت به سوی غایت کمال را سرعت می‌بخشد. همین عطف توجه به غایت کمال، عامل بهترین نحوه‌ی حرکت در مسیر بازگشت به سوی خداوند است.

مهم‌ترین عاملی که این حرکت را به تعویق می‌اندازد و انسان را دچار عقب ماندگی و سرگردانی می‌کند، وابستگی است. گاهی این وابستگی، نسبت به اشخاص، موقعیت‌ها، اموال، اماکن و ... است و گاهی نسبت به برخی خصوصیات اخلاقی که حتی وقتی فرد تصمیم به

---

۱. برای آشنایی با کالبد ذهنی به کتاب «انسان از منظری دیگر» مراجعه شود.
۲. منظور از مشکلات ذهنی، نابسامانی‌هایی از قبیل توهم (شنیداری، دیداری، پنداری و حسی)، دو شخصیتی، چند شخصیتی، وسواس، رفتارها و تمایلات غیر عادی و ... است.

ترک برخی از آن‌ها دارد، کشش و جاذبه‌ی آن‌ها مانع رسیدن به این هدف می‌شود و یا آن را دشوار می‌کند.

به طور خلاصه، هم وابستگی‌های عاطفی-ذهنی (اشکالات عاطفی و ذهنی) و هم وابستگی‌های اخلاقی (اشکالات اخلاقی و شخصیتی) عوامل بازدارنده‌ی کمال هستند و حرکت عرفانی را دچار توقف و کندی می‌کنند و به همین دلیل، پاک شدن از آن‌ها اهمیت دارد.

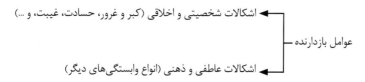

عوامل بازدارنده:
- اشکالات شخصیتی و اخلاقی (کبر و غرور، حسادت، غیبت، و ...)
- اشکالات عاطفی و ذهنی (انواع وابستگی‌های دیگر)

برای رها شدن از این اشکالات، دو روش وجود دارد:

۱- تلاش و مراقبت فردی

۲- کمک گرفتن از اتصال و ارتباط با خدا

در روش اول، شخص با تکیه بر اراده و توان فردی خود، نسبت به این عوامل مقاومت می‌کند و به سختی، در جهت اصلاح خود می‌کوشد. تجربه‌ی بشر نشان می‌دهد که موفقیت در این راه، بسیار دشوار است.

در روش دوم، فرد متکی به خود نیست و از اتصال و ارتباط با خدا کمک می‌گیرد تا با لطف و رحمت او، این اشکالات را از وجود خود برطرف می‌کند. تجربه‌ی بهره‌مندی از ارتباط فردی و حلقه‌های رحمانی نشان می‌دهد که در این مورد، ابتدا اشکالات مورد نظر برای خود شخص واضح می‌شوند و به دنبال این که با همه‌ی زشتی خود برای او جلوه می‌کنند، به اختیار خود فرد، اما با کمک خداوند قربانی می‌شوند. یعنی ارتباط با خدا، امکان ذبح وابستگی‌های عاطفی، ذهنی و شخصیتی را فراهم می‌کند تا با کنترل این اشکالات، حرکت

به سوی کمال، سهولت پذیرد.[۱]

مراسم دینی قربانی کردن (ذبح حیواناتی که مصرف خوراکی دارند) نیز از یک طرف به منظور اطعام نیازمندان است و از طرف دیگر، نمادی از ذبح وابستگی‌ها است و باید به این منظور، انجام شود.[۲]

زندگی پیامبران و اولیای الهی نیز برای ما در این زمینه درس‌هایی به جا گذاشته است. تصمیم حضرت ابراهیم(ع) برای قربانی کردن فرزندش اسماعیل(ع)، درس بزرگی درباره‌ی قربانی کردن وابستگی است. زیرا او از علاقه و وابستگی خود به فرزند محبوبش گذشت و پیام حق را که در ظاهر، ذبح فرزند و در اصل، قربانی کردن وابستگی به او بود، اطاعت کرد. به همین دلیل، در لحظه‌ای که این وابستگی را در درگاه خدا از دست داد، آنچه باید ذبح می‌شد، ذبح شد و ابراهیم، ندای الهی را شنید که رویای او تحقق یافت.

۳- تزکیه‌ی تشعشعاتی

فرامین دینی، انواع گناهان را به بشر معرفی می‌کنند و به ضرورت اجتناب از آن‌ها تأکید دارند. بر همین اساس، ملاک هر فرد دینداری، برای شناسایی گناه و پرهیز از آن، همین دستورات است.

اما از منظر عرفان، دامنه‌ی گناه گسترده‌تر است و هر گونه افکار و رفتاری که سلامت فرد و جامعه را به خطر اندازد؛ ایجاد تشعشع شعوری منفی کند و در یک کلام، مانع از حرکت به سوی کمال شود، گناه است. به طور کلی، در دیدگاه عرفانی، آن‌چه انسان را به‌سوی کمال

---

۱. به طور معمول، با این‌که فرد به ناپسند بودن این خصوصیات واقف است، وجود آن‌ها برای او شیرینی دارد و نمی‌خواهد یا نمی‌تواند از آن دست بکشد؛ اما زمانی که از ارتباط با خدا کمک می‌گیرد، از آن شیرینی صرف‌نظر می‌کند و به سهولت، از آن خصوصیات رها می‌شود.

۲. اگر قربانی کردن با اندیشه‌ی غلط باج دادن به خدا انجام شود و یا با انگیزه‌ی ریختن خون (نه اطعام نیازمندان) و بر اساس این گمان باطل که ریختن خون، ضامن سلامت و امنیت است، دنبال شود، نه تنها ما را از هدف ادیان (در توصیه به قربانی کردن) بسیار دور می‌کند، بلکه تبعات منفی آن را نیز دامن‌گیرمان خواهد کرد.

سوق می‌دهد، «**صواب**» است و آن‌چه او را به‌سوی ضد کمال می‌کشاند، «**گناه**» محسوب می‌شود.

برای مثال، حتی وقتی موظف به پاسخ‌گویی به یک سؤال نیستیم؛ اما به طور عمدی به پرسش‌کننده، پاسخ مبهمی می‌دهیم، هم خودمان و هم او را با تشعشعات منفی ناشی از آن، درگیر می‌کنیم.[۱]

ایجاد تشعشع منفی، انسان را دچار «**آلودگی تشعشعاتی**» می‌کند و این آلودگی، سیستم‌های شعوری بدن را مختل می‌سازد. یعنی احاطه شدن با تشعشعات منفی، باعث اختلال در شعور سلول و بدن می‌شود و در نتیجه، نابسامانی عملکرد سلول‌ها و اعضای بدن را به‌دنبال دارد. هر عمل یا اندیشه‌ای که به این ترتیب، سلامت را به خطر اندازد، ضد کمال است و گناه به شمار می‌رود.

با توجه به این حقیقت که همه‌ی عوامل ضد کمال، ایجاد تشعشع منفی می‌کنند، در حرکت عرفانی، علاوه بر این‌که به تزکیه‌ی اخلاقی (برای رهایی از گناه) اهمیت داده می‌شود، خنثی کردن اثر تشعشعاتی گناه نیز لازم است. این نوع پاکسازی که «**تزکیه‌ی تشعشعاتی**» نام می‌گیرد نیز در اثر اتصال و ارتباط با خدا به دست می‌آید.

تجربه‌ی این تزکیه، انسان را با نقش تشعشعات در زندگی او آشنا کرده، درباره‌ی گناه، دیدگاه وسیع‌تری به او می‌دهد. به همین دلیل، در اثر این تجربه، ارتکاب گناه نیز به حداقل می‌رسد.

هم فازی با زمان

یکی از نتایج حرکت در مسیر عرفان، هماهنگی و هم‌فازی با زمان (و آگاهی نسبت

---

۱. نمونه‌ی ساده‌ای از این مثال این است که کسی از دیگری بپرسد لباس خود را از کجا خریده‌ای و او پاسخ غیر دقیقی بدهد که سؤال کننده را به جواب نرساند. از نظر شرعی، الزامی وجود ندارد که فرد چنین سؤالی را پاسخ دهد؛ دروغ هم نگفته است.اما این نحوه پاسخ‌گویی او ایجاد تشعشع منفی می‌کند که اغلب با احساس ناخوشایندی همراه است. پس اگرچه او مرتکب گناه شرعی نشده است، گناه عرفانی انجام داده است.

به اهمیت و لزوم آن) است. به‌طور معمول، انسان نسبت به زمان، در موضع دیکتاتوری و زورگویی قرار دارد و زمان به عنوان یکی از اجزای هوشمند جهان هستی مادی، در مقابل خواسته‌ی زورگویانه‌ی او واکنش منفی نشان می‌دهد.[۱] بنابراین، وقتی کسی تمایل دارد زمان دیر بگذرد، در نظر او با سرعت می‌گذرد و هنگامی که می خواهد زود طی شود، چنان کُند و به سختی می‌گذرد که حتی متوقف به نظر می‌رسد.

برای مثال، یک زندانی مایل است که زمان حبس او در زندان زودتر سپری شود؛ اما به‌عکس، احساس کند بودن گذر زمان را دارد؛ به قدری که ممکن است برای او، گذشت یک روز مانند گذشت یک هفته در نظر فردی باشد که بیرون از زندان زندگی می‌کند. در همین زمان، کسانی خارج از این زندان هستند که تمایل دارند زمان دیر بگذرد تا بهتر بتوانند به امور جاری و برنامه‌های زندگی خود رسیدگی کنند؛ اما برای آن‌ها زمان به سرعت سپری می‌شود؛ به طوری که احساس می‌کنند هنوز صبح نشده، ظهر فرا می‌رسد و هنوز چشم بر هم نزده، شب از راه می‌رسد و روزهای بعد نیز به همین منوال می‌گذرد.

ثانیه شمار ساعت، در همه‌جا و برای همه یکسان رو به جلو می‌رود و کمیت زمان برای همه‌ی افراد یکسان است؛ اما چه آن ها که می‌خواهند زمان زود بگذرد و چه آن‌ها که نمی‌خواهند زود سپری شود، در حال رنج بردن از نحوه‌ی گذر آن هستند. این رنج، ناشی از تمایل به اعمال دیکتاتوری و تحمیل نظر شخصی به زمان است؛ زیرا بر اساس قانونی معین، در اثر میل درونی به تند یا کند شدن زمان، سپری شدن آن، بر خلاف انتظار احساس می‌شود.

در دیدگاه عرفانی، صلح با همه‌ی عوامل هستی، از جمله زمان، در سر لوحه‌ی همه‌ی امور قرار دارد. در وضعیت هم‌فازی با زمان، فرد با زمان همراه و هماهنگ است و بدون این که

۱. کمیت زمان، همواره ثابت است؛ اما احساس افراد نسبت به آن (بسته به شرایط) متغیر است و این باعث می‌شود که کیفیت زمان را متغیر بدانیم و به دلیل قانونمندی تغییرات آن نسبت به شرایط، آن را هوشمند معرفی کنیم. برای مثال، اصرار ما برای زودتر یا دیرتر گذشتن زمان، باعث می‌شود که سپری شدن آن را بر خلاف میل خود احساس کنیم. همچنین، افزایش میزان هیجانات کاذب و تنش‌های ناشی از پیشرفت تکنولوژی و ترویج زندگی ماشینی، موجب می‌شود با احساس سرعت و زودگذری زمان مواجه شویم.

بخواهد زود بگذرد یا دیر سپری شود، از زمان حال بهره می‌برد.

نکته‌ی مهم این است که اولا، تنها در این صورت می‌توان از برکت زمان برخوردار شد و ثانیا، با این هماهنگی و هم‌فازی می‌توان در معرض الهام و اشراق قرار گرفت. زیرا یکی از موانع برقراری ارتباط جزء و کل و دریافت آگاهی، عدم هم فازی با زمان است. الهام و اشراق، پاسخ اشتیاقی است که برای دریافت آگاهی وجود دارد. این پاسخ به فراخور اشتیاق فرد ارسال می‌شود؛ اما همچون بسته‌ی پستی که در صورت حضور صاحب‌خانه به او تحویل داده می‌شود، فقط در صورتی در اختیار فرد مشتاق قرار می‌گیرد که در زمان حال قرار داشته باشد. در غیر این صورت، او غایب محسوب می‌شود و پیام جاری شده را دریافت نخواهد کرد.

کسی که می‌خواهد زمان زود بگذرد، جلوتر از زمان حرکت می‌کند و کسی که می‌خواهد زمان را از حرکت باز دارد، عقب‌تر از آن قرار می‌گیرد. در هر دو حالت، الهام و اشراقی برای او رخ نخواهد داد و از دریافت روزی آسمانی، محروم خواهد شد. زیرا روزی آسمانی به کسی تعلق می‌گیرد که با زمان در صلح باشد.

بنابراین، عرفان با ایجاد هماهنگی و همسویی با زمان، امکان بهره‌مندی از دریافت‌های عرفانی را افزایش می‌دهد. به عبارت دیگر، «هم‌فازی با زمان» که دریافت الهامات و همچنین تحولات کیفی وجود انسان وابسته به آن است، خود به عنوان تحولی زیربنایی، در حرکت عرفانی حاصل می‌شود.

هم فازی با فلک

از دیر باز، انسان از جور فلک نالیده و همواره از آن شکایت داشته است:

ای چرخ و فلک خرابی از کینه توست	بیدادگـــری شیوه‌ی دیرینه‌ی توست
ای خاک اگر سینه‌ی تــو بشــکافند	بس گوهر قیمتی که در سینه‌ی توست

«خیام»

و یا:

همـــوار خـواهی کـرد گیتـی را   گیتـی‌ست کی پذیـرد همــواری

«رودکی سمرقندی»

این شکوه‌ها نشان می‌دهد که اگرچه بسیاری از افراد سعی دارند خواسته‌ها و آرزوهای[1] بی‌پایان خود را به فلک تحمیل کنند و سیری ناپذیری و طمع انسان، لحظه‌ای او را رها نمی‌کند، فلک[2] به میل بشر عمل نمی‌کند. (فلک نیز مانند زمان، به نحو قانونمند و بر اساس اصولی هوشمندانه با انسان مواجه می‌گردد و از این نظر، هوشمند شناخته می‌شود.)

به‌طور مسلم، ممکن نیست که همه‌ی انسان‌ها به تمام خواسته‌های خود دست یابند؛ زیرا بسیاری از این خواسته‌ها با هم در تقابل است. در واقع، با وجود اصل «تقابل خواسته‌ها با یکدیگر» پاسخ مثبت به هر خواسته‌ای، امکان‌پذیر نیست.

مثال‌های متعددی از ساده‌ترین وقایع روزمره می‌تواند این مطلب را تفهیم کند: همان زمانی که کشاورزی در آرزوی بارش باران است، عده‌ای که برای تفریح به دامن طبیعت رفته‌اند، آرزو می‌کنند باران نبارد تا از گشت و گذار خود بهتر لذت ببرند. همچنین، درست وقتی که رانندگان اتومبیل در یک سوی چهار راه، تمایل دارند همچنان چراغ راهنمای سمت مقابل، قرمز باقی بماند تا بتوانند از چهار راه عبور کنند، رانندگان اتومبیل در طرف دیگر همین چهارراه، خواهان سبز شدن چراغ قرمز پیش روی خود هستند.

در هیچ‌یک از دو مثال ذکر شده، این امکان وجود ندارد که فلک خواسته‌ی هر دو گروه مقابل را فراهم کند و در مواردی مانند مثال دوم، در صورتی که یکی از دو طرف را به خواسته‌ی خود برساند، بر خلاف عدالت عمل کرده است. پس در واقع، آرزوی هیچ یک از دو دسته‌ی فوق، قابل برآورده شدن نیست؛ زیرا با «اصل عدم تقابل» و «اصل عدالت» مغایرت دارد.

---

۱. آرزو، خواسته‌ای است که در زمان شکل‌گیری، تحقق آن برای فرد ممکن نیست.

۲. در این جا به طور مجازی، منظور از فلک، نظام هستی است.

اصل دیگری که اجازه‌ی دست یافتن به تمام خواسته‌ها را نمی‌دهد، اصل «عدم تقابل با قوانین هستی» است. قوانین مربوط به برپایی و اداره‌ی هستی، نظامی به عالم بخشیده است که هیچ درخواست و آرزویی آن را مخدوش نمی‌کند. اگر به‌خوبی به این مطلب واقف شویم، برای پی‌گرفتن میل شخصی خود، انتظار هیچ تغییری را در آن نخواهیم داشت. رویدادهای طبیعی همچون زلزله، خسوف، کسوف، صاعقه، طوفان و ... نشان می‌دهد با این‌که در ایام قدیم، مردم در اثر بی‌اطلاعی از علت وقوع این وقایع، از آن‌ها ترس و وحشت داشته‌اند، این اتفاقات تکرار شده است و آرزوی این که این پدیده‌ها رخ ندهند، در رفع یا پیشگیری از آن، تأثیری نداشته است. این رویدادها همواره مطابق قوانین عالم هستی تحقق می‌یابد و ناکامی انسان‌ها در اعمال آرزوی خود (کنترل این پدیده‌ها) ما را به این نتیجه می‌رساند که هیچ گونه آرزویی نمی‌تواند مانع از این رخدادهای طبیعی شود.

«قابلیت تحقق» اصل دیگری است که نقض نمی‌شود. قابلیت تحقق، امکان به وقوع پیوستن آرزو است و به عوامل مختلفی بستگی دارد. اگر همه‌ی مردم یک کشور، آرزو کنند که به یک باره در زمان کوتاهی و بدون وجود یک برنامه‌ی حساب شده، در زمینه‌ی رشد اقتصادی کشور، همگی ثروتمند شوند ، بانک مرکزی نمی‌تواند جواب گوی این خواسته‌ی عمومی باشد.

زیرا پول رایج در یک کشور که بین آحاد مختلف مردم آن کشور در گردش است، میزان ثابتی دارد. اگر عده‌ای میزان بیشتری از این مقدار پول ثابت را در دست داشته باشند، به طور قطعی، عده‌ای دیگر، به همان نسبت، آن را از دست می‌دهند. در نتیجه، این آرزو که همه ثروتمند شوند، قابلیت تحقق ندارد.

در ازای اسکناس و پول رایج در کشور، میزانی طلا و ذخایر ارزی در بانک مرکزی موجود است که بدون آن، پول موجود بی‌پشتوانه خواهد بود. بدون برنامه‌ریزی و کار و تلاش،

نمی‌توان به این پشتوانه‌ی معتبر رسید و طرح آرزو فقط به عنوان یک هدف ارزشمند است؛ نه به عنوان عامل مستقیم ایجاد آن. بنابراین، طرح آرزو و خیال‌پردازی درباره‌ی آن، به تنهایی نمی‌تواند باعث ثروتمندی همه‌ی اقشار شود. اما اگر این آرزو عامل ایجاد انگیزه باشد، می‌تواند موجب تلاش بیشتر و برنامه‌ریزی بهتر گردد و نتایجی به دنبال داشته باشد.

به‌طور کلی، برخی از مهم‌ترین اصولی که امکان تحقق هر آرزو را تعیین می‌کنند، عبارتند از:

- اصل قابلیت تحقق
- اصل عدم تقابل خواسته‌ها با یکدیگر
- اصل رعایت عدالت
- اصل عدم تقابل خواسته‌ها با قوانین هستی

برای کسانی که با نادیده گرفتن این اصول، سعی در ترویج و تبلیغ آرزوپروری دارند و فلک را تابع جاذبه‌ی سخن و اندیشه‌ی انسان معرفی می‌کنند، ذکر این مثال نیز مفید است که در طول تاریخ، میلیون‌ها انسان آرزو داشته‌اند به ماه سفر کنند و بر سطح آن قدم بزنند؛ اما در عمل، آرزوی آن‌ها برآورده نشده است. زیرا در مقابل میلیون‌ها فرد آرزومند، قدم زدن یک یا چند نفر بر سطح کره‌ی ماه، قابل اغماض است. در نتیجه، حتی اگر در آینده، امکان سفر به ماه برای همه مقدور شود، عده‌ی زیادی بوده و هستند که به دلیل امکان‌ناپذیری آن در زمان زندگی خود، این سفر را تجربه نکرده‌اند و نخواهند کرد.

به‌طور قطعی، در میان این افراد بی‌شمار، عده‌ای هم بوده‌اند که طبق روش‌های پیشنهادی (برای رسیدن به آرزوها) آرزوی خود را از نظر گذرانده‌اند؛ اما عدم کامیابی آن‌ها ما را به این نتیجه می‌رساند که با هیچ روشی نمی‌توان اصول ذکر شده را لغو کرد.

با دقت به این توضیحات و مثال‌ها، می‌توان پی برد که: ۱- تحقق همه‌ی آمال و آرزوها

ممکن نیست. ۲- نه‌تنها فلک مأمور تبعیت از آنچه انسان می‌خواهد نیست، بلکه همواره بر خلاف اصرار او عمل می‌کند.

از این رو، نباید برای تحقق و رسیدن به آرزوهای زمینی پافشاری کرد و نسبت به فلک، دیکتاتور بود. زیرا در این صورت، فلک به نحو هوشمندانه‌ای در برابر وقوع و تحقق آن آرزوها مقاومت خواهد کرد. اما می‌توان پس از مرور گذرای این آرزوها (که در برخی موارد می‌تواند عامل اقدامات مؤثری باشد)، ذهن را برای همیشه از آن‌ها رها کرد؛ به گونه‌ای که گویی هرگز مورد نظر نبوده است. زیرا امکان دستیابی به آن دسته از آرزوی زمینی که مورد توجه و تمرکز ما نیست، آسان‌تر فراهم می‌شود و آرزوهای رها شده، راحت‌تر از آرزوهایی که به آن قفل شده‌ایم، تحقق می‌یابد.

علاوه بر این، اگر ذهن در اشغال آرزوهای زمینی دور و دراز و دست نیافتنی گرفتار شود، همه‌ی انرژی خود را صرف آن‌ها می‌کند و پس از مدتی، مانند کلافی سر در گم، از تصمیم‌گیری در خصوص ساده‌ترین امور زندگی نیز باز خواهد ماند.

از سوی دیگر، آرزو پروری و تخیل در خصوص آرزوها، امکان چاره اندیشی، مدیریت و ابتکار عمل را از انسان سلب خواهد کرد و او را تبدیل به فردی رویا پرداز می کند که از واقعیت ها فاصله می‌گیرد و مدام در تخیل پیدا کردن گنج، رسیدن ثروتی هنگفت از آسمان و ... خواهد بود.

در مسیر عرفان، گذران زندگی زمینی، بدون رویاپردازی است و میل به تعالی، چنان ذهن و وجود فرد را در بر می‌گیرد که آرزوهای زمینی رنگ می‌بازد؛ تا جایی که برخی از سالکان، در مسیر حرکت عرفانی خود، به مقام بی‌تمنایی می‌رسند و می‌گویند:

یکـــی درد و یکـــی درمـــان پســـندد

یکی وصــل و یکی هجــران پســندد

من از درمان و درد و وصل و هجـران

پسـندم آن‌چـه را جـانـان پسـندد

«بابا طاهر»

اما در مراحلی از حرکت عرفانی نیز که هنوز آرزوهای مختلف زمینی وجود دارد، برای فرد، تحولی رخ می‌دهد که دیگر قصد تحمیل خواسته‌ی خود بر فلک را نخواهد داشت. در ادامه‌ی مسیر، او به تحولات بیشتری نیز دست می‌یابد که این هم‌فازی، زیربنای آن است.

هم‌فازی کالبدی

برای این که انسان در زندگی و فعالیت‌های خود، متعادل عمل کند، لازم است که بین احساسات، ادراکات و جسم[1] او تعادل برقرار باشد. این تعادل، با هماهنگی میان کالبد روانی، کالبد ذهنی و کالبد جسمی[2] به‌دست می‌آید. عدم هم‌فازی و هماهنگی بین کالبدهای نام‌برده، باعث از هم‌گسیختگی وجودی شده، پیامدهایی دارد که یکی از آن‌ها «جنون آنی» است.

هم‌فازی این کالبدها، تأثیر به‌سزایی در تثبیت رفتار انسان دارد و عدم آن، باعث به هم ریختگی‌هایی خواهد شد. برای مثال، عدم این هم‌فازی، عامل سردرگمی‌هایی می‌شود که در اثر آن، فرد حتی نام خود را به خاطر نمی‌آورد و برای لحظاتی، از درک و احساس بسیاری مسائل (از جمله موقعیت خود) عاجز و ناتوان می‌شود.

به‌طور مسلم، کسی که به دلیل عدم تعادل کالبدهای خود، هر لحظه امکان به هم ریختگی درونی تا مرز جنون آنی را دارد، فردی متعالی نیست و از بسیاری از برکات حرکت عرفانی، بی‌نصیب می‌ماند. بنابراین، یکی دیگر از تحولات زیربنایی در عرفان، «هم‌فازی کالبدی» است.

---

۱. منظور، بخشی از جسم است (مغز) که مترجم احساسات و ادراکات به زبان جسم می‌باشد.

۲. کالبد روانی بخشی از وجود انسان است که «احساسات» انسان را مکشوف می‌کند؛ کالبد ذهنی بخشی دیگر است که «ادراکات» را آشکار می‌کند و مغز بخشی در کالبد جسمی است که احساسات و ادراکات را به زبان جسم ترجمه کرده، هم فرد را از احساسات و ادراکات خود مطلع می‌کند و هم آثار فیزیکی آن (مانند رنگ پریدگی از ترس، سرخ شدن از خجالت و...) را در جسم ظاهر می‌نماید.

ب) نتایج معرفتی

بخشی از نتایج معرفتی که از ارتباط و اتصال با خدا حاصل می‌شود، محصول الهام و آگاهی دریافت شده است و بخشی دیگر، ناشی از نوعی تحول وجودی است که به نحوی عمیق، بر ارتقای بینش فرد، تأثیر می‌گذارد.

به بیان دیگر، دریافت آگاهی می‌تواند رمزی از رموز خلقت را باز کند و از این طریق، موجب اصلاح یا ارتقای بینش فرد شود؛ اما وقتی کسی با همه‌ی وجود به درک حقیقتی برسد، این تأثیر پایدارتر است. برای مثال، رسیدن به ادراکات ناشی از هم‌فازی کیهانی که عامل صلح درونی با جهان هستی است، مجموعه‌ی وسیعی از بینش‌های فرد را اصلاح و با خود هم‌راستا می‌کند.

با این که نمی‌توان تحولات معرفتی را به طور دقیق از یکدیگر تفکیک کرد، می‌توان آن‌ها را در این عناوین مورد بررسی قرار داد:

۱- رسیدن به آگاهی‌های کمال‌بخش

۲- رسیدن به مقام «انسان صالح»

۳- رسیدن به معرفت مراسم و مناسک دینی

۴- تعالی بینشی

۵- گستردگی[1] و ...

رسیدن به آگاهی‌های کمال‌بخش

عقل انسان و ابزارهای مربوط به آن، امکان محدودی برای کشف حقایق دارد؛ اما در عین حال، زمینه‌ای برای رسیدن به مرحله‌ی بی‌ابزاری (پله‌ی عشق) است که از طریق آن می‌توان با هوشمندی کل مرتبط شد و به آگاهی‌های وسیع و نامحدودی دست یافت.

---

۱. این شماره‌گذاری، ترتیب نتایج ذکر شده نسبت به یکدیگر را نشان نمی‌دهد.

اگر این هوشمندی را در نسبت با عقل انسان (که به‌واسطه‌ی همین هوشمندی به وجود آمده است) «عقل کل» بنامیم و به عقل انسان، «عقل جزء» بگوییم، می‌توان گفت که عشق (اتصال بر پله‌ی عشق) پلی میان عقل جزء و عقل کل برقرار می‌کند که موجب می‌شود انسان از حقایق آگاه شود. یعنی، تا انسان عاقل نباشد، عاشق نخواهد شد و تا عاشق نشود، با فهم حقایقی که عقل کل به او می‌بخشد، عاقل نخواهد شد.

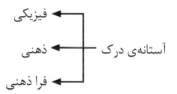

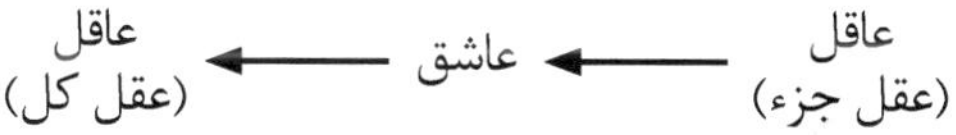

چگونگی دریافت آگاهی را از زاویه‌ی دیگری نیز می‌توان بررسی کرد. انسان دارای سه آستانه‌ی درک فیزیکی، ذهنی و فراذهنی است.

```
                      ← فیزیکی
آستانه‌ی درک ────────← ذهنی
                      ← فرا ذهنی
```

«درک فیزیکی»، شناخت «واقعیت» به‌کمک حواس ظاهری (حواس پنج‌گانه) است که می‌تواند درست یا غلط باشد؛ «درک ذهنی»، حاصل فرایندهایی مانند تجسم، تخیل و تفکر درباره‌ی «واقعیت» یا «حقیقت» است که بسیار احتمال خطا دارد و «درک فراذهنی»، کشف «حقیقت»[1] به کمک الهام و اشراق است.

درک ذهنی، منحصر به اطلاعات دریافت شده در حالت هشیاری نیست و ذهن، حتی در حالت خواب و اغما همه‌ی اطلاعات محیطی را ثبت و ضبط می‌کند. علاوه بر این، ذهن می‌تواند عالمی به نام «خیال» را بیافریند که محصول تخیل است. تخیل می‌تواند بی‌هدف

---

۱. واقعیت هر چیز، ظاهر آن و حقیقت هر چیز، باطن آن است.

و بیهوده (وهم) و یا هدفمند و سازمند (خلاقیت در جهت خیر یا شر) باشد. البته، گاهی نیز فرد متوجه تصاویر و اصواتی می‌شود و به احساساتی دست می‌یابد که زاییده‌ی ذهن او نیست و واقعیت بیرونی (بیرون از ذهن) دارد؛ اما ممکن است اطرافیان او متوجه آن‌ها نباشند و آن را توهم محسوب کنند. آن چه بیماران دچار اسکیزوفرنی با آن مواجه هستند و به اصطلاح رایج، توهم (Hallucination) نامیده می‌شود، نمونه‌ای از این موارد است.

اما آن‌چه در این کتاب، «آگاهی» نامیده می‌شود، اطلاعاتی مربوط به حقیقت است که با درک فراذهنی حاصل می‌گردد و ساخته و پرداخته‌ی ذهن و یا کشف شده به‌وسیله‌ی آن نیست.

در اغلب موارد، محتوای آگاهی عمومی است و فرد، قبل از دریافت از آن اطلاعی ندارد. به‌طور معمول، این آگاهی‌ها که معماها و رموز آفرینش و هستی را می‌گشاید، برای همه‌ی انسان‌ها مفید است. نوع دیگری از آگاهی نیز وجود دارد که فرد، پیش از دریافت، از آن اطلاع دارد؛ اما برای تأکید، به او الهام می‌شود. برای مثال، ممکن است عبارت یا جمله‌ای که در یکی از کتب مقدس وجود دارد، به کسی الهام شود تا به‌طور خاص، توجه او را به نکته یا پیامی که در خود دارد جلب کند. اگرچه این پیام، برای عموم مردم روشنگر است، تکرار آن برای یک فرد خاص، گوشزدی برای او است و حتی ممکن است وی را به درک عمیق تری از آن واژه‌ها و عبارات برساند.

آگاهی، همواره درسی از یک کتاب است. این کتاب می‌تواند کتاب مبین هستی و یا کتب آسمانی (کتب وحی شده به پیامبران)[1] باشد. کتاب مبین هستی، دارای دو بخش مختلف است که می‌توان یکی را کتاب کمال و دیگری را کتاب قدرت نامید.

کتاب قدرت، مجموعه روش‌های انجام امور خارق‌العاده‌ای است که برای جلب توجه، خودنمایی و قدرت‌پروری انجام می‌شود و یا هدف آن، سرگرم کردن انسان به امور زمینی و

---

1. خود کتب آسمانی نیز به کتاب هستی ارجاع می‌دهند.

حتی مسخ کردن او است. اما کتاب کمال، مجموعه حقایقی از کتاب هستی را ارائه می‌دهد که آگاهی از آن‌ها برای حرکت به سوی کمال، مفید است.

آگاهی‌هایی که انسان را با کتب مقدس و بخش کمال‌آفرین کتاب هستی آشنا می‌کند، از شبکه‌ی مثبت منشأ می‌گیرد و آگاهی‌هایی که کتاب قدرت را به روی انسان باز می‌کند، از شبکه‌ی منفی دریافت می‌شود.

از آن‌جا که آگاهی‌های دریافت شده از شبکه‌ی منفی، ضدکمال و اغوا کننده است، برای پیشگیری از گرفتاری به دام آن، تشخیص آگاهی مثبت (الهی) و منفی (شیطانی) از یکدیگر لازم است. بنابراین، به دنبال مطالعه‌ی نحوه‌ی دریافت آگاهی و محتوای آن، راهکار تشخیص آن دو از یکدیگر، ارائه و بررسی خواهد شد و سپس، مراتب اطمینان از آگاهی بیان می‌گردد:

۱- نحوه‌ی دریافت آگاهی

در برخی موارد، آگاهی به طور فرا زمان و فرا مکان دریافت می‌شود. در این نحوه‌ی دریافت آگاهی، هیچ کلام و تصویری نقش ندارد (آگاهی، در قالب صوت، تصویر و عبارات نیست) و در کمتر از یک لحظه، حقایق بسیاری در اختیار فرد قرار می‌گیرد که لازم است پس از دریافت، جزء به جزء، مورد بازبینی واقع شود.

گاهی نیز، آگاهی به صورت کلمات و آواهای به ظاهر نامفهوم و یا کلمات مشخص (از جمله در قالب شعر) است. در اغلب موارد، مفهوم آگاهی‌های کلامی، واضح است؛ ولی در بعضی موارد، چندان آشکار نیست و نیاز به کشف رمز دارد. برای مثال، در اشعار عارفانه، تمثیل‌هایی وجود دارد که باید منظور از آن را شناسایی کرد. نوع دیگری از آگاهی‌ها، آگاهی‌های بصری است که به‌صورت تصویر، پیامی را انتقال می‌دهد. این تصاویر نیز گاهی نیاز به تفسیر و نتیجه‌گیری دارد.

در این‌جا باید به این نکته توجه داشت که آگاهی، از طریق درک فراذهنی به‌دست می‌آید و شنیدن یا دیدن آن، به کمک حواس ظاهری (گوش و چشم) انجام نمی‌شود. همراه با درک

فراذهنی، گیرنده‌ها و مدارهایی در مغز انسان فعال می‌شود که شناسایی تصویر و رنگ و یا تشخیص کلمات، به وسیله‌ی آن‌ها صورت می‌گیرد.

بدون برخورداری از الهام و دریافت آگاهی، هر یک از ما در حال استفاده از یک واحد از بی‌نهایت امکانات مغزی خود هستیم. مغز برای ترجمه‌ی بی‌نهایت آگاهی به زبان جسم، امکاناتی دارد که بدون دریافت آگاهی، غیر فعال است. با فعال شدن این بخش‌ها، حتی رنگ‌ها و تصویرهایی دیده می‌شود که تا پیش از دریافت آگاهی، دیده نشده است. وجود گیرنده‌های فراوان مغزی که تنها از این طریق فعال می‌شود، نشان دهنده‌ی این است که نباید از این امکانات غافل شد و به تجربیات حسی و فرایندهای ذهنی اکتفا کرد.

گاهی نیز آگاهی‌های دریافت شده، به مرحله‌ی ترجمه‌ی مغز نمی‌رسند و فقط بر ضمیر ناخودآگاه (بخشی از آستانه‌ی درک ذهنی) می‌نشینند. در این صورت، فرد از محتوای آن‌ها آگاه نیست اما از زمینه‌ای که برای فهم و درک حقایق فراهم می‌کند، برخوردار خواهد شد.

یک نکته‌ی مهم درباره‌ی بهره‌مندی از آگاهی این است که درک ذهنی انسان، از فرایند دریافت آگاهی جدا نیست و اگر فرد به‌خوبی شاهد بودن (بی‌طرف بودن) را رعایت نکند، وابستگی‌های فکری و باورهای فرهنگی او، در فهم و ارائه‌ی آگاهی تأثیر خواهد داشت. در این صورت، حتی ممکن است اصل آگاهی، مورد تفسیر نادرست فرد قرار بگیرد و نتیجه‌گیری از آن، با برداشت شخصی انجام شود. به همین دلیل، اگر ذهن همه‌ی عارفان جهان در هنگام دریافت آگاهی، عاری از اطلاعات فرهنگی و آیینی باشد تا بتوانند اصل آگاهی‌های رسیده را ارائه کنند، تناقضی بین هیچ‌یک از این آگاهی‌ها وجود نخواهد داشت و تطابق آن‌ها بیشتر معلوم می‌شود.

نکته‌ی دیگر این است که آگاهی تمثیلی و رمزگونه، زمانی کامل خواهد بود که کشف رمز خود را به همراه داشته باشد. از این نظر، دو نوع دریافت آگاهی وجود دارد: یا «حکمت»

آن آگاهی (کشف رمز آن) با آن همراه است و یا دریافت، در دو یا چند مرحله تکمیل و رمز گشایی می‌شود. در این صورت، تا زمانی که حکمت آگاهی، به طور کامل دریافت نشده است، نباید از آن نتیجه گرفت.

برای مثال، ممکن است این جمله الهام شود که «میکائیل، مأمور رزق و روزی است». احتمال دارد هر کسی برداشتی از این جمله داشته باشد؛ اما برداشت صحیح، زمانی خواهد بود که رمز این پیام نیز به‌صورت آگاهی به‌دست آید. در غیر این صورت، حتی ممکن است فرد به این برداشت برسد که باید برای کسب روزی زمینی خود، شروع به مناجات با میکائیل کند و ... ؛ در حالی که میکائیل، قانون ارتباط یا پیوستگی اجزای جهان هستی است که روزی را میان آن‌ها به جریان می‌اندازد و با انجام این وظیفه، نقش خود را به عنوان یکی از کارگزاران الهی ایفا می‌کند.[1]

به طور کلی، نحوه‌ی دریافت آگاهی متنوع بوده، دانستن نکات ذکر شده، برای استفاده‌ی مناسب از آن، لازم است.

۲- محتوای آگاهی

همان‌طور که اشاره شد، منشأ هریک از آگاهی‌هایی که انسان بر پله‌ی عشق به دست می‌آورد، از شبکه‌ی مثبت یا منفی است.

اطلاعات شبکه‌ی مثبت، انسان را در جهت کمال هدایت می‌کند و راه رسیدن به وحدت با جهان هستی را پیش روی او می‌گذارد. از پیامدهای این هدایت، رسیدن به شادی درونی، آرامش، امید و... است. در مقابل، اطلاعات شبکه‌ی منفی، در جهت ضد کمال (خودنمایی، قدرت‌طلبی، ایجاد تضاد، سلب امنیت حریم شخصی دیگران و ...) کارایی دارد و فرد را به

---

[1]. هر جزئی از هستی، محتاج تبادل روزی است و به وسیله‌ی آن بقا می‌یابد. برای مثال، هر ذره‌ای در اثر جاذبه‌ی جهانی و کیهانی باقی است؛ گردش هر چیزی، در اثر دو نیروی گریز از مرکز و جذب به مرکز اتفاق می‌افتد و روابط بین انواع اجزای اکوسیستم بزرگ جهان هستی باعث تداوم وجود آن‌ها می‌شود. همه‌ی این روابط، بر اساس قوانینی مشخص و به منزله‌ی تأمین رزق و روزی است. مجموعه‌ی این قوانین به عنوان مجری روزی‌رسانی، کارگزاری است که «میکائیل» نام دارد.

سمت کثرت می‌کشاند.

از پیامدهای استفاده‌ی دانسته یا ندانسته از اطلاعات شبکه‌ی منفی، رسیدن به اضطراب و ناآرامی، ترس و وحشت، یأس و ناامیدی، غم و اندوه، احساس تنهایی، افسردگی و ... است. دریافت آن اطلاعات و وقوع این حالات (در خواب یا بیداری) آثاری دارد که انسان را از هدف کمال دور می‌کند. به همین دلیل، در حرکت عرفانی، اجتناب از آگاهی‌های شبکه‌ی منفی و حالات ذکر شده، ضرورت دارد.

به عبارت دیگر، شبکه‌ی منفی، انسان را به هر امری غیر از کمال که به طور عمده باعث خودنمایی و کثرت‌طلبی می‌شود، سرگرم می‌کند؛ اما اطلاعات و آگاهی‌های دریافت شده از شبکه‌ی مثبت که برای رشد و تعالی انسان مفید است، او را به صحیح‌ترین و دقیق‌ترین پاسخ‌ها به اساسی‌ترین پرسش‌های زندگی می‌رساند:

* از کجا آمده‌ایم؟

* برای چه منظوری آمده‌ایم؟

* به کجا می خواهیم برویم؟

* هدف از خلقت چیست؟

* باید به دنبال چه هدفی باشیم؟

برای بررسی تمایز آگاهی‌های مثبت و منفی، می‌توان به نمونه‌هایی از هر کدام توجه کرد.

۱- نمونه‌هایی از ادراکات و آگاهی های صادر شده از شبکه‌ی مثبت:

* آگاهی‌های مربوط به فلسفه‌ی خلقت و هدف آفرینش

* آگاهی از نحوه‌ی رسیدن به کمال

* آگاهی منجر به رفع تضاد و رسیدن به وحدت

* آگاهی‌هایی که به سمت خدامحوری سوق می‌دهد

* درک وحدت جهان هستی
* درک هدفمند بودن خلقت انسان
* درک حضور خداوند
* درک جمال خداوند

۲- نمونه‌هایی از آگاهی های صادر شده از شبکه‌ی منفی:

* آگاهی‌های مربوط به کسب قدرت و برتری نسبت به دیگران
* آگاهی در جهت کشف عیب دیگران و شخصیت‌خوانی
* آگاهی در جهت فکرخوانی، آینده‌بینی، نفوذ در دیگران و...
* آگاهی سوق دهنده به سوی ایجاد تضاد و کثرت
* آگاهی‌های تقویت کننده‌ی منیّت و ایجاد کننده‌ی خودمحوری
* آگاهی‌های سرگرم‌کننده و یا مربوط به امور زمینی

۳- ملاک تشخیص آگاهی‌های مثبت و منفی

بدون شک، یکی از شیرین‌ترین تجارب در دنیای عرفان، دریافت آگاهی است. پر شدن خلأ نا آگاهی با آگاهی ناب الهی، لذتی غیر قابل توصیف دارد و انسانی را که تشنه‌ی دانستن است، سیراب می‌کند. اما گاهی امکان دارد او بی‌توجه به نوع شراب آگاهی، آن را از هر جامی بنوشد. یعنی بدون توجه به این که آگاهی دریافت شده، از شبکه‌ی مثبت است یا شبکه‌ی منفی، از آن استفاده کند.

در بعضی موارد نیز، فرد اطلاع دارد که منشأ و محتوای آگاهی‌ها می‌تواند الهی[1] و یا شیطانی باشد؛ اما ملاک مشخصی برای تفکیک این دو نوع آگاهی، در دست ندارد و به

---

[1]. منشأ هر پدیده و هر تجلی در عالم، خداوند است و به این معنا، هیچ تجلی و پدیده‌ای نیست که الهی نباشد. از این رو، اطلاق آگاهی الهی به آگاهی‌های ناشی از شبکه‌ی مثبت، تنها به منظور تفهیم کمال‌بخشی آن‌ها می‌باشد و نویسنده تنها جهت تفکیک نتیجه‌ی آگاهی‌های مثبت از آگاهی‌های منفی، این عنوان را به کار برده است. (ویراستار)

همین دلیل، در معرض خطر انحراف از مسیر «عرفانِ کمال» است. از این جهت، شناسایی این ملاک‌ها بسیار اهمیت دارد.

آگاهی‌های مثبت و منفی، با ارزیابی حالات فرد و محتوای آگاهی، مورد شناسایی قرار می‌گیرد و از یکدیگر تفکیک می‌شود و ارزیابی محتوایی، دو مرحله دارد که می‌توان آن‌ها را به ترتیب، «ارزیابی اصولی» و «ارزیابی تحلیلی» نامید.

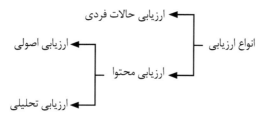

۱- ارزیابی حالات فردی: ملاک مورد استفاده در این ارزیابی، این است که دریافت آگاهی، با هیچ‌یک از حالاتی هم‌چون احساس غم، ترس، نا امیدی، اضطراب، احساس تنهایی و امثال آن، همراه نباشد. زیرا دریافت آگاهی مثبت، شادی‌آفرین، امیدبخش و آرامش دهنده است و تردیدی نیست که حالات منفی در پی نخواهد داشت.

صبوحیان سحرخیز کنج خلوت عشق   چه غم خورند چو شادی خوران جام جمند

«خواجوی کرمانی»

۲- ارزیابی اصولی: یک دسته از ملاک‌هایی که در تشخیص آگاهی مثبت از آگاهی منفی کاربرد دارند، بر اساس اصول اساسی راه کمال تعیین می‌شوند. اگر بپذیریم که رعایت این اصول، الزامی است، نمی‌توان باور کرد که شبکه‌ی مثبت، آن‌ها را نقض کند. از جمله این که در مسیر کمال، رعایت «عدالت» واجب است. پس امکان ندارد، آگاهی ارسال شده از شبکه‌ی مثبت، نقض عدالت کند.

همچنین، می‌دانیم که هرکسی دارای یک حریم شخصی است و این حق را دارد که

کسی را به این حریم راه ندهد و نخواهد که کسی از اسرار وی اطلاع یابد. احترام به این حق و توجه به تقدس حریم شخصی هر انسان (که به دلیل دمیده شدن روح الهی به وجود او، بیش از هر موجودی تقدس یافته است) اصلی اساسی است که نمی‌توان آن را نقض کرد. بنابراین، با اطمینان می‌توان گفت انواع آگاهی‌هایی که در زمینه‌ی ذهن‌خوانی، شخصیت‌خوانی و نفوذ در دیگران است، هم با **«ستار بودن»** خداوند منافات دارد و هم نقض‌کننده‌ی حقوق دیگران است و بنابراین، نه از شبکه‌ی مثبت؛ بلکه از شبکه‌ی منفی است.

ملاک دیگری که در این ارزیابی مورد استفاده قرار می‌گیرد، این است که آگاهی مثبت، به هیچ وجه **«اختیار»** انسان را سلب نمی‌کند. آگاهی مثبت، همواره انسان را با حقایق هستی آشنا می‌سازد و خصوصیات لغزشگاه‌های مسیر کمال را به او معرفی می‌کند؛ اما او را وادار به انجام کاری یا اجتناب از آن نمی‌کند. زیرا انتخاب و تصمیم‌گیری به جای یک فرد، ساقط کردن اختیار او است و ارزش اقدامات صحیح وی را سلب می‌کند.

نکته‌ی دیگری که می‌تواند معیار تشخیص نوع آگاهی باشد، دعوت به پنهان کردن آگاهی است. با توجه به این که آگاهی مثبت، دستورالعمل زندگی شخصی نیست و برای نجات و هدایت به سوی کمال، الهام می‌شود، به هیچ وجه، موافق «حبس آگاهی» نیست و بر **«انفاق آگاهی»** تأکید دارد. بنابراین، دعوت به برملا نکردن حقایق عالم هستی در قالب آگاهی، از سوی شبکه‌ی منفی است.

و اما با توجه به مهم‌ترین ویژگی آگاهی مثبت که هدایت به‌سوی **«کمال»** است و این که مسائل زمینی را در بر نمی‌گیرد و در جهت قدرت‌پروری نیست، این نوع آگاهی، نمی‌تواند شامل هیچ‌یک از انواع پیش‌گویی‌ها، اطلاعات تضادآفرین و تقویت قدرت‌نمایی و منیت باشد.

۳- ارزیابی تحلیلی: برای انجام این ارزیابی نیز ملاک‌های مختلفی وجود دارد که یکی از آن‌ها **«عقل»** است. عقل، پردازشگری است که بر اساس اطلاعات و برنامه‌های مختلفی که

به آن وارد می‌شود، نتیجه‌گیری می‌کند. اولین ورودی‌های این پردازشگر، از فطرت، نهاد و ... است و خود الهامات نیز از جمله‌ی این ورودی‌ها هستند. یک بررسی ساده نشان می‌دهد که الهام، در اکتشافات و اختراعات و حتی در فلسفه، نقش مهمی دارد و به همین دلیل، می‌توان گفت که نتیجه‌گیری بر پله‌ی عقل، محتاج دستاوردهای پله‌ی عشق است.

اما نکته‌ای که در این‌جا اهمیت دارد، این است که بدانیم آیا عقل می‌تواند مثبت یا منفی بودن الهام و آگاهی را تشخیص دهد یا خیر. سه ویژگی عقل باعث می‌شود که نتوان به‌طور کامل، به چنین تشخیصی اعتماد کرد. این سه ویژگی عبارتند از:

الف) خطاپذیری: تنوع ورودی‌های پردازشگر عقل، بسیار زیاد است. این ورودی‌ها شامل اطلاعات حاصل از حواس ظاهری و تجارب مختلف، برنامه‌های ناشی از اعتقادات و باورها، الهامات، اوهام و خیالات، فطرت، نهاد[1] و ... هستند.

گذشته از این که حواس ظاهری ما بسیار خطاپذیر است و قضاوت عقل بر مبنای آن‌چه این حواس ارائه می‌کند، می‌تواند قضاوت نادرستی باشد، دو ضعف دیگر وجود دارد که باعث می‌شود نتوانیم عقل را برای تشخیص آگاهی‌های مثبت، کافی بدانیم: یکی این که اگر کسی باورهای غلطی داشته باشد، نتیجه‌گیری عقل او قابل اطمینان نیست و دیگر این که اگر حتی اندکی اطلاعات ناشی از وهم و خیال در این نتیجه‌گیری دخالت داشته باشد، احتمال خطای آن افزایش می‌یابد.

عقل جزوی آفتش وهم است و ظـــن   زانکه در ظلمــات شـــد او را وطــن

«مولانا»

ب) جزئی بودن: همان‌طور که در مطالب قبل اشاره شد، عقل انسان، عقل جزئی است و تا وقتی که از طریق پل عشق با عقل کل در ارتباط قرار نگیرد، نمی‌تواند اطلاعات وسیع و

---

۱. نهاد، برنامه‌ی عملکردی (functional) و غریزی انسان است که برای بقا برنامه‌هایی را در وجود انسان به اجرا می‌گذارد. این برنامه‌ها می‌تواند عقل را تحت تأثیر خود قرار دهد.

قابل اطمینانی را پردازش کند. بنابراین، طبیعی است که آنچه خود به آن دست نیافته است را انکار کند و به همین دلیل، نمی‌توان انتظار داشت که به تنهایی، از پس تشخیص آگاهی مثبت از آگاهی منفی بر آید.

عقل جزوی عقل استخراج نیست	جز پذیــرای فن و محتاج نیست
قابل تعلیم و فهم است این خــرد	لیک صاحب وحی تعلیمش دهد

«مولانا»

ج) واقعیت نگری: واقعیت هر چیزی، ناشی از وقوع آن است و حقیقت هر چیز، منشأ، چرایی و چگونگی وقوع آن را نشان می‌دهد. عقل انسان، برای شناسایی واقعیت‌ها قابلیت‌هایی دارد؛ اما در دستیابی به حقایق عالم، چندان توانا نیست. بنابراین، اگر اطلاعاتی به آن ارائه شود تا تشخیص دهد که دربردارنده‌ی حقیقت (آگاهی مثبت) است یا خیر، نمی‌تواند به خوبی از عهده‌ی این کار بر آید.

به همین دلیل گفته شده است:

سر جمالت بــه عقل در نتوان یافتن	خود به حقیقت نجست کس به چراغ آفتاب

«سلمان ساوجی»

و

چون به سرحد حقیقت نیست راهی عقل را

زین تردد هر که آسایش گزیند عاقل است

«محمد فضولی»

اما با همه‌ی این اوصاف، عقل از دو راه، در شناسایی آگاهی‌های مثبت به ما کمک می‌کند. اول این که هماهنگی آگاهی‌ها با یکدیگر را مورد بررسی قرار می‌دهد تا نسبت به همخوانی آن‌ها با یکدیگر، اطمینان حاصل کنیم. زیرا آگاهی‌های مثبت، هرگز یکدیگر

را نقض نمی‌کنند.[1] دومین راه نیز این است که انطباق آگاهی‌ها با «**کتاب آسمانی**» و با درس‌های به جا مانده از پیشوایان دینی (که به‌طور مسلم، منطبق با کتاب آسمانی است) را بررسی کند. زیرا هرگونه مغایرت با آن‌ها نشانه‌ی منفی بودن آگاهی است.

انطباق آگاهی با بخش‌هایی از کتب آسمانی که به وضوح، خوبی‌ها و بدی‌ها را مشخص می‌کند، به راحتی انجام می‌شود؛ اما بخش‌های زیادی از این متون، اسراری را در اختیار می‌گذارد که نیاز به کشف رمز دارد و چنان واضح نیست که بتوان انطباق آگاهی دریافت شده با آن را تشخیص داد. به همین دلیل، چاره‌ای جز این نیست که پس از ارزیابی حالات و ارزیابی اصولی، ملاک مثبت بودن آگاهی و پذیرفتن آن را این بدانیم که تقابلی با کلام خدا و پیشوایان دینی نداشته باشد. علاوه بر این سنجش، لازم است که خود فرد نسبت به مثبت بودن آگاهی، به «**حجت قلبی**» رسیده باشد.

۴- مراتب آگاهی کمال‌بخش

دانش و معرفت، در معنای عمومی خود می‌تواند بر هر یک از دو پله‌ی عقل یا عشق حاصل شود. بر هر یک از این دو پله نیز درجاتی از معرفت وجود دارد. بر این اساس، دستیابی به درجات مختلفی از اطمینان و یقین نیز امکان پذیر است.

به‌طور کلی، «**اطمینان**» چهار درجه دارد که به ترتیب عبارتند از:

۱- «**اطمینان علمی**»

۲- «**اطمینان رؤیتی**»

۳- «**اطمینان ادراکی**»

۴- «**اطمینان وصولی**»

---

[1]. ممکن است فرد در هنگام توصیف و توضیح آگاهی دریافت شده، ناچار به تناقض‌گویی شود؛ اما اولا خود او به عنوان کسی که آن را درک کرده است، تناقضی در آن نمی‌بیند و ثانیا با بررسی دقیق هر آگاهی الهی معلوم می‌شود که تضادی با سایر آگاهی‌های مثبت ندارد. در این بررسی، عقل نقش مهمی ایفا می‌کند.

اولین درجه‌ی اطمینان، «اطمینان علمی» است که در اثر شناخت (بر پله‌ی عقل) به دست می‌آید و بالاترین درجه‌ی آن، «اطمینان وصولی» است که در اثر یکی شدن با حقیقت (بر پله‌ی عشق)، تحقق پیدا می‌کند.

برای فهم این مطلب، می‌توان از یک مثال محسوس استفاده کرد. این مثال، تنها تفاوت درجات اطمینان را آشکار می‌کند و به هیچ وجه، از عهده‌ی توصیف رؤیت و درک حقیقت و وصول به آن بر نمی‌آید:

اگر کسی با دیدن دود، استدلال کند که آتشی وجود دارد و با تکیه بر عقل و دانش خود، از آن اطمینان یابد، در مورد وجود آتش، به «**اطمینان علمی**» رسیده است؛ اگر خود آتش را ببیند، به «**اطمینان رؤیتی**» دست یافته است و وقتی چنان به آتش نزدیک شود که حرارت آن را به خوبی حس کند، درکی از آن خواهد داشت که با دیدن دود آتش یا خود آن به دست نمی‌آید. در این حالت، او به «**اطمینان ادراکی**» نائل شده است. اما اگر به میان آتش برود، به وصال آن رسیده است. بالاترین اطمینان نسبت به چیستی آتش، در این حالت که «**اطمینان وصولی**» است، به‌دست می‌آید.

وقتی کسی به اطمینان علمی می‌رسد، به درجه‌ای از فهم رسیده است که با این فهم، مثل این است که حقیقت مورد نظر را می‌بیند. اما درجه‌ی بالاتر فهم، ناشی از دریافت آگاهی (بر پله‌ی عشق) است. یعنی اگر آگاهی کمال‌بخش، حقیقتی را به انسان نشان بدهد، او را به «اطمینان رؤیتی» می‌رساند.

درجات فهم:
- اطمینان علمی: مثل آن است که حقیقت دیده می‌شود.
- اطمینان رؤیتی: حقیقت دیده می‌شود.

درجه‌ی بالاتر این است که فرد (بر پله‌ی عشق) آن حقیقت را لمس کند و با هم‌فاز شدن با آن، به درک آن برسد. در این صورت، «اطمینان ادراکی» به دست می‌آید. آگاهی‌های

کمال‌بخش، انسان را به «اطمینان رؤیتی» و «اطمینان ادراکی» می‌رساند.

اطمینان وصولی نیز زمانی حاصل می‌شود که انسان با آن حقیقت، یکی شود. برای مثال، در این جهان می‌توان درباره‌ی قیامت به اطمینان علمی، رؤیتی یا ادراکی رسید؛ اما اطمینان وصولی زمانی به دست می‌آید که فرد در صحنه‌ی قیامت حاضر شود و با همه‌ی وجود خود، آن را تجربه کند.

رسیدن به مقام انسان صالح

بر خلاف تصور رایج، مقام انسان صالح، مقامی نیست که بتوانیم تنها با انجام کارهای نیک، به آن برسیم. این مقام با ادراکاتی به دست می‌آید که منجر به صلح با خدا، صلح با هستی، صلح با خود و صلح با دیگران می‌شود. یعنی انسان صالح، با خدا، با هر یک از اجزای هستی، با خود و با دیگران به صلح رسیده است و با هیچ کدام، تضادی ندارد. بنابراین، افکار، اعمال و گفتار او نیز بر مبنای این صلح درونی و همه‌جانبه شکل می‌گیرد.[1]

صلح با خدا از انواع دیگر صلح، آسان‌تر و صلح با دیگران، از همه دشوارتر است. در واقع، چهار مرحله‌ی صلح به ترتیب سهولت، عبارت است از:

۱- صلح با خدا

۲- صلح با هستی

۳- صلح با خود

۴- صلح با دیگران

برای آشنایی بیشتر با هریک از این چهار تحول اساسی که در مسیر حرکت عرفانی حاصل می‌شود، هرکدام، به‌طور جداگانه توضیح داده می‌شود:

۱- صلح با خدا: تا وقتی که انسان، درک درستی از «عدالت» و «حکمت» خداوند نداشته

---

۱. رسیدن به مقام انسان صالح، تضاد درونی با هر چیزی و هرکسی را برطرف می‌کند؛ اما این باعث نمی‌شود که او در دفاع از حق، با باطل مقابله نکند. انسان صالح، بدون نفرت و کینه، اما با حس مسئولیت در مقابل ظلم ظالم می‌ایستد و همواره از حق دفاع می‌کند.

باشد، هر واقعه‌ی ناخوشایندی در زندگی می‌تواند عامل تضاد او با خدا شود. یعنی نا آگاهی باعث می‌شود گمان کند خداوند نسبت به او ظلمی روا داشته است و به همین دلیل، نه تنها عدالت الهی را انکار می‌کند، بلکه نسبت به حکمت الهی نیز معترض خواهد بود.

این در حالی است که بر اساس عدالت الهی (که با قوانین جاری در هستی تحقق دارد)، حقوق همه‌ی اجزای هستی رعایت می‌شود و حکمت الهی نیز به طور قانونمند، این عدالت را اجرا می‌کند.

هر یک از ما بر اساس طرح عظیم و حساب شده‌ای آفریده شده‌ایم و با سپری کردن مراحل مختلفی از حیات، به سوی هدف ارزشمندی پیش می‌رویم. «حکمت الهی»[1] به‌طور قانونمند چنین طرحی را به اجرا می‌گذارد. اما درک این حقیقت، تنها بر پله‌ی عشق و با آگاهی از این طرح، به‌دست می‌آید.

کسی که به ادراک و اشراق می‌رسد، از یک طرف، در رابطه‌ی عاشقانه با خدا به صلح عمیقی با او دست می‌یابد و از طرف دیگر، با آگاهی یافتن از حکمت و عدالت الهی، با همه‌ی وجود، شاکر او می‌شود.

یکی دیگر از عوامل تضاد با خداوند، عدم فهم و درک فلسفه‌ی «عبادت» است. بسیاری از ما به اشتباه گمان می‌کنیم که عبادت، کالایی برای داد و ستد با خداوند است؛ در حالی که انواع عبادات، راه و روش‌های نزدیک شدن به او است و به این دلیل انجام آن‌ها توصیه شده است که یقین انسان نسبت به حقیقت را افزایش می‌دهند و با ایجاد تحول درونی، عامل کمال او می‌شوند.

در هر یک از مراسم عبادی، اتصال و ارتباط با خدا اهمیت ویژه‌ای دارد و با برقراری این ارتباط است که آن عبادت به نتیجه می‌رسد. زیرا فقط در این صورت است که انسان خود را

---

۱. نحوه‌ی اجرای قوانین عادلانه‌ی الهی

حامل عشق می‌یابد و به جایگاه و نقش عظیم خویش، واقف می‌شود و بر اساس برانگیخته شدن همان عشق و دلدادگی است که او مشتاق استمرار عبادت می‌شود.

در این حالت، دیگر این تصور غلط وجود ندارد که عبادت، بر مبنای نیاز خداوند انجام می‌شود و یا پیشکشی به درگاه او است تا منفعتی به دست آید و حاجتی بر آورده شود. به عبارت دیگر، در عبادت صحیح (که با بینش درست انجام می‌شود) نه تمنایی هست و نه منتی (بر خدا یا خلق خدا).

در مقام «**بی‌تمنایی**» و «**بی‌منتی**»، دیگر انتظار و توقعی وجود ندارد و به همین دلیل، دست نیافتن به خواسته‌ها، عامل تضاد با خداوند نمی‌شود. در مجموع می‌توان گفت عبادت، «انجام رسالت بندگی» است که باعث تعالی می‌شود و اگر کسی به درک آن برسد، نه تنها در مورد علت انجام آن و یا به دلیل نرسیدن به مقاصدی که انتظار دارد، با خدا به تضاد نمی‌رسد، بلکه با عشق و اشتیاقی که در اثر خود عبادت، بیشتر می‌شود، به سراغ آن می‌رود.

انواع تضاد با خدا که چند نمونه‌ی آن ذکر شد، در حرکت عرفانی و با ادراکات مربوط به پله‌ی عشق، از میان برداشته می‌شود و انسان به صلح درونی با پروردگار متعال می‌رسد. اما دست یافتن به زیباترین و بالاترین مرحله‌ی صلح با خدا، با درک «انا الحق» امکان دارد که خود، شرح مفصلی می‌طلبد.

۲- صلح با هستی: با توجه به مفهوم واژه‌ی «هستی» می‌توان گفت که هستی، مجموعه‌ی هست‌ها یعنی ذات مقدس خداوند (حقیقت مطلق)[1] و مخلوقات او (تجلیات آن حقیقت مطلق)[2] است. اما وقتی به‌طور اصطلاحی از این لغت استفاده می‌کنیم، منظور از هستی می‌تواند فقط تجلیات خداوند باشد. در این کتاب، واژه‌ی «هستی» با این معنای اصطلاحی و برای اشاره به مجموعه‌ی تجلیات الهی به‌کار می‌رود.

---

۱. منظور «هیچ قطبی» است. برای آشنایی با جایگاه هیچ قطبی، به بخش «وجودشناسی» مراجعه شود.
۲. به بخش «هستی‌شناسی» مراجعه شود.

صلح با هستی، حداقل شامل دو تحول است: ۱- آشکار شدن اهمیت وجود هر جزء از اجزای هستی برای انسان که او را مبهوت رابطه‌ی عمیق این اجزا با یکدیگر و (به‌طور غیر مستقیم) مجذوب عشق جاری در هستی (که این مجموعه‌ی عظیم را نظام بخشیده است) می‌کند. ۲- رسیدن به این درک که لازم است هر رویدادی در جهان هستی، بر اساس حکمت خداوند جاری باشد و نباید میل شخصی خود را به هیچ‌یک از اجزای هستی، از جمله فلک و یا زمان تحمیل کرد.

آنچه انسان را به سوی چنین صلحی سوق می‌دهد، «هم‌فازی کیهانی»، «هم‌فازی با فلک» و «هم‌فازی با زمان» است. «هم‌فازی کیهانی» نوعی هم‌سویی و هماهنگی با اجزای هستی است که به درک وحدت هستی نیز منجر می‌شود.

به بیان دیگر، **«هم‌فازی کیهانی»** درک ارتباط و پیوستگی همه‌ی اجزای هستی و وابستگی آن‌ها با یکدیگر است که در کنار هم، یک پیکر (تن واحد) را به‌وجود آورده‌اند. با چنین ادراکی معلوم می‌شود هیچ جزئی را نمی‌توان از این پیکر حذف کرد.

اگر یک ذره را برگیری از جای   خلل یابد همه عالم سراپای

«شیخ محمود شبستری»

به‌طور کلی، وجود هر جزء هستی با وجود اجزای دیگر معنا پیدا می‌کند. این حقیقت، **«پیوستگی عرضی»** اجزا با یکدیگر است. اگر زمان را در نظر بگیریم، **«پیوستگی زمانی»** نیز قابل توجه است. بر اساس این پیوستگی، هر جزئی در امتداد گذشته و آینده‌ی خود معنا دارد و از هیچ‌کدام جدا نیست.

«وابستگی» اجزا نیز حقیقتی است که نشان می‌دهد هر جزئی در وابستگی به اجزای دیگر نقشی دارد که به تنهایی چنین نقشی را ایفا نخواهد کرد. گاهی با تغییراتی در اکوسیستم، نوع اجزا و یا شکل ارتباط آن‌ها تغییر می‌کند؛ اما هستی همواره در تعادل خود

باقی می‌ماند. با توجه به یکسان نبودن نقش هر جزء در داخل و خارج مجموعه‌ی مربوط به خود، می‌توان یکی از نتایج هم‌فازی با هستی را مورد بررسی قرار داد.

«**کد وجودی**» هر جزئی از اجزای هستی مانند بارکد مخصوص هر کالای مورد خرید و فروش، مختص آن است و بسته به این که در چه مجموعه‌ای قرار بگیرد، متغیر خواهد بود. برای مثال، یک سلول کبد در کبد نقش و فعالیتی دارد که خارج از کبد، آن نقش را نخواهد داشت. یعنی این سلول، یک کد وجودی دارد که اگر از مجموعه‌ی مربوط به خودش جدا شود، تغییر می‌کند. به همین ترتیب، افت این سلول در جایگاه خودش، با افت آن در خارج از این جایگاه (حیات انفرادی) فرق می‌کند. یعنی، بر اساس قانون پیوستگی، کد وجودی هر جزئی در پیوستگی با سایر اجزای مجموعه‌ای که در آن قرار دارد و از شعور سالمی برخوردار است، حفظ می‌شود و افت آن، تابع افت کلی آن مجموعه خواهد بود. بنابراین، جدا شدن از مجموعه‌ی سالم، طول عمر را کاهش می‌دهد.

انسان نیز، جزئی از مجموعه‌ی هستی است که اگر هم‌سو و هم‌آوا با سایر اجزای این مجموعه و در صلح با آن‌ها نباشد، دچار آسیب‌های ذهنی، روانی و جسمی مختلفی خواهد شد و طول عمر کمتری خواهد داشت. بر عکس، یکی از انواع مصونیت انسان (و بلکه مهم‌ترین آن‌ها) مصونیت از طریق عشق است. در صورت عشق‌ورزی با هستی، حتی مواجه شدن با عوامل بیماری‌زا چندان خطری به دنبال ندارد.

برای مثال، رابطه‌ی هوشمندانه‌ی میکروارگانیسم‌های بیماری‌زا با انسان‌های مختلف نشان می‌دهد همواره کسانی از سلامت بیشتر برخوردار هستند و یا از اپیدمی‌ها جان سالم به در می‌برند که آشتی بیشتری با دنیای خارج از خود دارند و از این آلودگی‌ها نگرانی کمتری به خود راه می‌دهند.[1]

---

۱. در تکمیل مثال فوق، می‌توان به این موضوع اشاره کرد که هر کودکی به‌طور طبیعی هم‌سو و هم‌فاز با طبیعت به دنیا می‌آید. یک

«هم‌فازی کیهانی» علاوه بر ایجاد هماهنگی با هستی، نتایج دیگری نیز دارد که نتایج معرفتی به شمار می‌روند. یکی از این ثمرات، درک جمال خداوند در هر یک از اجزای هستی است. کسی که به این درک برسد، با چشم دل، در هر چیز جلوه‌ی حق را (که چیزی جز زیبایی نیست) می‌بیند و به مقام «شکر» می‌رسد. نقطه‌ی مقابل شکر، کفر است. کفر، چیزی جز پوشاندن حق نیست و کسی که تقدس اجزای هستی (تجلیات خداوند) را نادیده می‌گیرد، کافر است؛ در حالی که شکر، قدرشناسی هر چیز و قبول آن به‌عنوان یکی از نعمات الهی است و شاکر، یک نعمت‌شناس است که به نعمت اعتراف می‌کند و آگاهانه و قدرشناسانه از آن بهره می‌برد.

بنابراین، در مجموع می‌توان گفت که هماهنگی با هستی و اجزای آن و شناخت قدر هر یک از این اجزاء، نشانه‌ی «صلح با هستی» است و اگرچه این صلح، به آسانی صلح با خدا به دست نمی‌آید، از طریق ارتباط با او و به لطف و رحمتش قابل دستیابی است.

۳- صلح با خود: انسان، هنگامی به صلح با خود می‌رسد که به جایگاهش در هستی پی برده و به خودشناسی رسیده باشد و بتواند بر اساس این آگاهی، مدیریت سالم و پویایی برای قوای فردی‌اش اعمال کند. برای فهم بهتر این موضوع، لازم است که انواع تضاد با خود، مورد بررسی قرار گیرد.

زمینه‌ی اصلی تضاد با خود و هر نوع تضاد دیگری، دو قطبی بودن وجود انسان است که امکان آزمایش و رشد او را فراهم می‌کند. هر انسانی دارای دو دسته عوامل و گرایش‌های

کودک روستایی که از قواعد و اصول بهداشتی زندگی مدرن شهری برخوردار نیست اغلب در مقایسه با یک کودک شهرنشین که به رغم مراقبت‌های بهداشتی والدین دچار بیماری‌های مکرر می‌گردد، سالم‌تر می‌باشد؛ این امر نشان می‌دهد که برای هر کودک، تشعشعات شعوری ناشی از تفکر پدر و مادر و حتی جامعه، در صلح یا تضاد او نسبت به طبیعت مؤثر است و نقشی تعیین‌کننده در سلامت و بیماری‌اش دارد. بنابراین، به نظر می‌رسد، در نحوه‌ی زندگی روستاییان که به شعور اکوسیستم نزدیک‌تر هستند و نگرانی کمتری از بیمار شدن دارند، ابتلا به بیماری نیز کمتر از افراد شهرنشین رخ می‌دهد.

مربوط به کمال و ضد کمال[۱] است که همیشه در وجود او بوده‌اند و خواهند بود. در صورتی که تمایلات ضد کمال، کنترل و مهار نشوند، عوامل درونی ضد کمال فعال می‌مانند و در حقیقت، صلح با خود اتفاق نمی‌افتد.

یکی دیگر از عوامل اصلی تضاد با خود، عدم تعادل میان گرایش‌های چندگانه‌ای است که در نرم‌افزار «بنیاد»[۲] برنامه‌ریزی شده، از بدو تولد با انسان همراه است. در هر فردی ممکن است یکی از این گرایش‌ها و واکنش مربوط به آن بارزتر باشد.

این مجموعه، شامل «عزلت‌طلبی»، «برتری‌طلبی» و «مهرطلبی» است که به ترتیب، رفتارهای واکنشی گریزجویانه، تهاجمی و سازش‌کارانه را ایجاد می‌کنند. فرد عزلت‌طلب تمایل دارد از هر مزاحمتی دور باشد. به همین دلیل، با کمترین مزاحمتی دچار آشفتگی درونی می‌شود. فرد برتری‌طلب نیز که می‌خواهد دیگران را تحت قدرت خود در آورد، وقتی با کسی مواجه شود که این سلطه را نمی‌پذیرد، شکست می‌خورد و سرخورده می‌شود. نقطه‌ی ضعف فرد مهرطلب نیز این است که دوست دارد همواره مورد توجه و محبت دیگران باشد. به دلیل همین نیاز است که هر نوع بی‌مهری، او را دگرگون می‌کند و در اثر احساس کمبود محبت، دچار به‌هم ریختگی می‌شود.

نکته‌ی مهم این است که در یک شخصیت سالم (از نظر روان‌شناسی)[۳]، بین این سه تمایل و واکنش‌های مربوط به آن، تعادل برقرار است. معرفت و آگاهی، هم‌فازی کیهانی و به دنبال آن، اصلاح بینش‌ها، به ایجاد این تعادل کمک می‌کند.

نقش معیارها و بینش‌های فرد در تضاد یا صلح با خود، نه تنها در مورد این ویژگی‌های مربوط به بنیاد اهمیت دارد، بلکه تجربه نشان می‌دهد در انواع دیگر تضاد با خود نیز نا آگاهی،

---

۱. به بخش «من‌های کمال و من‌های ضد کمال» مراجعه شود.
۲. طینت و سرشتی که انسان از بدو تولد با خود همراه دارد و برای هر کسی، منحصر به فرد است.
۳. تعریف شخصیت و شخصیت سالم از دیدگاه مؤلف، در کتاب «سایمنتولوژی» ارائه خواهد شد.

معیارهای غلط و بینش‌های نادرست، دلیل عمده‌ی نابسامانی هستند. به نمونه‌هایی از این تضادها اشاره می‌شود:

* در صورتی که فرد، آمادگی رو به رو شدن با تضادهای اجتماعی، سیاسی، اقتصادی، فرهنگی و ... را نداشته باشد، هنگام مواجه شدن با آن‌ها به راحتی تعادل درونی خود را از دست می‌دهد و در اصطلاح، دچار تضاد با خود می‌شود.

* در شرایطی که انسان نمی‌تواند خوب و بد را از یکدیگر تشخیص دهد و از این بابت، احساس درماندگی می‌کند، هم هنگام انتخاب، دچار به هم ریختگی می‌شود و هم در صورتی که انتخاب او به نتیجه‌ی مطلوبی نر،...،۱،، از تضاد با خود رنج می‌برد.

* اگر بین عمل و اندیشه‌ی کسی تطابق و هماهنگی وجود نداشته باشد، کمترین آسیبی که خواهد دید، افزایش فشارهای درونی است که در نهایت، منجر به بیماری‌های روان‌تنی خواهد شد. این فشارها نشانه‌ی تضاد با خود هستند.

* کسانی که دچار خودشیفتگی هستند، به ظاهر در صلح با خود به سر می‌برند؛ اما خودشیفتگی، ضربه‌پذیری فرد را بسیار افزایش می‌دهد. بنابراین، بر خلاف تصور، این افراد دچار تضاد درونی شدیدی می‌باشند.

* کسانی که فاصله‌ی زیادی بین وضعیت واقعی و شخصیت ایده‌آل خود می‌یابند، دچار تضادی هستند که حتی ممکن است به دلیل آن و در اثر واکنش دفاع روانی[1] به جنون کشیده شوند. بسیاری از کسانی که در مراکز مراقبت‌های روانی به سر می‌برند و علاقمند به ایفای نقش شخصیت‌های خاص علمی، نظامی، معنوی و ... هستند، دارای همین سابقه‌اند. اضطراب و آشفتگی این افراد، باعث واکنش دفاع روانی و منجر به این اختلال می‌شود تا هر کدام از آن‌ها خود را در قالب شخصیت ایده‌آل و مورد علاقه‌ی خود بیابند و باور کنند که به

---

۱. برای آشنایی بیشتر با واکنش دفاع روانی، به کتاب «انسان از منظری دیگر» مراجعه شود.

طور واقعی خود او هستند.

در این عارضه، من مدافع (مسئول واکنش دفاع روانی) با هماهنگی مدیریت سلول و بدن (بخشی از کالبد ذهنی) ارتباط بین من مجری و من ایده آل را قطع می کند و فرد، خود را همان من ایده آل می‌بیند.

نمونه‌های دیگر تضاد با خود نیز به همین موارد شباهت دارد. به هر حال، عوامل تضاد که در هر یک از این نمونه‌ها ذکر شد، موانعی بر سر راه صلح با خود هستند. برای کنترل و مدیریت همه‌ی این عوامل، آگاهی و درکی لازم است که انسان را به خودشناسی جامعی برساند. چنین درکی، در نتیجه‌ی «حرکت عرفانی» به دست می‌آید و این حقیقت، نشان می‌دهد که ارتباط و اتصال با خدا (که اصل و اساس حرکت عرفانی است) در ایجاد صلح با خود نیز بسیار اهمیت دارد.

۴-صلح با دیگران: تضاد با دیگران، سد اصلی در رسیدن به مقام انسان صالح است. اگر چهار صلح ذکر شده را چهار خان از خان‌های مسیر کمال در نظر بگیریم، گذشتن از خان صلح با دیگران، از همه مشکل‌تر است و از این نظر، خان اصلی در این مسیر محسوب می‌شود.

یکی از تفاوت‌های انسان در نسبت با سایر موجودات این است که رفتار ثابت و از پیش تعیین شده‌ای ندارد و می‌تواند بر اساس اختیار خود، در هر لحظه، اثر وجودی جدیدی (از قبیل اندیشه، رفتار و بیان متفاوت) داشته باشد. به عبارت دیگر، او در حد خود، یک خالق است[1] و وقتی با هم‌نوعان خود، رابطه‌ای برقرار می‌کند، آن‌ها را در معرض آثار وجودی خویش و تشعشعات ناشی از آن، قرار می‌دهد. این باعث می‌شود اختلاف نظرات، تضاد منافع، آزارها و سوء برداشت‌ها، زمینه‌ی تضاد افراد با یکدیگر را فراهم کند.

بنابراین، با این که ممکن است انسان با درک هستی (به‌عنوان تن واحد) به تقدس هر

---

۱. به بخش «مراتب وجود و عقل» مراجعه شود.

جزء آن پی برد و به مقام «صلح با هستی» برسد، به راحتی از تضاد با انسان‌های دیگر، رهایی نمی‌یابد. در این حالت، این حقیقت که هر انسانی یکی از تجلیات الهی است، نادیده گرفته می‌شود و افراد، تقدس و احترام خود را نزد یکدیگر از دست می‌دهند.

اما زمانی که فرد، به معرفتی برسد که بتواند هر کسی را در جایگاه خودش بپذیرد، با این که ممکن است عملکرد دیگران را ناپسند بداند، نسبت به خود آن‌ها نفرت و تضادی نخواهد داشت. بنابراین، در عین حال که از روش‌ها و بینش‌های غلط آن‌ها رو برمی‌گرداند و حتی با روش مناسب، با آن مقابله می‌کند، در درون خود، به همه‌ی آن افراد به عنوان تجلیات حق احترام می‌گذارد و با آن‌ها در صلح است.

رسیدن به معرفت مراسم و مناسک دینی

هر یک از ادیان الهی، برای رشد و تعالی انسان راهکارهایی معرفی کرده‌اند. بخشی از این راهکارها، مراسم و مناسک دینی است که انجام صحیح آن‌ها و دست یافتن به باطن هر کدام، می‌تواند موجب گشایش‌های عرفانی شود.

به عبارت دیگر، آداب عبادی، دارای ظاهر و باطن هستند و زمانی انسان از نتیجه‌ی آن‌ها برخوردار می‌شود که بتواند از ظاهر آن‌ها به باطنشان نیز دست یابد. در غیر این صورت، از همه‌ی این عبادات، فقط ظاهری باقی می‌ماند که نقشی در کمال و تعالی انسان نخواهد داشت.

در طول تاریخ ادیان، گروه دیگری از آداب و مراسم نیز شکل گرفته است که برای بزرگداشت حرکت‌ها و حماسه‌های بزرگ بر پا می‌شوند تا پیامی را زنده نگه دارند و یا ارزش‌های انسانی مانند حق‌طلبی را یادآوری کنند و موجب تجدید پیمان با خداوند شوند. بنابراین، این مراسم نیز علاوه بر ظاهر خود، باطنی دارند که اگر به آن توجه نشود، برپایی آن‌ها به نتیجه‌ی لازم نمی‌رسد.

این نشان می‌دهد که برای برخورداری از اثر تعالی‌بخش هر یک از مراسم و مناسک

دینی، باید با معرفت مربوط به آن‌ها آشنا شد. برقراری اتصال و ارتباط با خداوند که باعث جاری شدن آگاهی در دل انسان می‌شود، او را به درجات مختلف این معرفت می‌رساند و به این حقیقت نیز واقف می‌کند که تکالیف دینی، به یکدیگر مرتبط هستند و به همین دلیل، نمی‌توان بعضی از آن‌ها را پذیرفت و بعضی دیگر را نادیده گرفت.

از طرف دیگر، باطن مراسم و مناسک عبادی، ارتباط با خداوند است. اگر انسان در «عبادات» خود، مقیم این اتصال شود، همواره در معرض آگاهی‌های بیشتری خواهد بود و چون آگاهی و معرفت بی‌پایان است، هیچ‌گاه نمی‌توان ادعا کرد که نتیجه‌ی عبادات، به طور کامل حاصل شده است و دیگر به ادامه‌ی آن‌ها نیازی نیست.

به بیان دیگر، دستیابی به معرفت مراسم و مناسک دینی، نتیجه‌ی حرکت عرفانی است که هم در دل خود این مراسم و مناسک و هم در سایر زمینه‌های زندگی، دنبال می‌شود و می‌تواند به طور نامحدود، ارتقا پذیرد.

تعالی بینشی

هر موجود زنده‌ای، به‌عنوان یک مجموعه‌ی سازمان یافته (یک سیستم)، ورودی‌هایی دارد که با انجام فرایندی، تبدیل به خروجی یا خروجی‌هایی (به عنوان محصول) می‌شود. مقایسه‌ی مجموعه‌ی ورودی‌ها، خروجی‌ها و فرایند گیاهان و حیوانات با مجموعه‌ی ورودی‌ها، خروجی‌ها و فرایند سیستم وجودی انسان، کمک می‌کند که بتوانیم بهترین وضعیت او را از این نظر، شناسایی کنیم و با نقش عرفان در زندگی او بیشتر آشنا شویم.

یک گیاه، به ورودی‌های ثابت و از قبل تعیین شده‌ای نیاز دارد که قابلیت تغییر در آن‌ها بسیار کم است و در صورتی که عناصر مورد نیاز (از خاک) و شرایط آب و هوایی مناسب مانند درجه حرارت، رطوبت محیط و نور آفتاب، به میزانی که احتیاج دارد، وجود نداشته باشد، خروجی نخواهد داشت.

خروجی‌های گیاه (محصولات آن) نیز مشخص و ثابت است. مطابق شکل زیر، هر گیاهی بر اساس برنامه‌ی نرم‌افزاری از پیش تعیین‌شده‌ای، عناصر معینی را دریافت می‌کند و با فرایند ثابتی که در کارخانه‌ی وجودش انجام می‌شود، خروجی‌های ثابتی ارائه می‌دهد.

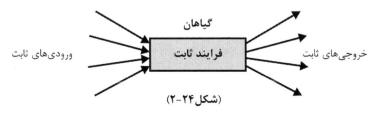

(شکل ۲-۲۴)

در حیوانات، نیز، فرایند درونی و خروجی‌ها ثابت است، اما ورودی‌ها می‌تواند متغیر باشد. زیرا حیوانات نسبت به گیاهان، در شرایط متنوع‌تری امکان بقا و فعالیت‌های زیستی دارند و در معرض رویدادهای محیطی متنوع، مطابق دامنه‌ی رفتاری ثابت خود، عمل می‌کنند.

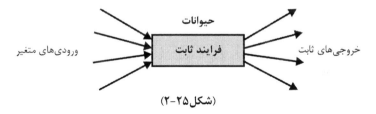

(شکل ۲-۲۵)

انسان، نسبت به گیاهان و حیوانات، ورودی‌های بسیار متنوع‌تر و گسترده‌تری دارد. علاوه بر این، فرایند درونی او در مواردی، ثابت و در مواردی متغیر عمل می‌کند. بخش عمده‌ای از واکنش‌های زیستی انسان، بر اساس فرایند ثابتی مشابه آنچه در سیستم حیوانی وجود دارد، انجام می‌شود؛ اما بخش دیگری از فعالیت‌ها و واکنش‌های او، بر اساس بینش[1] وی و تجزیه و تحلیل داده‌هایی که با آن مواجه می‌شود، یعنی طی یک فرایند متغیر بروز می‌کند.

---

[1]. منظور از «بینش» انسان، نگرش او به جهان هستی است که در اثر مشاهدات، تجارب و آموخته‌های او در زندگی و برداشت‌هایی که از آن‌ها دارد، به دست می‌آید.

انسان‌ها وقایع مختلف را بر مبنای بینش خود ارزیابی می‌کنند و به همین دلیل، خروجی‌های متغیر متنوعی دارند. نکته‌ی مهم این است که هر فردی بر اساس فرایند متغیر خود می‌تواند در قبال هر واقعه‌ی مثبت یا منفی، برداشت و رفتار مثبت یا منفی داشته باشد.

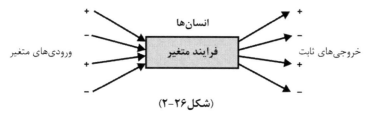

(شکل ۲-۲۶)

همین متغیر بودن فرایند، باعث می‌شود که گاهی انسان‌ها رفتار پسندیده‌ای که از آن‌ها انتظار می‌رود، نداشته باشند؛ در حالی که ممکن است همان رفتار مورد انتظار، از یک حیوان که طبق غریزه (فرایند ثابت) عمل می‌کند، سر بزند. برای مثال، اگر تکه نانی را جلوی سگی بیندازیم، دم خود را تکان می‌دهد و به این وسیله تشکر می‌کند؛ اما بعضی از انسان‌ها هستند که هر خدمتی به آن‌ها شود، به هیچ صورتی، قدردانی و قدرشناسی نمی‌کنند.

در مقایسه‌ی انسان‌ها با گیاهان نیز دیده می‌شود که اگر شرایط مناسب هر گیاهی را برای آن فراهم کنیم، به طور قطعی، به نهایت رشد و محصول تعریف شده در ژن و نرم‌افزارهای ثابت خود خواهد رسید؛ در حالی که بسیاری از انسان‌ها حتی در شرایط ایده‌آل، طوری که شایسته‌ی مقام انسانیت آن‌ها باشد، زندگی نمی‌کنند و به محصول مناسبی دست نمی‌یابند.

همان‌طور که گفته شد، فرایند متغیر سیستم وجود انسان، «ارزیابی کردن» است. در اثر این فرایند، هر کسی از مشاهدات خود، نتایجی می‌گیرد که ناشی از ارزیابی آن‌ها است. بنابراین، افراد مختلف، در برابر یک نوع ورودی، فرایند و خروجی مختلفی دارند که می‌تواند مثبت یا منفی باشد.

برای مثال، هنگام مواجه شدن با یک شخص معتاد که در گوشه‌ی معبری خوابیده است،

برداشت‌های یکسانی وجود ندارد. به نظر برخی از افراد، این شخص معتاد، کار درستی کرده است که خود را از قیل و قال زندگی نجات داده است؛ زیرا شاید هیچ‌کس به اندازه‌ی او، خود را از قید و بند همه‌ی مسئولیت‌ها رها نکرده و به دنیا پشت پا نزده باشد. اما به نظر برخی دیگر، این فرد معتاد که به جای حرکت به سوی کمال، یک زندگی بی‌ثمر را می‌گذراند، تنزل مقام انسان را نشان می‌دهد. این عده، با دیدن این صحنه، تصمیم می‌گیرند نسبت به انتخاب‌های خود در زندگی، هشیارانه‌تر عمل کنند. نگاه اول، نتیجه‌گیری منفی و نگاه دوم، نتیجه‌گیری مثبت از یک ورودی را نشان می‌دهد.

بنابراین، انسان قادر است، که حتی، از ورودی‌های منفی، خروجی‌های مثبت به‌دست آورد. چنین انسانی، رسالت بندگی را به جا آورده است و یک انسان متعالی خواهد بود. به عبارت دیگر، انسان متعالی، از همه‌ی ورودی‌های مثبت و منفی، خروجی مثبت می‌گیرد و اگر بپذیریم که «**عبادت**» به معنای «عبد بودن» است و عبد بودن، یعنی «**به جا آوردن رسالت بندگی**»، می‌توان گفت که او یکی از رموز بندگی را یافته است و با استفاده‌ی مثبت از هر پدیده و پیشامد، به معنای واقعی، عبادت می‌کند.

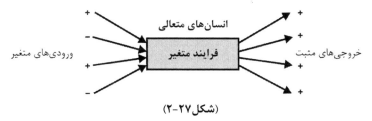

(شکل ۲۷-۲)

این که لقمان می‌گوید ادب را از بی‌ادبان آموخته است، نشان می‌دهد که توانسته است از یک ورودی منفی، به خروجی مثبت دست یابد و این که حافظ از یک بیت شعر یزید بن معاویه استفاده می‌کند تا مضامین بلند عرفانی را در یک غزل ارائه کند، تعالی او را نشان می‌دهد. زیرا اشعار یزید، می و معشوق زمینی را توصیف می‌کند؛ اما حافظ، از این سروده‌ی

او در غزل خود استفاده‌ی مثبت و آسمانی کرده است:

الا یـا ایهـا السـاقـی ادر کاساً و ناولها :: که عشق آسان نمود اول ولی افتاد مشکل‌ها

این نمونه‌ها نشان می‌دهد که برای رفتن به سوی کمال، هیچ عذر و بهانه‌ای وجود ندارد و هیچ کس نمی‌تواند شرایط نامساعد را بهانه‌ای برای کوتاهی، خطا یا غفلت خود قرار دهد. همچنین، همه‌ی این مطالب، اهمیت عرفان را نشان می‌دهد. زیرا یکی از نتایج حرکت در مسیر عرفان، این است که انسان به تعالی بینشی می‌رسد و در اثر آن، می‌تواند با ارزیابی، تصمیم‌گیری و اقدام مثبت درباره‌ی هر موضوع یا پیشامد منفی، متعالی‌تر شود و نشان دهد که حتی هر ورودی منفی، می‌تواند پله‌ای برای رشد و ارتقا باشد.[1]

درک گستردگی

در همه‌ی انواع ارتباط با خدا، با رعایت شرط «شاهد بودن» و رهایی از تمرکز بر هر موضوعی، می‌توان بر عشق و آگاهی آغوش گشود. اما نتیجه‌ی بهتر، زمانی حاصل می‌شود که انسان در ارتباط مربوط به «گستردگی»، تمام وجود خود را در وسعت عظیمی (به عظمت جهان هستی) بیابد که کمترین اثر آن، دست کشیدن از تعصبات قومی، نژادی و ... است.

در اثر این ارتباط، دید انسان از سطح زمین تا فراز کیهان صعود می‌کند و تفکر و اندیشه‌ی او چنان ارتقا می‌یابد که تنگ‌نظری‌های زمینی وی، از میان برداشته می‌شود.[2] می‌توان نتیجه‌ی ارتباط و اتصال مربوط به گستردگی را این‌طور توصیف کرد: آشتی با عظمتی وصف‌ناپذیر و غوطه‌وری در آن.[3]

---

1. ورودی‌های منفی، مانند زباله‌های مختلفی هستند که می‌توانند در یک سیستم بازیافت به محصول مفیدی تبدیل شوند. به بیان دیگر، زباله‌ها برای یک سیستم بازیافت، ثروت به حساب می‌آیند، چرا که با جدا کردن کاغذ، پلاستیک، شیشه، فلزات و ... تبدیل به ثروت می‌شوند. به همین نسبت، مشاهدات و ورودی‌های منفی ما در زندگی روزمره نیز می‌توانند در جهت تعالی مورد استفاده قرار گیرند.

2. کسانی که از چنین دید گسترده‌ای برخوردار نیستند، در مسائل جزئی و زمینی فرو می‌روند و سطح ذهن آن‌ها به مسائل زندگی و معاش روزمره و حتی غیبت و حسادت و ... محدود می‌شود.

3. با توجه به این که گستردگی یکی از تجارب پله‌ی عشق است، قابل توصیف نیست و تنها با تجربه می‌توان به درک آن رسید.

آنچه در این هیبت حیرت‌انگیز موج می‌زند، بی‌نیازی مطلق خداوند است که فقر وجودی انسان را به معرض دید او می‌گذارد و اولین چیزی که در رویارویی با این شکوه، قربانی می‌شود غرور و تفاخر است.

اما احساس فقر و ناچیزی در برابر این گستردگی بی‌انتها، انسان را تحقیر نمی‌کند. این احساس، دست‌های خواهش او را به عظمتی سرشار از لطف و رحمت می‌سپارد تا او نیز از آن بی‌نیازی بیکران، نصیبی ببرد و اوج بگیرد. چیزی که در این بین، تحقیر می‌شود، تعصب‌های جاهلانه‌ای است که انسان‌ها را از هم جدا می‌کند و آنچه می‌ماند، لذت درک وحدت در سر تا سر گیتی و سرمستی از نوشیدن می آگاهی و احساس گستردگی در تن واحد هستی است.

۶- قوانین حرکت عرفانی

الف) مدیریت امیال نفس

نفس انسان (خود او)، مانند راننده‌ای است که کالبدهای جسم، روان، ذهن، اختری[1] و ... مرکب آن و نرم‌افزارهای عقل، نهاد[2]، بنیاد[3]، فطرت، ضمیر ناخودآگاه و ...، ملزومات آن هستند.

نفس انسان، امیالی دارد که در مسیر حرکت عرفانی، مدیریت و کنترل می‌شود. برای این مدیریت، آشنایی با خصوصیات نفس (در رابطه با امیال آن) ضرورت دارد. از این رو، به مهم‌ترین این ویژگی‌ها اشاره می‌شود:

۱- وقتی می‌گوییم کسی کار خوب یا بدی انجام داده است و در راه کمال یا ضد کمال قرار دارد، از نفس او صحبت می‌کنیم. بنابراین، برای نفس، امکان صواب (رفتن به سوی

---

۱. برای آشنایی با این کالبدها به کتاب «انسان از منظری دیگر» مراجعه شود.
۲. غریزه
۳. سرشت

کمال) و گناه (رفتن به سوی ضد کمال) وجود دارد.

۲- کسی نمی‌تواند قابلیت انجام کار خیر یا شر را از خودش (از نفس) بگیرد؛ اما هر کسی می‌تواند با نوعی مدیریت، تمایل به انجام کار شر را کنترل کند.

۳- میل نفس به خوردن، خوابیدن و نیازهای طبیعی دیگر، برای سلامت بدن که مرکب نفس محسوب می‌شود، لازم است. بنابراین، نباید با این امیال مقابله کرد؛ اما در عین حال، زیاده‌روی در مورد هیچ‌کدام، به صلاح انسان نیست.

۴- بعضی از خواسته‌های نفس مانند میل به زیبایی، رفاه و ...، به خودی خود، امیال بدی نیستند؛ اما می‌توانند به‌صورت پنهان و نامحسوس، از حد طبیعی بگذرند و یا امیال دیگری را به دنبال بیاورند. موضوعی که در این باره اهمیت دارد، این است که افزایش امیال، مانع کمال می‌شوند.

۵- هیچ‌کس نمی‌تواند برای جلوگیری از تمایل به بدی‌ها (امیال بد نفسانی) و یا کنترل امیال، با آن‌ها به‌طور مستقیم مبارزه کند. زیرا چنین مبارزه‌ای، با شکست مواجه می‌شود. تنها تعداد کمی از کسانی که به سختی و با انواع خودداری‌ها سعی بر مهار امیال خود دارند، به این درجه از موفقیت می‌رسند که تا مدتی، مدیریت امیال را به‌عهده بگیرند. این افراد، همواره در فشار ناشی از این مقابله‌ی مستقیم، به خود آسیب می‌رسانند و در بسیاری از موارد، به راحتی این مدیریت را از دست می‌دهند.

انسان، چاره‌ای جز این ندارد که در برابر امیال خود، مانند یک سیل‌برگردان در مسیر سیل عمل کند که به آن جهت می‌دهد تا بدون اثر تخریبی به دشت برسد.

کالبد ذهن و کالبد روان، مدافع امیال ما هستند و تجربه نشان می‌دهد که هر بار بخواهیم از میلی چشم بپوشیم و صرف‌نظر کنیم، از نظر روانی تحت فشار قرار می‌گیریم و از نظر ذهنی نسبت به آن حریص‌تر می‌شویم.

شاید بتوانیم ذهن و روان را به دو مار بر دوش نفس تشبیه کنیم که اگر نفس چیزی را بخواهد و از آن دریغ شود، این دو مار، به آن حمله‌ور می‌شوند. به‌طور معمول، در همه‌ی تصمیم‌گیری‌های انسان، این دو مار، دردسر آفرین هستند. برای مثال، وقتی کسی خود را موظف به رعایت یک رژیم غذایی می‌کند، همه‌ی خوراکی‌هایی که باید از آن‌ها پرهیز کند، در ذهن او لذیذتر و دوست‌داشتنی‌تر جلوه می‌کنند. از نظر روانی نیز چنان آزار می‌بیند که حتی ممکن است به افسردگی رژیم غذایی مبتلا شود.

با توجه به این موارد، در می‌یابیم که مدیریت امیال نفس، نیاز به یک راهکار غیر مستقیم دارد. بسیار تجربه کرده‌ایم که گاهی مشغول بودن به انجام بعضی امور روزمره، توجه ما را از بعضی نیازهای طبیعی مانند خوردن و آشامیدن سلب می‌کند. اگر یک مقایسه‌ی ساده انجام دهیم، می‌بینیم که در روزهای عادی، رأس ساعات مشخصی گرسنه می‌شویم و یا احساس نیاز به خواب داریم؛ اما بسیار اتفاق افتاده است که در یک روز پر مشغله، متوجه نیاز به خواب یا خوراک خود نیستیم و برای مثال، وقتی دست از کار می‌کشیم، متوجه می‌شویم که پاسی از شب گذشته است و احساس خواب‌آلودگی نکرده‌ایم و یا ساعت‌ها از وقت غذا خوردن گذشته است و احساس گرسنگی نداشته‌ایم.

این نشان می‌دهد که جاذبه‌ی امور مهم می‌تواند بر جاذبه‌ی امور دیگر غلبه کند و میل به آن‌ها را تحت تأثیر خود قرار دهد. جاذبه‌ی انجام امور مهم، چنان ایجاد میل و انگیزه می‌کند که میل و انگیزه‌های دیگر در برابر آن محو می‌شود. وقتی انگیزه‌ی انجام کاری، بیش از انگیزه‌ی دنبال کردن خواسته‌های دیگر باشد، نسبت به آن‌ها، «**انگیزه‌ی متعالی**»[1] محسوب می‌شود.

از این نظر، می‌توان همه‌ی امیال را به ستارگان بی‌شماری تشبیه کرد که انگیزه‌ی متعالی، مانند خورشیدی، هستی آن‌ها را محو می‌کند. آن‌ها از بین نمی‌روند؛ اما در برابر نور

---

1. متعالی نامیدن این انگیزه، به این معنا نیست که به‌طور حتمی، خوب و کمال بخش است. انگیزه‌ی متعالی که در این‌جا راجع به آن صحبت می‌شود، فقط از نظر درجه‌ی اهمیت برای خود فرد، بالاتر از انگیزه‌های دیگر است.

این خورشید، فروغی ندارند و پیدا نیستند.

اخترانی که به شب در نظر ما آیند	پیش خورشید محال است که پیدا آیند

«سعدی»

آسمان وجود ما پر از ستارگان امیال است و تنها راه کنترل نفس برای انصراف از توجه به آن‌ها، وجود یک خورشید پر فروغ در این آسمان است. برای کسی که مسیر حرکت عرفانی را انتخاب می‌کند، این خورشید، «عشق» است.

نان پاره زمن بستان جان پاره نخواهد شد	آواره‌ی عشـــق مـــا آواره نخـــواهـــد شـــد
...	
خاموش کن و چندین غمخواره مشو آخر	آن نفس که عاشق شد، اماره نخواهد شد

«مولانا»

«عشق» برای هر فرد مشتاقی از دریچه‌ای وارد می‌شود. ارتباط با خدا، خدمت به بندگان او و یا هر عامل دیگری که لذت معنوی به همراه داشته باشد، آغازی برای ورود عشق به زندگی انسان است. متعالی‌ترین انگیزه‌ای که امکان حسن استفاده از امیال نفس را فراهم می‌کند، عشق است؛ آن‌چه نفس با کمال بیشتر خود به آن می‌رسد، عشق است و آن‌چه نفس برای هستی به ارمغان می‌آورد نیز، عشق است.[1] به این ترتیب، با «عشق»، انسانیت انسان معنا پیدا می‌کند و «نفس»، زیباترین موجود هستی خواهد شد.

ب) اجتناب از احساس‌های شیطانی

حالات درونی انسان، به دو دسته تقسیم می‌شوند. یکی از این دو، احساس‌های خوشایندی مانند امیدواری، شادمانی، آرامش و ... هستند که «لشکر الهی» نامیده می‌شوند و دسته‌ی دیگر، احساس‌های ناخوشایند و مخربی مانند ناامیدی، غم و اندوه، ترس، اضطراب، احساس

---

1. اولا عشق دارای مراتب متعددی است و محدودیت ندارد و ثانیا عشق و کمال دست در دست هم دارند و از هم جدا نیستند.

تنهایی، احساس گناه و ... هستند که «لشکر شیطان» نام می‌گیرند. انس با خدا، موجب ایجاد حالات گروه اول و دوری از او، موجب بروز حالات گروه دوم می‌شود.

کسی که در مسیر عرفان قدم بر می‌دارد، از لشکر شیطان دوری می‌کند و به‌طور طبیعی، هر چه پیش می‌رود، از امید و شادی و آرامش بیشتری برخوردار می‌شود. زیرا عرفان، دنیای حزن و اندوه، یأس و ناامیدی، اضطراب، احساس تنهایی و احوال مانند آن نیست.

در عرفان، نوعی خوف عارفانه و غم عاشقانه هست که با ترس و غم و غصه‌ای که مردم عادی دچار آن می‌شوند، هیچ تشابهی ندارد. کسانی که از دوستان خدا و مقربان او هستند، ترس و غصه‌ای در دل خود ندارند، اما با درک عظمت خداوند؛ در حالت احترام بی‌مانندی به او قرار می‌گیرند که خوف از اوست. غم آن‌ها نیز مانند غم‌های دیگران نیست. این غم که غم جدایی از خدا و دور افتادن از اصل خویش است، خود سرشار از شادی است؛ زیرا کسی به این غم می‌رسد که به شعف حس حضور خداوند و نزدیکی او دست یافته باشد:

چون تو را غم شادی افزودن گرفت   روضه‌ی جانت گل و سوسن گرفت

«مولانا»

به همین دلیل، عارف اعتراف می‌کند که:

چون غمت را نتوان یافت بجز در دل شاد   ما به امید غمت، خاطر شادی طلبیم

«حافظ»

این نشان می‌دهد که غم عارفانه، از نوع حزن و اندوه عامیانه نیست و چون ناشی از اشتیاق و بی‌تابی عاشقانه است، همواره شادمانی و شادکامی بر می‌انگیزد.

می‌خورم جام غمی هر دم به شادی رخت   خرم آن کس کو بدین غم شادمانی می‌کند

«سلمان ساوجی»

به بیان دیگر:

صبوحیان سحر خیز کنج خلوت عشق   چه غم خورند چو شادی خوران جام جمند

«خواجوی کرمانی»

با درک این حقیقت، معلوم می‌شود انس با خدا که نشانه‌ای از وجود غم او در دل است، عامل شادی حقیقی خواهد بود.

جایی که غمت نبود شادی نبود آن جا   انصاف غم عشقت نیکو هنری دارد

«سیف فرغانی»

بنابراین، کسی که این شور و شعف و شیرینی را چشیده باشد، خواهد گفت:

بر همگان گر ز فلک زهر ببارد همه شب   من شکر اندر شکر اندر شکر اندر شکرم

«مولانا»

بنابراین:

شاد از غم شو که غم دام لقاست   اندر این ره سوی دستی ارتقاست

«مولانا»

ج) خراباتی شدن

کسی که در مسیر عرفان کمال حرکت می‌کند، جویای حقیقت و معرفت است. در صورتی که چشم دل این فرد، رو به حقیقت باز شود، هم واقعیت تجلیات الهی را می‌بیند و هم حقیقت آن‌ها را و به بیان دیگر، از واقعیت و حقیقت زندگی، بهره‌مند می‌شود. از منظر عرفانی، می‌توان چنین کسی را «رند»[1] نامید.

با توجه به این که دست‌یابی به حقیقت، در یک مرحله انجام نمی‌شود و در هیچ نقطه‌ای

---

1. یکی از معانی «رند» در ادبیات فارسی، زرنگ و زیرک است. دلیل استفاده از این واژه در عرفان، این است که داشتن نگاهی به واقعیت و نگاهی به حقیقت، ناشی از نوعی زیرکی عرفانی است. بنابراین، می‌توان کسی را که به چنین ارتقای دیدی رسیده است، «رند» نامید.

نیز به پایان نمی‌رسد، لازم است که رند، در حد امکان، مراحل بی‌پایان رشد و تعالی را طی کند و در هر مرحله، به معرفت و رندی بیشتری دست یابد.

به این ترتیب، او در مسیر عرفانی خود، به‌طور مداوم، نو به نو شدن را تجربه می‌کند. اما نکته‌ای که باید به آن توجه کرد، این است که وی برای هر تحولی، یک تخریب و ویرانی (حضیض) را پشت سر می‌گذارد تا به درجه‌ی بالاتر (اوج) برسد. به دلیل این که این خراب و آباد شدن، به‌طور مکرر اتفاق می‌افتد، یکی از نام‌هایی که می‌توان بر مسیر عرفانی او گذاشت، «کوی خرابات» است.

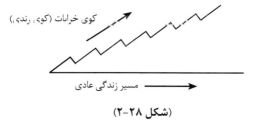

(شکل ۲۸-۲)

در چنین کوی خراباتی، هر بار، بنای کهنه‌ی افکار و اندیشه‌ی عارف فرو می‌ریزد تا بینش صحیح‌تر و وسیع‌تری جای آن را بگیرد.

هر بنای کهنه که آبادان کنند   نه که اول کهنه را ویران کنند؟

«مولانا»

به همین دلیل، وقتی او در «حضیض» قرار می‌گیرد، یعنی در معرض تخریب واقع می‌شود، در امید رسیدن به سرمنزل بهتری است که یک درجه «اوج» گرفتن نسبت به وضعیت قبل را نشان می‌دهد.

گر از این منزل ویران به سوی خانه روم   دگر آنجا که روم عاقل و فرزانه روم

«حافظ»

می‌توان گفت که این خراب و آباد شدن‌های پی در پی، هر بار زندگی جدیدی به انسان

می‌بخشد که نتیجه‌ی درگذشتن از وضعیت کمالی پایین‌تر است. یعنی برای حرکت در کوی خرابات، لازم است از چنین مرگی که به انسان، شخصیت کمال‌یافته‌ی بهتری می‌دهد، استقبال شود.

عامل این مرگ عرفانی، دریافت آگاهی‌های کمالی است که در عرفان، «می» مستی‌بخش عارف محسوب می‌شوند.

بر سر کوی خرابات کسی آباد است   که مدام از می دیرینه خراب است خراب

«فروغی بسطامی»

این آگاهی‌ها، برج و باروی ساخته و پرداخته‌های ذهنی انسان را در هم می‌شکنند و خانه‌ی دل او را با عشق الهی ویران می‌کنند، تا در آن ویرانه، گنج معرفت پیدا شود.

هر کجا ویران بود آنجا امید گنج هست   گنج حق را می نجویی، در دل ویران چرا؟

«مولانا»

بنابراین:

گر تشنه‌ی اسراری، پیش آر شراب اوّل   گر گنج گوهر خواهی، میگرد خراب اوّل

«صائب تبریزی»

د) مراقبت عرفانی

بستر عرفان از بعضی جهات، به یک مزرعه شباهت دارد. یکی از این شباهت‌ها، خطر وجود «علف هرز» است. علف هرز، چند ویژگی بارز دارد:

1- زودتر از محصول رشد می‌کند.

2- محصول را نابود می‌کند.

3- مقاوم‌تر از محصول است.

۴- هیچ زارعی نمی‌خواهد در مزرعه‌ی خود، علف هرز داشته باشد.

برای در امان ماندن از آسیب‌های علف هرز، باید به‌طور مداوم به مزرعه رسیدگی کرد. به عبارت دیگر، در صورتی که بخواهیم از مزرعه‌ای بهترین محصول را برداشت کنیم، علاوه بر این که لازم است به کشت و زرع بپردازیم، باید آن را از وجود علف هرز، پاک نگه داریم. یعنی غفلت از مزرعه جایز نیست.

ذهن انسان نیز درست مانند مزرعه ای است که در آن، امکان رویش و به بار نشستن گُل‌ها و محصولات بسیار ارزشمند و همچنین، علف های هرز و مسموم وجود دارد. در این مزرعه نیز قانون علف هرز حاکم است. **قانونی که به صراحت،** نشان می‌دهد که هرگونه سهل‌انگاری، مساوی با اشکالات بینشی ناشی از افکار ناصحیح است و موجب از دست رفتن محصول تفکرات و اندیشه‌های انسان و جایگزینی علف‌های هرز به جای آن نیز می‌شود.

خطر علف هرز، در همه‌ی صحنه‌های فرهنگی زندگی نیز وجود دارد. برای مثال، می‌بینیم که بعد از تماشای یک نمایش طنز، جملات بی‌محتوا خیلی سریع‌تر و بیشتر از مطالب مفید، مورد استقبال همگانی قرار می‌گیرند و رواج می‌یابند. آموزش کودکان نیز این تجربه را به جا گذاشته است که آن‌ها سخنان ناشایست را بسیار راحت‌تر و سریع‌تر از یک شعر یا داستان ارزنده یاد می‌گیرند. در این موارد، استفاده از مطالب آموزنده، در حاشیه قرار می‌گیرد.

این خطر در دنیای عرفان بسیار جدی‌تر است. منظور از علف هرز در عرفان، به‌طور عمده، بینش‌های غلطی است که می‌تواند به بینش‌های صحیح آسیب برساند و انسان را از مسیر کمال منحرف کند. این اتفاق، از جهل یا غفلت ناشی می‌شود.

همان‌طور که در مطالب قبل گفته شد، اگر فرد، معیار لازم برای تشخیص آگاهی‌های مثبت و منفی را نداشته باشد و نتواند آگاهی‌های منفی را تفکیک کند و کنار بگذارد، این آگاهی‌ها در نقش علف هرز، نتایج آگاهی‌های مثبت را به تباهی می‌کشند. تفسیر و تعبیر

غلط آگاهی‌های مثبت نیز به همین صورت، خطر آفرین است.

اما حتی با فرض این که کسی، توان جداسازی محصول شبکه‌ی منفی از محصول شبکه‌ی مثبت را داشته باشد و جهل و نا آگاهی موجب انحراف او نشود، هنوز خطر غفلت وجود دارد. مزرعه‌ی عرفان نیز مانند هر مزرعه‌ی دیگری، در خطر نابودی در اثر غفلت از علف هرز است. به همین دلیل، مراقبت مداوم از آن لازم است. یعنی:

۱- برای استفاده از آگاهی‌های مثبت، هیچ نوع سهل‌انگاری در تجزیه و تحلیل آن‌ها جایز نیست.

۲- در هر مرحله، باید تحولات درونی را بازنگری کرد تا نقایص ظرفیتی و اشکالات بینشی و شخصیتی شناسایی و برطرف شود.

۳- نمی‌توان از ترفندهای شیطان که با ظرافت وارد عمل می‌شود، غافل شد.

ه) جمعی بودن حرکت

منظور از قانون جمعی بودن حرکت (حرکت دسته‌جمعی) این است که در عرفان، نجات فردی پذیرفته نیست و هر سالکی، موظف است که دیگران را نیز در مسیر رشد و تعالی، با خود همراه سازد و در طول مسیر حرکت، از کمک به آن‌ها دریغ نکند.

کسی که به این وظیفه‌ی مهم توجه ندارد و دیگران را در نعمت قرب الهی شریک نمی‌کند، هم دچار خودشیفتگی است و هم از این نکته غفلت دارد که برای صعود به ارتفاعات کمال، وجود همراهانی لازم است که هنگام سقوط از پرتگاه‌ها و یا وقت زمین خوردن، بتوان از کمک و یاری آن‌ها بهره‌مند شد.

البته، چنان که اشاره شد، همراه کردن دیگران در حرکت عرفانی، از میل به نجات و سعادت جمعی ناشی می‌شود. اما یکی از حقایق مهمی که در مسیر حرکت عرفانی آشکار می‌شود، رابطه‌ی تنگاتنگ و عمیق همه‌ی انسان‌ها با یکدیگر و وجود حوزه‌های اشتراکی

عظیمی است که افت و خیز آن‌ها را به هم مربوط می‌کند.

همه‌ی انسان‌ها مانند سلول‌های یک پیکر هستند که میانگین رشد و کمال آن‌ها را درجه‌ی تعالی همه‌ی آن‌ها تعیین می‌کند. یعنی همه‌ی ما مانند پرندگانی هستیم که در یک تور بسته، به‌طور جمعی پرواز می‌کنیم و برای اوج گرفتن، به هماهنگی برای رسیدن به این مقصود نیازمندیم. در این حرکت، همواره ارتفاع پرواز را پرنده‌ای تعیین می‌کند که در پایین‌ترین سطح در حال پرواز است و امکان رهایی از تور نیز وجود ندارد.

هر انسانی، مجموعه‌ای از اجزای مختلفی است که بعضی از آن‌ها کالبدهای گوناگون وجود او هستند. وسیع‌ترین کالبد هر یک از ما، به وسعت جهان هستی و بین همه‌ی انسان‌ها مشترک است و به منزله‌ی روح واحدی، برای همه‌ی ما ایفای نقش می‌کند. برآیند همه‌ی احساسات و ادراکات بشر، در این «**روح جمعی**» انعکاس دارد و سطح رشد کیفی جمعیت جهانی انسان‌ها را نشان می‌دهد. یک سالک، هرچقدر هم که در سیر عرفانی خود موفق باشد، گرفتار محدودیت سطح تعالی دیگران خواهد بود و تنها با کمک به رشد معرفتی هم‌نوعان خود و ارتقای کیفی روح جمعی، می‌تواند بیشتر و بیشتر اوج بگیرد.

شاید با ذکر این دلایل، به نظر برسد که دعوت سالک به حرکت همگانی، یک ریشه‌ی منفعت‌جویانه دارد؛ اما حقیقت این است که فرد، در حرکت عرفانی، به درکی می‌رسد که نه تنها خود را در دیگران و دیگران را در خود می‌بینند،[1] بلکه در عمل، آن‌ها را به خود ترجیح می‌دهد. به این ترتیب، قانون حرکت دسته‌جمعی، بر مبنایی عرفانی رعایت می‌شود.

بیایید بیایید به گلزار بگردیم — بر این نقطه‌ی اقبال چو پرگار بگردیم
بیایید که امروز به اقبال و به پیروز — چو عشاق نو آموز بر آن یار بگردیم

«مولانا»

---

۱. همه‌ی ما، صورت‌های مختلف یک حقیقت هستیم و کسی که به درک این موضوع برسد، به نجات فردی راضی نمی‌شود.

عرفان نظری

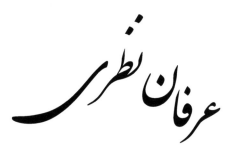

۱- هستی‌شناسی

برای هرچه که وجود دارد، می‌توان واژه‌ی «هست» یا «هستی» را به کار برد. بر این اساس، حداقل دو نوع هستی از هم قابل تفکیک است:

۱- هست غیر قابل تعریف

۲- هست قابل تعریف

هست غیر قابل تعریف، ذات خداوند است که قابل درک و توصیف نیست و هست قابل تعریف، مخلوقات خداوند است که چیستی و چرایی آن‌ها را می‌توان توصیف کرد.

اما اغلب، منظور از «هستی»، مجموعه‌ی موجودات جهان، اعم از جهان‌های مختلف و اجزای آن‌ها است؛ نه خالق آن‌ها.[1] در شناسایی «جهان هستی»، دو موضوع مورد بررسی قرار می‌گیرد:

۱- رابطه‌ی وجودی جهان هستی و منشأ آن

۲- رابطه‌ی میان اجزای جهان هستی

این دو موضوع، در ضمن مباحثی با عناوین کلی «خداشناسی»، «جهان‌شناسی» و

---

۱. به بخش «رسیدن به مقام انسان صالح» در فصل «عرفان عملی» مراجعه شود.

«هستی‌بخشی» مطرح می‌شود و در مباحث مربوط به «انسان‌شناسی» و «معادشناسی» نیز به‌طور غیر مستقیم، مورد توجه قرار می‌گیرد.

الف) خداشناسی

مهم‌ترین مبحث خداشناسی در این کتاب، بیان این مطلب است که ذات خداوند (هست غیر قابل تعریف) تنها «وجود حقیقی» (هست حقیقی) است و هر چیزی و هر کسی، نسبت به او «وجود مجازی» دارد. از این رو، لازم است که منظور از وجود حقیقی و مجازی معلوم شود.

سایه‌ی هر چیزی نسبت به خود آن، مجازی است. در عین حال، اگر همان سایه هم سایه‌ای داشته باشد، نسبت به آن، حقیقی محسوب می‌شود:[1]

- سایه نسبت به صاحب سایه: مجازی

- سایه نسبت به سایه‌ی سایه: حقیقی

در همه‌ی جهان هستی، همین رابطه برقرار است. در هستی، جهان‌های زیادی وجود دارد که هر کدام از آن‌ها از دیگری متجلی شده است و خود نیز جهان دیگری را متجلی کرده است[2]. یعنی هر جهان، سایه‌ی جهان دیگر بوده، در عین حال می‌تواند صاحب سایه‌ای باشد که خود آن سایه نیز یک جهان است.

برای این ترتیب متوالی، می‌توان امتدادی از منفی بی‌نهایت تا مثبت بی‌نهایت متصور شد؛ اما این تسلسل، محال است و وجود این سلسله‌ی جهان‌ها، بدون مبدأ امکان ندارد. این

---

[1]. برای فهم بهتر وجود حقیقی و مجازی، از مثال آینه نیز می‌توان استفاده کرد. تصویر هر چیزی در آینه، نسبت به خود آن مجازی محسوب می‌شود. یعنی هر دو وجود دارند؛ اما وجود آن چیز حقیقی است و وجود تصویرش، مجازی.

[2]. برای مثال، جهانی که هم‌اکنون در آن زندگی می‌کنیم، بخشی از جهان دوقطبی است. این جهان دوقطبی، از جهان دیگری به وجود آمده است که به اصطلاح، بالاتر از آن قرار دارد و از همین جهان دوقطبی، جهان‌های دیگری شکل می‌گیرد که به اصطلاح، از آن پایین‌تر است. (شرح این مطلب در بخش‌های بعد ارائه می‌شود.)

مبدأ، تجلی حقیقت دیگری نیست و خودش **«حقیقت مطلق»** است.

در حقیقت، یک مبدأ و منشأ برای همه‌ی این جهان‌ها وجود دارد که ذات مقدس خداوند است و به این ترتیب، از یک طرف، هریک از این جهان‌ها نسبت به جهان قبل از خودش (که آن را متجلی کرده است) مجازی و نسبت به جهان پس از خودش (که تجلی آن است) حقیقی محسوب می‌شود و از طرف دیگر، همه‌ی جهان‌ها در نسبت با حقیقت مطلق (که این سلسله مراتب را ایجاد کرده است) مجازی هستند.

اما از منظری دیگر، هر جزئی از جهان هستی، حقیقت دارد. چون در هر چیزی، اثری از «حقیقت مطلق» وجود دارد. پس **هیچ شیئی، خالی از «حقیقت» نیست.**

هر جا نگری جلوه‌گه شاهد غیبی‌ست   او را نتوان گفت کجا هست و کجا نیست

«عبرت نائینی»

اگر بخواهیم همین مطلب را دقیق‌تر بیان کنیم، باید بگوییم که خداوند (حقیقت مطلق) سایه‌ی اول را ایجاد می‌کند و سایه‌ی اول، سایه‌ی دوم را و ... . هریک از این سایه‌ها صورتی از خداوند است و به بیان دیگر، وجود هر چیزی، وجهی از خداوند را نشان می‌دهد. پس، به بیان دیگر،می‌توان گفت که **فقط یک حقیقت مطلق وجود دارد و هر موجود دیگری، «حقیقت نسبی» دارد.**

چون نور که از مهـر جـدا هست و جـدا نیسـت

عالـم همـه آیـات خـدا هست و خـدا نیسـت

در آیینـــه بیـنیـد اگــر صــورت خـــود را

آن صـورت آیینـــه شــما هست و شــما نیسـت

«عبرت نائینی»

از این‌جهت که درک ذات مقدس خداوند، ممکن نیست و ذات الهی، فراتر از تعریف و

توصیف بشری است، نمی‌توان گفت که هستی و وجودی دارد که ما می‌توانیم آن را بشناسیم؛ اما از آن جهت که تجلیات او وجود دارند و وجود آن‌ها سایه‌ای از اوست، تأکید می‌شود که او هست و وجود دارد. بنابراین، ذات مقدس خداوند، وجود دارد؛ اما بودن او با بودنی که انسان می‌شناسد، به‌کلی متفاوت است.

پس برای اشاره به او، می‌توان به‌طور قراردادی از واژه‌های **«عدم»**[1] و **«هیچ قطبی»** استفاده کرد که تا حد ممکن، هیچ صفتی را تداعی نکند. به این ترتیب، منظور از هیچ قطبی، هستی است که نام و نشان ندارد و قابل ادراک و تعریف نیست.[2]

سپاس آن عدمی را که هست ما بر بود	ز عشق آن عدم آمد جهان جان به وجود
به هر کجا عدم آید وجود کم گردد	زهی عدم که چو آمد از او وجود افزود

«مولانا»

ب) جهان‌شناسی

به دلیل وسعت بیکران و فراوانی بی‌نهایت تجلیات الهی، بی‌نهایت جهان با مشخصات گوناگون در هستی وجود دارد که فقط یکی از آن‌ها «جهان دو قطبی» است. آشنایی اولیه با این جهان، مقدمه‌ای است که بر اساس آن، می‌توان به وحدت در هستی و به جایگاه جهان‌های دیگر نیز اشاره‌ای کرد:

جهان دو قطبی

در جهان دو قطبی، انسان با قابلیت‌ها و امکانات دوگانه‌ای مواجه است که هر یک، با ضد خودش (قطب مقابل خود) شناخته می‌شود. برای مثال، در این جهان، هر کدام از ویژگی‌های دوگانه‌ی خوب و بد، هدایت و گمراهی، عدل و ظلم و ... با وجود یکدیگر، مفهوم پیدا می‌کند

---

۱. توجه شود که در این‌جا «عدم» به معنای نیستی به‌کار نمی‌رود.
۲. از تجلی هیچ قطبی، جهان تک قطبی به ظهور می‌رسد که قابل ادراک است.

و در یک کلام، اساس این جهان، بر دوگانگی و دو قطبی بودن است.

عامل این خصوصیات دوگانه، وجود دو قطب مثبت (خیر) و منفی (شر) است که تضاد در جهان دو قطبی را شکل می‌دهد و در فصل عرفان عملی، از آن‌ها تحت عنوان «شبکه‌ی مثبت» و «شبکه‌ی منفی» یاد شد.

از جهان دو بانگ می‌آید به ضد   **تــا کدامین را تو باشی مستعد**

«مولانا»

جهانی که هم‌اکنون ما در آن زندگی می‌کنیم، مقطعی از این جهان دو قطبی است. در حقیقت، جهان دو قطبی، مراتب و مقاطع (جهان‌های) مختلفی دارد که زندگی در آن‌ها یکی پس از دیگری تجربه می‌شود. همه‌ی ما جهان‌هایی از این جهان دو قطبی را پشت سر گذاشته‌ایم و جهان‌های دیگری از آن را پیش رو داریم. ورود ما به جهان دو قطبی، از یک مبدأ شروع شده است و چون قرار نیست که همواره از مبدأ دور شویم و به قهقرا برویم، به همان مبدأ نیز خاتمه می‌یابد.

در حقیقت، خداوند از طراحی جهان دو قطبی، هدفی دارد که اگر قرار بود این جهان، پیوسته رو به تنزل رود و دارای مسیر بازگشت نباشد، به آن هدف نمی‌رسید.[1] به این ترتیب، مقاطع جهان دو قطبی، در دو دسته (مقاطع مسیر رفت و مقاطع مسیر بازگشت) قرار می‌گیرند و به دلیل این که مقاطع مسیر رفت، عین مقاطع مسیر بازگشت نیستند، کل مسیر را می‌توان به یک چرخه (مانند شکل ۳-۱) تشبیه کرد. از این جهت، جهان دو قطبی، چرخه‌ای است که از عوالم مختلفی با خصوصیت دو قطبی تشکیل شده است. شروع تجربه در این چرخه، با تنزل از جهانی است که به آن، «**جهان تک قطبی**» می‌گوییم.

در جهان تک قطبی، «وحدت» حاکم است و خصوصیت دو قطبی یا چند قطبی وجود

---

۱. اگر تجلیات خداوند، همواره فقط از او دور می‌شدند، آفرینش، بر اساس طرحی عبث بود.

ندارد. خط سیر ما در جهان دو قطبی، از مبدأ جهان تک قطبی آغاز می‌شود و به همان مبدأ ختم می‌گردد. البته حرکت ما در همه‌ی مقاطع این چرخه، زمانمند نیست. بنابراین، اول و آخر بودن جهان تک قطبی نیز، به معنای اول و آخر بودن از نظر زمانی نیست.

(فقط در مراتب پایین؛ یعنی جهان‌هایی از جهان دو قطبی که کثرت بیشتری دارند و از این نظر، از جهان تک قطبی دورتر هستند، «زمان» وجود دارد. برای مثال، بر زندگی کنونی که در حال تجربه‌ی آن هستیم، زمان حاکم است؛ اما در همین چرخه‌ی جهان دو قطبی، بسیاری از مقاطعی که تجربه‌ی آن را پشت سر گذاشته‌ایم و بسیاری از مقاطعی که آن‌ها را تجربه خواهیم کرد، به ۱۰، زمان ندارند.)

گذر از عوالم جهان دو قطبی، از نقطه‌ی آغاز تا نقطه‌ی مقابل جهان تک قطبی، مسیر نزولی چرخه‌ی جهان دو قطبی را نشان می‌دهد و بازگشت از آن نقطه تا جهان تک قطبی، مسیر صعودی این حلقه را به تصویر می‌کشد.

جهان تک قطبی، بر فراز ابعاد مختلف تضاد، زمان، مکان و ... قرار دارد؛ اما اساس چرخه‌ی جهان دو قطبی، تضاد است و این تضاد، در هیچ بخشی از آن، حذف نمی‌شود. در مسیر نزولی، تضاد رو به افزایش است؛ اما در مسیر صعودی، رو به کاهش می‌رود و به سمت صفر میل می‌کند؛ اما هیچ‌گاه به صفر نمی‌رسد؛ زیرا همان‌طور که اشاره شد، اساس چرخه‌ی جهان دو قطبی، «تضاد» است.

یکی از عوامل افزایش تضاد، وجود ابعاد مختلف مانند زمان، مکان و ... است که در مسیر نزولی، یکی پس از دیگری افزوده و در مسیر صعودی، یک به یک حذف می‌شوند.

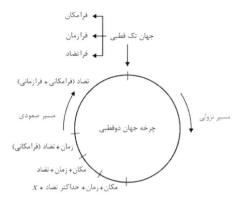

(شکل ۱-۳)

در حقیقت، همان‌طور که کثرت ابعاد، در پایین چرخه‌ی جهان دو قطبی، بیشتر و در بالای آن، کمتر است، تضاد نیز در سراسر این چرخه یکسان نیست و در هر یک از مقاطع آن که از جهان تک قطبی دورتر باشد، تضاد بیشتری وجود دارد.

به عبارت دیگر، در مسیر نزولی چرخه، از وحدت کاسته و بر کثرت ابعاد و تنوع تجلیات، افزوده می‌شود و همچنین، به دلیل افزوده شدن این کثرت، کثرت ناشی از تضاد نیز افزایش می‌یابد و به عکس، در مسیر صعودی، هم کثرت ابعاد و کثرت انواع و هم کثرت ناشی از تضاد، کاهش می‌یابد.

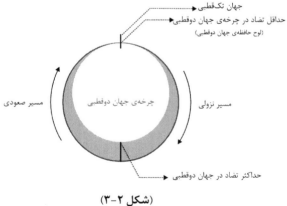

(شکل ۲-۳)

وحدت در هستی

وحدت اجزای هستی، حقیقتی است که نمی‌توان آن را انکار کرد. به دلیل این که خداوند **«یگانه»** است، سایه‌ی او نیز «یگانه» است.[1] البته، بهتر است بگوییم جهان هستی، عکس روی خداوند است که با یکپارچگی خود، وحدت او را نشان می‌دهد. کثرتی که در عالم وجود دارد، خود در وحدت است و در یک کلام، اساس عالم، بر **«وحدت»** استوار است.

اگر تو را نظر موشکاف احول نیست نظام عالم کثرت دلیل وحدت اوست

«صائب تبریزی»

بر پایه‌ی عقل، نگاه هر یک از ما به هستی، نگاهی تحت تأثیر زمان و مکان است. با چنین نگاهی، نوعی از هم‌گسستگی در اجزای هستی دیده می‌شود و وحدت آن، آشکار نیست.

زندگی در بُعد زمان، موجب می‌شود که ما هر چیزی را جدای از گذشته و آینده‌ی آن و همچنین، جدای از امتداد وجودی‌اش ببینیم. یعنی به طور طبیعی، هر چیزی در برش‌های زمانی جداگانه و متوالی و به صورت تصاویر پی‌در پی دیده می‌شود. بعد مکان نیز ما را عادت داده است که اشیا و وقایع را به ترتیب نزدیکی به خودمان ببینیم. بنابراین، هرچیزی در مقاطع زمانی و مکانی، تجزیه می‌شود و همان‌گونه که از گذشته و آینده‌ی خود منفک می‌گردد، از سایر اجزای هستی نیز جدا به نظر می‌آید.

اما اگر بتوان فراتر از زمان قرار گرفت، بینش جدیدی حاصل می‌شود. تصویری که در صورت حذف زمان، از جهان هستی نمایان می‌شود، یک تصویر انتزاعی نیست؛ واقعیتی است که ما با عادت به قوانین زمان، از درک آن دور شده‌ایم. اگر ناظری، از مرتبه‌ای از چرخه‌ی جهان دو قطبی که فراتر از زمان است، به آن بنگرد، نه تنها گذشته و آینده‌ی هرچیز را یک‌جا خواهد دید، بلکه ریشه‌ی وجودی آن را نیز مشاهده خواهد کرد.

---

۱. امکان ندارد که تصویر صاحب تصویر، وحدت را نشان بدهد؛ اما صاحب تصویر یکتا نباشد و به عکس، ممکن نیست که صاحب تصویر، وحدت مطلق باشد و تصویر او وحدت نداشته باشد. (وحدت این تصویر می‌تواند به صورت کثرت در وحدت باشد.)

چنین تجربه‌ای فقط بر پله‌ی عشق امکان‌پذیر است؛ اما در عین حال، می‌توان بر پله‌ی عقل نیز تا حدودی صحت آن را بررسی و تأیید کرد. برای مثال، اگر بتوانیم به‌نحوی به یک فرد نگاه کنیم که هم‌زمان، با تمام ابعاد و اشکال سنین مختلف خود دیده شود، با موجودی مواجه می‌شویم که در اعضای بدن، نوعی کشیدگی دارد. یعنی آنچه خواهیم دید، از شکلی که در یک مقطع زمانی از او می‌بینیم، به کلی، متفاوت است.

اگر بتوانیم همه چیز را در همین شرایط تسلط بر زمان ببینیم (تا نزدیک‌ترین منشأ وجودی هر چیز به عقب برگردیم) همه‌ی اجزای هستی را منطبق بر آن‌چه از آن به وجود آمده‌اند، می‌یابیم. در این منظره، حتی گونه‌های مختلفی از موجودات، در ریشه‌های مشترک خود، بر هم منطبق می‌شوند.

این انطباق‌ها پیوندهایی را میان موجودات آشکار می‌کند که آن‌ها را همچون شاخه‌هایی منشعب از شاخه‌های دیگری با تعداد کمتر نشان می‌دهد. اگر باز هم به عقب برگردیم، انشعاب‌ها در اتحاد بیشتری پدیدار می‌شوند و برای مثال، در جایی «هوشمندی حاکم بر جهان هستی» به‌عنوان وجه مشترک موجودات جهان دوقطبی، پیوستگی، همبستگی و وابستگی همه‌ی آن‌ها به یکدیگر را نشان می‌دهد.[1] کم‌کم با انطباق همه‌ی لایه‌های وجودی موجودات بر یکدیگر، صورت درختی پدیدار می‌شود که همه‌ی شاخه‌ها را در اتصال با یک تنه نشان می‌دهد و آشکار می‌کند که ارتباط، اتحاد و نسبتی میان همه‌ی اجزای آن برقرار است. این درخت را «تک‌درخت جهان دو قطبی»[2] می‌نامیم.

با توجه به این یکپارچگی و وحدت، همه‌ی اجزای هستی، اجزای یک «تن واحد» بوده، هرکدام، در ارتباط با یکدیگر از اهمیت ویژه‌ای برخوردار هستند. اگر انسان به درک این

---

1. «هوشمندی حاکم بر جهان هستی»، منشأ اجزای یاد شده است که از ماده، انرژی و آگاهی تشکیل شده‌اند. (به کتاب «انسان از منظری دیگر» مراجعه شود.)
2. شجره

وحدت برسد، دیگر به وجود هیچ چیزی در جهان هستی اعتراض نخواهد کرد و به لزوم هر یک از اجزای این مجموعه‌ی عظیم، پی خواهد برد. او درک خواهد کرد که خلق هیچ مخلوق و پدیده‌ای، بیهوده نیست و جزئی‌ترین اجزای عالم نیز در تحقق بزرگ‌ترین اهداف خلقت، نقش دارند.

انسان ناآگاه، مانند گیلاسی بر شاخه‌ی درخت است که خود را مستقل از گیلاس مجاورش می‌داند و حتی بی اطلاع از نقش برگ و ریشه و سایر اجزا فقط وجود خود را به‌عنوان میوه، مهم و معتبر می‌داند و نمی‌داند که وجود او در گرو وجود سایر اجزای درخت است و بدون آن‌ها هرگز وجود نداشت که بخواهد به خود ببالد.[1]

برعکس، ادراک تن واحد هستی، چنان بینشی به او می‌بخشد که نه‌تنها حضور هر تجلی الهی در جهان هستی را دارای اهمیت ویژه‌ای می‌داند، بلکه دیگر به هیچ مخلوقی ظلمی روا نمی‌دارد؛ زیرا همه چیز را پاره‌ی تن خود می‌یابد. او با ادراک این تن واحد، به این حقیقت می‌رسد که هستی او وسعتی دارد که همه‌ی آن‌ها را در بر می‌گیرد.

البته، حقیقت کلی وجود همه‌ی انسان‌ها، نفس واحدی است که «آدم» نام دارد.[2] آدم در بدو ایجاد در جهان تک‌قطبی و با توجه به دید فرا زمان خود در این مرحله، با تک درخت جهان دوقطبی مواجه شد. او از همان آغاز، زوجی نیز داشت که بخشی از همین درخت و مجموعه‌ای از ملزومات وجود او محسوب می‌شد.

دیدن این درخت، به آدم نشان داد که با رفتن به سوی آن، برای او امکان سیر در مراحلی وجود خواهد داشت که وی را به آگاهی و کمال می‌رساند. برای پیمودن این مسیر، لازم بود آدم، زوجی نیز داشته باشد. این زوج، امکانات وجود او (ملزومات نفس) برای زندگی در هر

---

1. بدون وجود سایر موجودات هستی، هرگز ممکن نبود که انسانی وجود داشته باشد و نه تنها او با وجود آن‌ها معنا پیدا می‌کند، بلکه در جوار آن‌ها می‌تواند به کمال برسد و اشرف مخلوقات شود.
2. در این‌جا منظور از «آدم»، آدم نبی (ع) نیست. مجموعه‌ی انسان‌ها در همه‌ی ادوار، جلوه‌های متعدد آدم هستند و حضرت آدم (ع) نیز یکی از آن‌ها محسوب می‌شود.

مقطع از چرخه‌ی جهان دو قطبی است. بنابراین، جایی که آدم، نزدیک شدن به درخت را انتخاب کرد، نقطه‌ی آغاز مسیر نزولی چرخه بود که در آن، زوج او نیز با او همراهی می‌کرد و به بیان دیگر، انتخاب آدم، انتخاب هبوط او و زوج او در جهان دوقطبی بود.

او دست از ناز و نعمت کشید و با نزدیک شدن به آن درخت (بستر حرکت در جهان دو قطبی)، این‌طور انتخاب کرد که از حضور در بهشتی که آگاهی او در آن بالقوه بود و به ظهور نرسیده بود (بهشت ناآگاهی) تا حضور در بهشتی که با آگاهی به آن دست می‌یافت (بهشت آگاهی)، به سختی و تکاپو افتد. وی با پیمودن این مسیر، به وجود درختی که در شرایط فرا زمان مشاهده کرد، معنا داد و از این نظر، می‌توان گفت تمام جهان هستی، طفیل وجود او است.

نکته‌ای که باید به آن توجه داشت، این است که این درخت نیز، خود تنها یک منظره از همه‌ی مناظر هستی است که در مجموع، تصویر یکتایی از خالق خود را نشان می‌دهند.[1]

جهان تک قطبی و جهان‌های دیگر

جهان هستی، وجود مستقلی ندارد و به‌منزله‌ی تصویری از حقیقتی بی‌نهایت و غیر قابل تصور و تعریف است. به زبان ساده، جهان هستی، تجلی «هیچ‌قطبی» است. وقتی جهان هستی را تجلی و عکس روی «او»[2] می‌یابیم، با ویژگی‌هایی از آن مواجه می‌شویم که نشان می‌دهد نه تنها وجود مستقلی ندارد، بلکه با عظمتش، عظمت خالق خود (صاحب تصویر) را معرفی می‌کند. همچنین، از سویی وحدت و یگانگی خالق را به نمایش می‌گذارد و از سوی دیگر، بی‌کرانی او را نشان می‌دهد.

---

[1]. در این‌جا مجموعه‌ی اجزای جهان دو قطبی، به یک درخت تشبیه شده است. هر یک از جهان‌های دیگر غیر از جهان دوقطبی نیز از منظر فرا زمان، به صورت تک درختی دیده می‌شود که با ویژگی خاص خود، سایه‌ی منحصر به فرد دیگری از جهان تک‌قطبی است. از سوی دیگر، مجموعه‌ی جهان دو قطبی و همه‌ی جهان‌های دیگر (که هر کدام، سایه‌ای یگانه از جهان تک‌قطبی‌اند) با هم در وحدت هستند و در کنار هم، مظهر یکتای خالق یکتا می‌باشند.

[2]. ذات خداوند: هیچ‌قطبی

ممکن نیست که هیچ‌قطبی، بی‌کران و بی‌نهایت باشد؛ اما دامنه‌ی تجلیات «او» محدود باشد. به همین دلیل، ممکن نیست که تجلیات «او» فقط شامل جهان «دو قطبی» و اجزای آن باشد. اگر تجلیات «او» را محدود به جهان دو قطبی بدانیم، در حقیقت، «او» را محدود کرده‌ایم.

در هستی، جهان‌های بی‌شماری وجود دارد که به صورت چرخه‌های «nقطبی»، عظمت حق را به تصویر می‌کشند. هریک از این بی‌نهایت چرخه، از طریق سه جهان تک قطبی که تجلی جهان «هیچ قطبی» هستند، به‌وجود آمده‌اند. اگر بخواهیم از این واقعیت به ساده‌ترین صورت، تصویرسازی کنیم، شکل ۳-۳ ترسیم می‌شود.

هر چرخه‌ای، سایه‌ی جهان تک قطبی مربوط به آن چرخه است. در این جهان تک قطبی، اطلاعات جزئیات همان چرخه وجود دارد. جهان تک‌قطبی دیگری که مجموعه‌ی این جهان‌های تک‌قطبی (مربوط به هر چرخه)، تجلی و سایه‌ی آن هستند، دارای امکان طرح جزئیات جهان‌های n قطبی بوده، خودش نیز سایه‌ی جهان تک قطبی دیگری است (که در آن، یکپارچگی حاکم است و هنوز جزئیات یا چگونگی طراحی آن‌ها معلوم نیست).

به‌بیان دیگر، از تجلی جهان «هیچ قطبی»، جهان «تک قطبی» یک‌پارچه‌ای پدیدار شده است. به این عالم، **«وجود اول»** می‌گوییم. از تجلی «وجود اول»، جهان تک قطبی دیگری به وجود آمده است (که معلومات و ایده‌ی مربوط به خلق جهان‌های تک قطبی چرخه‌های n قطبی را در خود دارد). این عالم، **«وجود دوم»** نام می‌گیرد. «وجود دوم» جهان تک قطبی مخصوص هر یک از چرخه‌ها (حلقه‌ها) را متجلی می‌کند. هر کدام از این جهان‌های تک قطبی که در آن، جزئیات مربوط به هر چرخه (حلقه) معلوم است، **«وجود سوم»** نامیده می‌شود.

به این ترتیب، از جهان «هیچ قطبی» تا هر جهان «n قطبی» سه مرتبه‌ی وجودی هست که هر کدام، جهان «تک قطبی» محسوب می‌شوند و در آن‌ها تضادی وجود ندارد.

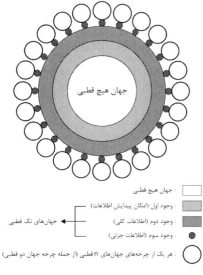

(شکل ۳-۳)

ج) هستی‌بخشی

توضیحات مختصر این بخش، اشاره‌ای به نقش و چیستی هر یک از عوالم وجود و عوامل به‌وجود آورنده‌ی آن‌ها است.

مراتب وجود و عقل

هریک از سه جهان «تک قطبی» که توضیح داده شد، عالَم «علم الهی» هستند و وجود هرکدام از آن‌ها نسبت به وجود حلقه‌های n قطبی که بالفعل هستند، بالقوه است.[1]

به دلیل این که طراحی اجزای هر حلقه‌ی n قطبی، محصول این سه جهان (عالم) تک‌قطبی است، می‌توان هرکدام از این سه عالم را «عالم عقل» نامید.

بنابراین، اولین عالم تجلی یافته از هیچ قطبی (که خود، نتیجه‌ی عشق می‌باشد)،[2] «وجود اول» است و **«عقل اول»** نامیده می‌شود. وجود اول، علم کلی است که در آن ایده‌ی

---

۱. مانند نسبت بین دانه و میوه که می‌توان گفت دانه، وجود بالقوه‌ی میوه است و میوه وجود بالفعل دانه.

۲. به مبحث «عشق در هستی» مراجعه شود.

آفرینش نقش بسته است. مخلوق وجود اول، «وجود دوم» یا طرح کلی عوالم n قطبی است. وجود دوم، «**عقل دوم**» نام دارد.

مخلوق وجود دوم، «وجود سوم» است. هرکدام از اجزای وجود سوم، عالَم علم و اطلاعات یکی از بی‌نهایت عوالمی می‌شود که به آن‌ها عوالم n قطبی می‌گوییم. اگرچه در شکل ۳-۳ به منظور رعایت سادگی در تصویر سازی، هر یک از این اجزا به صورت مجزا به نمایش در آمده است، پیوستگی آن‌ها یکپارچگی این عالم را حفظ می‌کند. همچنین، در هر یک از این اجزا، همه‌ی اجزای حلقه‌ی n قطبی مربوط به آن، وجود دارد.

وجود سوم، «**عقل سوم**» نیز نامیده می‌شود و جهان مخلوق آن، بالفعل است. برای مثال، از آن بخش از عقل سوم که مربوط به جهان دو قطبی است، جهان دوقطبی پدیدار می‌شود.

همه‌ی اجزای جهان دو قطبی و هر یک از جهان‌های n قطبی، مخلوق چهارم محسوب می‌شوند. البته، با توضیحات بخش بعد معلوم می‌شود که همه چیز فقط محصول عقل نیست و برای مثال، خود تجلیات موجود در جهان دو قطبی، به دو بخش تقسیم می‌شوند. یک دسته از این تجلیات، فقط محصول «عقل» هستند و دسته‌ی دیگر (انسان‌ها)، دو بعد ظاهری و باطنی دارند. بخش ظاهری وجود آن‌ها، از تجلی عوالم بالاتر عقل به‌وجود آمده است و حقیقت اصلی وجود آن‌ها، منشأ دیگری دارد که به آن اشاره خواهد شد.

اما برای سادگی فهم، می‌توانیم بگوییم که همه‌ی مخلوقات جهان دو قطبی، مخلوق چهارم هستند و آثار آن‌ها، مخلوق پنجم است. برای مثال، انسان دارای خیالات، احساسات و آثار دیگری است که به‌طور مستقیم یا غیر مستقیم، مخلوق او به شمار می‌رود و حتی در خواب او تأثیر دارد. خیالات و احساسات هر کسی، ساخته و پرداخته‌ی خود او است؛ زمینه‌سازی‌ها و برنامه‌ریزی‌های درونی و نحوه‌ی زندگی و تفکر هر انسان، نقش تعیین‌کننده‌ای در خواب او دارد؛ اشتیاق و طلب او به صورت انواع دعا و نفرین به ظهور می‌رسد و ... . به این ترتیب،

تمام آثار افکار و اعمال انسان، مخلوق او به شمار می‌رود و «مخلوق پنجم» نامیده می‌شود. حتی خود مخلوق پنجم نیز در جهان هستی اثرگذار است و به همین لحاظ، خالق محسوب می‌شود. انسان با هر اندیشه، کلام و رفتار خود، تشعشعاتی شعوری (مثبت و یا منفی) به هستی القا می‌کند و این شعور القا شده، بازتابی برای عالم هستی مادی خواهد داشت. یعنی برآیند شعوری که همه‌ی انسان‌ها به عالم هستی القا می‌کنند، روح صلح و وحدت و یا روح ظلم و کثرت را بر آن حکم‌فرما می‌کند. بنابراین، اثر شعور القا شده از سوی هر انسانی، «مخلوق ششم» است.

(شکل ۵-۳ به فهم مطالب این بخش و بخش «عشق در هستی» کمک می‌کند.)

عشق در هستی

ذات مقدس خداوند، هستی را با «**عشق**» متجلی کرده است[1]؛ یعنی در نظام آفرینش، هر حرکتی که موجب ظهور یک جهان و اجزای آن می‌شود، بر مبنای عشق است و آفرینش بر مبنای عشق، نیازمند هیچ دلیلی نیست.[2]

در ازل پـرتـو حسنش ز تجلی دم زد   عشق پیدا شد و آتش به همه عالم زد

«حافظ»

با توجه به این که عامل تجلی، چیزی جز عشق و رحمت خداوند نیست، عشق و محبت اول، از هیچ‌قطبی جاری شده و وجود اول را هستی بخشیده است؛ عشق و محبت دوم، از وجود اول سرچشمه گرفته و وجود دوم را متجلی کرده است و عشق و محبت سوم، از وجود دوم نشأت یافته و وجود سوم را خلق کرده است.

اما از این سه وجود (که طرح جهان‌های n قطبی را در خود دارند)، در وجود چهارم

---

۱. به همین دلیل، در یکی از نگاه‌های دینی، خداوند، عشق و محبت است. (البته، باید توجه داشت که منظور از این سخن، صفت بخشیدن به «هیچ‌قطبی» نیست و فقط توصیف تجلی آن است.)

۲. آفرینش، نیازی از خداوند بی‌نیاز برطرف نمی‌کند.

(جهان‌های n قطبی) پرده‌برداری شده‌است. یعنی این سه وجود پنهان، در وجود چهارم، جلوه‌گری می‌کنند و عامل این تجلی، عشق و محبت چهارم است. عشق و محبت چهارم، چیزی جز حقیقت وجود «آدم» در هر کدام از جهان‌های n قطبی نیست.

این نظامِ سلسله مراتبی عقل و عشق، همچنان ادامه می‌یابد و دو ستون مختلف از انواع عشق و عقل ایجاد می‌کند که در کنار هم، بنای هستی را استوار می‌کنند. برای بررسی بیشتر ارتباط میان عقل و عشق (در موضوع هستی‌شناسی) توجه به این نکات نیز لازم است:

۱- برپایی ساختار و نظام وجود چهارم، به عهده‌ی کارگزارانی است که از عشق چهارم پدیدار شده‌اند. در جهان n قطبی، هوشمندی حاکم بر آن، وظیفه‌ی ایجاد را به‌عهده دارد. یعنی حقیقت متعالی آدم (عشق چهارم)، عامل پیدایش این هوشمندی کل است و این هوشمندی عالمی را به وجود می‌آورد که سایه‌ی عقل و از جنس عقل است.[۱] با فراهم شدن این بستر، کثرات آدم (انسان‌ها)، عشق پنجم را در این عالم (وجود چهارم) جاری می‌کنند.[۲] (شکل۵-۳)

۲- هر عالمی از عشق پدید می‌آید و نتیجه‌ی آن است؛ اما در عین حال، خود از عشق بی‌خبر است.[۳] از طرف دیگر، وجود اول تا سوم، فقط طرح پدیدار شدن هستی را در خود دارند و این پدیداری، با به صحنه آمدن عشق چهارم (آدم) انجام می‌شود. یعنی، چهره‌ی عوالم تک‌قطبی، در آیینه‌ی «وجود چهارم» آشکار می‌شود و این، در اثر جاری شدن «عشق چهارم» است؛ در حالی که خود عالم چهارم، از جنس عشق نیست.

جلوه‌ای کرد رخش دید ملک عشق نداشت   عین آتش شد از این غیـرت و بر آدم زد

«حافظ»

---

۱. وجود اول تا سوم که طرح هستی را در خود دارند، عقل نامیده می‌شوند و هر چه در هستی ظهور دارد، تجلی عقل است. به همین دلیل، هرچیزی که به وجود آمده است، مرتبه‌ی تنزل یافته‌ی آن محسوب می‌شود.

۲. برای مثال، جسم انسان از جنس عوالم عقل است؛ اما خود او از جنس عشق.

۳. مانند ساعتی که خود، زمان را نشان می‌دهد ولی از درک زمان عاجز است

به بیان دیگر، اگر به نقش و حضور «عشق» در تجلی هستی دقت کنیم، در می‌یابیم که **«عقل»**، وجود خود را مدیون **«عشق»** است و «عشق»، تجلی خود را مدیون «عقل».

۳- در آفرینش، «عشق» پنهان و رازآلود است و نتیجه‌ی آن که عوالم «عقل» است، از وجود آن خبر می‌دهد. به بیان دیگر، عوالم و اجزای آن‌ها بخش آشکار خلقت هستند که به آن‌ها «شاهد بازاری» می‌گوییم و مراتب مختلف تجلی عشق (از جمله انسان)، بخش پر رمز و راز خلقت هستند که «پرده‌نشین» محسوب می‌شوند.

در کار گلاب و گل حکــم ازلی این بود　　کین شــاهد بازاری و آن پرده‌نشــین باشد

«حافظ»

۴- خصوصیت دیگر عشق، این است که علاوه بر تجلی گری و هستی‌بخشی، در بازستاندن هستی نیز ایفای نقش می‌کند. از این جهت، عشق خداوند شامل دمش به هستی (رحمانیت) و بازدمش آن (رحیمیت) است.

(در صورتی که پس از هستی بخشیدن به همه‌ی مراتب و موجودات عالم، بازگشت آن‌ها تحقق نمی‌یافت، این نتیجه به‌دست می‌آمد که عوالم بالاتر، فقط میل به تنزل دارند و به سمت منهای بی‌نهایت، در حال نزول هستند. در این صورت، چارچوب خلقت، بر مبنای کمال تعریف نشده بود؛ زیرا همه چیز در حال دور شدن از کمال مطلق بود؛ اما خلقت، هدفمند و کمال‌محور است.)

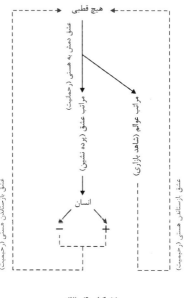

(شکل ۴-۳)

۵- با توجه به این که ماهیت تمام عوالم (و جزئیات آن‌ها) عقل است که از دل «عشق» پدید می‌آید، همان‌طور که مراتب مختلف عقل با یکدیگر و تمام مراتب عشق نیز با هم، ماهیت یکسانی دارند، هر مرتبه‌ای از عشق و عقل پدید آمده از آن نیز با هم سنخیت دارند و اگر غیر از این بود، هستی وحدت نداشت.

۶- آفرینش و ایجاد، بر چارچوب سازمند و هدفمندی استوار است. این نظام‌مندی، حکمتی است که می‌توانیم در اصطلاح، آن را «**منطق**» بنامیم. اگر سازمندی و هدفمندی آفرینش (منطق) را در نظر بگیریم، می‌توان هر یک از عقل و عشق را بر مبنای «منطق» تعریف کرد. در این صورت، رابطه‌ی آن‌ها با یکدیگر، بهتر معلوم می‌شود.

«**عشق**»، انگیزه‌ی خلق منطق است. این انگیزه وقتی مؤثر واقع می‌شود که قابلیت ایجاد منطق و به‌کار بردن آن، وجود داشته باشد. قابلیت خلق منطق، «**هوش**» و توان به کار بردن

آن، «**عقل**» است. به این ترتیب، هر یک از تجلیات الهی، محصول و نتیجه‌ی به کار بردن منطق است و در ایجاد آن، عشق، هوش و عقل نقش دارند.

عشق (به عنوان کششی برای رفت و بازگشت تجلیات)، به هستی هوشمندی می‌دهد تا نحوه‌ی جاری شدن آن (عشق) را طراحی کند و هوشمندی، عقل را می‌آفریند تا با پیدایش عقل، این طرح اجرا شود.

(شکل ۵-۳ به فهم رابطه‌ی میان انواع عشق، هوش و عقل کمک می‌کند.)

۷- در هر یک از عوالم n قطبی، «عشق» متناسب با این عوالم است. برای مثال، در عالم دوقطبی، عشق دوگانه می‌شود. یعنی، به دو قطب مخالف تجزیه و به صورت دوگانه (محبت و نفرت) متجلی می‌گردد.

۸- اگرچه عظمت عشق، همه‌ی هستی را فرا گرفته است، این نور هستی‌بخش، تنها فروغ تابیده از عالم «هیچ‌قطبی» نیست و ذات مقدس حق، عوامل دیگری نیز برای ظهور دارد که شناخته نشده است.

این همه عکس می و نقش مخالف که نمود   یک فروغ رخ ساقی است که در جام افتاد

«حافظ»

دانستن این موضوع، فقط به ما یادآوری می‌کند که عظمت خلقت فراتر از آن است که به تصور در آید و آگاهی از هر بخش آن، ما را به این حقیقت نزدیک می‌کند که:

-عشق : انگیزه‌ی ایجاد منطق

-هوش : قابلیت ایجاد منطق

-عقل : قابلیت و توان به کار بردن و پیاده کردن منطق

: مسیر و واسطه‌های پیدایش عشق از مراتب قبلی آن را نشان می‌دهد.

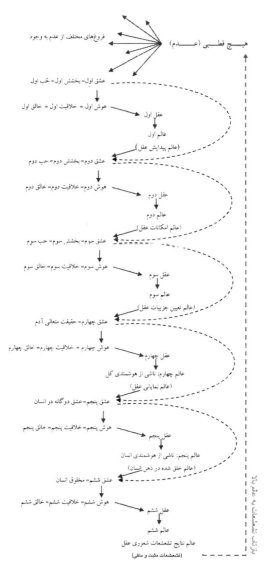

(شکل ۵-۳)

تــا بدانــجا رسـید دانـش مــن	کـه بدانـم همـی کـه نادانـم[1]
از عــدم تا بــود و هستی هر زمان	هســت یــا رب کاروان در کاروان
رمز بودن رفتــن از این بودن است	تا عدم، بودن همین پیمودن است

«؟»

ارکان هستی

ارکان هستی، کارگزارانی هستند که در شکل گرفتن و تداوم عوالم، نقش دارند. این ارکان، عوامل شکل‌گیری تجلیات در هر عالم هستند؛ زیرا از هر جزء کوچک گرفته تا هر یک از عوالم تک‌قطبی، همه چیز به‌واسطه‌ی آن‌ها به وجود می‌آید.

در همه‌ی عوالم، این ارکان، «ملک» نام می‌گیرند. در عالم دوقطبی، ملائک نتیجه‌ی «هوش» و جاری کننده‌ی آن هستند. برای مثال، «هوشمندی حاکم بر جهان دو قطبی» ملکی است که از «هوش چهارم» حاصل می‌شود تا این فیض الهی را در این جهان جاری کند و علم سه عالم بالاتر وجود را به «جهان دو قطبی» انتقال دهد. ملائک دیگرِ جهان دو قطبی، تجلیات و زیرمجموعه‌ی این ملک هستند و در مراتب پایین‌تری نسبت به آن قرار دارند.

به این دلیل که همه‌ی انواع تجلیات عقل(در جهان دو قطبی)، سایه‌ی عقل بالاتر خود و منشأ عقل پس از خود هستند،[2] هرکدام از آن‌ها نیز یک ملک به‌شمار می‌روند. بر این اساس، انواع واحدهای ماده و انرژی که از جنس عقل هستند نیز از ملائک محسوب می‌شوند. اما ناشناخته بودن عوالم بعد از ماده و انرژی، باعث می‌شود که توصیف این حقیقت دشوار گردد.[3] ...

---

۱. این نادانی، نادانی ارزشمندی است که در عرفان اهمیت دارد و مانند بی‌اطلاعی محض نیست.
۲. البته، هر مرتبه‌ای از عقل، حاصل مرتبه‌ای از هوش است؛ اما این مطلب، تنها با توجه به ستون مراتب عقل بیان شده است.
۳. از آن‌جا که خداوند نامحدود است، تجلیات او نیز نامحدود است. بر این اساس، عالم محصور در هر اتم نیز یک جهان نامحدود به شمار می‌آید که تا بی‌نهایت، در دل خود عوالمی دارد. هر یک از این عوالم نیز، در درون خود عوامل جاری‌کننده‌ای دارد که ملائک

ملائک «جهان دو قطبی» بر اساس عملکرد خود، در این چند دسته قرار می‌گیرند:

۱- «هوشمندی حاکم بر جهان دوقطبی»، قوانین «جهان دو قطبی» را ایجاد می‌کند.

۲- دسته‌ای از ملائک، مجری قوانین حاکم بر عالَم هستند و شاخص‌های عقل را ارائه می‌دهند. یعنی، اثر عقول بالاتر را آشکار می‌کنند و وجود آن‌ها را به اثبات می‌رسانند. مانند مجری قانون روزی‌رسانی (میکائیل)[1] و مجری قانون تولد و مرگ (عزرائیل)[2] و ... که تدبیر امور نام‌برده را به عهده دارند.

۳- گروهی دیگر از آن‌ها، ستون‌های نگهدارنده‌ی بخش مادی جهان هستند. مانند میدان گرانشی، میدان الکترومغناطیسی، میدان هسته‌ای ضعیف، میدان هسته‌ای قوی و ... و نیز هر عاملی که آن‌ها را بر پا می‌دارد.

عامل اصلی برقراری، ایستایی و تداوم کیهان (جهان هستی مادی)، تضاد است. آنچه به عنوان تضاد، این وظیفه را به عهده دارد، ویژگی‌هایی همچون زوج بودن (مکمل و مقابل یا همراه بودن)، هم‌ردیفی، سبقت و همچنین، دمش و ربایش است که در مجموع، تعادل کیهان را حفظ می‌کنند. برای مثال، الکترون و پروتون، با حرکتی مخالف جهت یکدیگر، به ساختار اتم، تعادل می‌بخشند؛ در جریان الکتریکی، صف کشیدن و ردیف شدن الکترون‌ها، تعادل این جریان را حفظ می‌کند و یا حوزه‌های الکترو مغناطیسی، حاصل تعادل ناشی از دمش و ربایش است.

نام می‌گیرند. بنابراین، یک اتم، عالمی عقلانی است که مجموعه‌ای از ملائک نیز محسوب می‌شود. یعنی، یک اتم، انتهای زنجیره‌ی تجلیات الهی نیست.

۱. به مبحث «نحوه‌ی دریافت آگاهی» در بخش «عرفان عملی» مراجعه شود.

۲. هر چیزی به خودی خود تحت تأثیر آنتروپی است و به طور طبیعی، رو به زوال می‌رود. البته، هر حادثه‌ای که بتواند در میانه‌ی این روند، موجب زوال آن شود نیز عامل دیگری (عامل غیرطبیعی) برای پایان برقراری آن محسوب می‌شود. بنابراین، به طور طبیعی، در هر چیزی، سرآمدی معین نهفته است و به بیان دیگر، هیچ چیزی نیست که ضد خود را در خود نپروراند؛ اما به غیر از این اجل معین و طبیعی، ممکن است در اثر عوامل بیرونی، با اجل ناگهانی، دچار تبدیل وضعیت شود. در هر دو صورت، تحقق هر یک از قوانینی که منجر به این زوال می‌شود، جلوه‌ای از عزرائیل است.

یکی از نمونه‌های سبقت را نیز می‌توان در حرکت زمین و ماه نسبت به یکدیگر شناسایی کرد. حرکت ماه نسبت به زمین، دورانی نیست و تحت تأثیر جاذبه‌ی زمین و حرکت انتقالی آن، وضعیتی همچون شکل ۶-۳ را دارد. ماه در اثر جاذبه‌ی زمین، به سرعت به سوی مسیر حرکت انتقالی آن، حرکت می‌کند و در محلی از این خط سیر، با آن تلاقی دارد که هنوز زمین به آن نرسیده است (وضعیت ۲). سپس در اثر سرعت بالایی که تحت تأثیر این جاذبه ایجاد شده است، از این محل می‌گذرد و به حرکت در مسیر مواج خود، ادامه می‌دهد. موجی بودن حرکت ماه و زمین، مربوط به تأثیر آن دو، بر یکدیگر است. تأثیر متقابل زمین و ماه بر یکدیگر، یکسان نیست و چون جرم زمین بیشتر است، دامنه‌ی موج حرکت آن، کوتاه‌تر از دامنه‌ی موج حرکت ماه می‌باشد. همچنین، اختلاف جاذبه، عامل سرعت یافتن حرکت ماه و سبقت گرفتن آن از زمین می‌شود (قبل و بعد از وضعیت ۱ که قرص کامل ماه دیده می‌شود و وضعیت ۳ که در میانه‌ی مدت زمان ناپیدایی ماه در آسمان است[۱]). این سبقت گرفتن، کارگزاری برای پایداری نسبت فضایی ماه و زمین، در حرکت منظمی است که به آن اشاره شد.

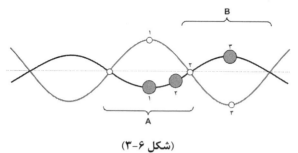

(شکل ۶-۳)

۴- تعداد دیگری از ملائک نیز پدیده‌هایی هستند که به عنوان تجلی عینی قوانین، وجود عقل را نشان می‌دهند. مانند اتم‌ها که در شکل گرفتن بخش مادی خلقت (در جهان دو

---

۱. در طول مدت چهارده روزه‌ی A، ماه در آسمان شب دیده می‌شود و در طول مدت چهارده روزه‌ی B، در شب قابل مشاهده نیست.

قطبی) نقش خود را ایفا می‌کنند.

با تجلی هوشمندی کل در جهان تضاد (جهان دو قطبی)، ملائک این جهان به وجود آمده‌اند. این هوشمندی مانند نور بی‌رنگی که به منشوری می‌تابد و تابش رنگی ایجاد می‌کند، با رسیدن به جهان دو قطبی، به صورت دو جلوه‌ی مختلف منعکس شده است که «**هوشمندی مثبت**» و «**هوشمندی منفی**» نام دارند.

به همین دلیل، علاوه بر این که همه‌ی اجزای جهان دو قطبی، از تابش‌های گوناگون هوشمندی کل حاصل شده‌اند، نقش هوشمندی در مقابل انسان به نحو دوگانه‌ای (منفی و مثبت) ظاهر می‌شود که او را در دو جهت کمال و ضد کمال، سوق می‌دهد.

چــون که بی‌رنگی اسیر رنگ شد	موسـایی با موسایی در جنگ شد
چون به بی‌رنگی رسی کان دانشی	موســی و فرعــون دارنــد آشتــی

«مولانا»

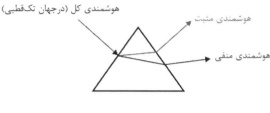

منشور جهان دوقطبی

(شکل ۷-۳)

به بیان دیگر، از آنجا که همه‌ی اجزای جهان دوقطبی را هوشمندی کل شکل می‌دهد، این هوشمندی، عامل پیدایش شعور و ضد شعور، انرژی و ضد انرژی، ماده و ضد ماده[1] و همه‌ی نیروها و قوانین مکمل در هستی شده است. اما برای انسان، نقش هوشمندی کل،

---

[1]. هر یک از دو زوج شعور و ضد شعور، انرژی و ضد انرژی و ماده و ضد ماده، مکمل یکدیگر هستند؛ نه ضد یکدیگر.

دوگانه است و بر همین اساس، این هوشمندی در جهان دوقطبی به صورت دو ملک با اسامی «هوشمندی مثبت» و «هوشمندی منفی» شناخته می‌شود که به ترتیب، حرکت انسان به سوی «کمال» و «ضدکمال»، تحت تأثیر آن دو انجام می‌شود.

اگر تصور عامیانه درباره‌ی ملائک را کنار بگذاریم، می‌توانیم همه‌ی موضوعات دیگر مربوط به آن‌ها را نیز واقع‌بینانه‌تر بررسی کنیم. برای مثال، منظور از بال‌های ملائک، بازوهای عملیاتی این کارگزاران است که در مورد بعضی از آن‌ها می‌تواند مربوط به کارکردهای معنوی باشد و در مورد بعضی دیگر، می‌تواند ابعاد مادی مانند ابعاد جهان‌های دوبعدی، سه‌بعدی، ... و همچنین، میدان‌های مختلف گرانشی، الکترومغناطیسی، ... و یا حتی اربیتال‌ها باشد.

در شرح وظیفه‌ی ملائک، انقباض و انبساط و بالا رفتن و پایین آمدن هم وجود دارد. نمونه‌ای از نقش ملائک در قبض و بسط مادی، اعمال نیرویی است که بخش مادی جهان را به سوی بیشترین انبساط می‌کشاند و وارد آوردن نیرویی دیگر که در مرحله‌ای پس از این انبساط، آن را به بیشترین حد انقباض می‌رساند. کارگزاران هستی (ملائک) باعث می‌شوند که این انقباض و انبساط، به‌طور مکرر اتفاق افتد.

همچنین، ملائکی در فرایند «شرح صدر» نقش دارند که با ایجاد این بسط (گشایش) معنوی، آمادگی دریافت آگاهی‌های الهی را افزایش می‌دهند و ملائکی در بسته شدن راه الهام و آگاهی مثبت (بسته شدن قلب) ایفای نقش می‌کنند که با ایجاد این قبض (گرفتگی) معنوی، بخشی از قانون بازتاب را کارگزاری می‌کنند.

تمثیل پایین آمدن ملائک و بالا رفتن آن‌ها (در امور معنوی) نیز حاکی از ایفای نقش آن‌ها در ارتقای انسان است. هوشمندی کل، در عالم وحدت قرار دارد و انسان‌ها در عالم کثرت هستند و مرتبه‌ی عالم کثرت، پایین‌تر از عالم وحدت به شمار می‌رود. بنابراین، ملائکی همچون ملک آگاهی و الهام، با تنزل از آن مقام بالا به کمک افرادی می‌آیند تا آن‌ها را عروج

دهند و بالا ببرند.

با این حال، باید توجه داشته باشیم که نوع مأموریت ملائک، ارزش آن‌ها را نسبت به هم کمتر یا بیشتر نمی‌کند و مشهورتر بودن بعضی از کارگزاران هستی، نسبت به بعضی دیگر، به معنای تقدس بیشتر آن‌ها نیست. هریک از مخلوقات الهی، وجه او هستند و همان طور که خود او مقدس است، تک تک آن‌ها نیز تقدس دارند.

نکته‌ی آخر درباره‌ی ملائک این است که همه‌ی انواع این کارگزاران الهی، همواره جاری کننده‌ی اراده و اذن او هستند و ایفای نقش بی‌چون و چرای آن‌ها، تسبیح و تقدیسی است که در آن، خلل و کوتاهی صورت نمی‌گیرد و موجب برتری یا فروتری، هیچ‌کدام نسبت به دیگری نیست. آن‌ها به‌طور ثابت، در حال این عبادت هستند و از وظیفه‌ی خود، فراتر یا فروتر نمی‌روند؛ یعنی کم‌کاری یا اضافه‌کاری ندارند.

به بیان دیگر، هر جزء هستی، به‌عنوان یکی از جلوه‌های «عقل کل»[1]، بخشی از آن را در هستی بازتاب می‌دهد و این بازتاب که تبعیت از اراده‌ی خداوند است، عبادت و سجده‌ی آن جزء در برابر او محسوب می‌شود.[2]

۲- انسان‌شناسی

برای شناسایی انسان و جایگاه او در هستی، لازم است که هم ابعاد وجودی او مورد بررسی قرار بگیرد و هم مراحل سیر او و نهایت حرکت کمالی که برای وی در نظر گرفته شده است، مطالعه شود.

منظور از «انسان»، جلوه‌ی «آدم» است. آدم کسی است که در کل زمینه‌ی چرخه‌ی

---

۱. هوشمندی کل

۲. بخش مادی وجود انسان نیز یکی از مظاهر عقل کل است؛ اما از آن‌جا که حقیقت وجود او، از جنس عشق بوده، عبادت او اختیاری است، عبادت او با عبادت سایر اجزای هستی، یکسان نمی‌باشد.

جهان دوقطبی حرکت می‌کند تا به غایت مطلوب خود برسد و بی‌نهایت جلوه‌ی متنوع دارد که کثرات او به شمار می‌روند و مجموعه‌ی انسان‌ها هستند. البته، می‌توان در هر یک از مراحل حرکت انسان در چرخه‌ی جهان دوقطبی، نام مخصوصی برای او در نظر گرفت.[1]

الف) ابعاد وجود انسان

بر اساس این‌که از چه منظری به ابعاد مختلف وجود انسان نگاه شود، می‌توان این ابعاد را در تقسیم‌بندی‌های متنوعی مورد شناسایی قرار داد. اما با معرفی کلی او، بهتر می‌توان به جایگاه هر یک از این ابعاد وجودی در انواع تقسیمات، دقت کرد.

معرفی اولیه

اگر مجموعه‌ی کالبدهای وجود انسان (کالبد فیزیکی، کالبد ذهن، کالبد روان، کالبد اختری و ...) را به یک مرکب تشبیه کنیم، **«نفس»** به‌عنوان راننده‌ای آن را می‌راند. بستر حرکت این راننده، مسیر چرخه‌ی جهان دوقطبی است و مهم‌ترین ویژگی این راننده، این است که اختیار[2] دارد. او در این چرخه، همواره در صحنه‌ی آزمایش است و اگر اختیاری نداشت، آزمایش او بی معنا بود. بنابراین، در کل مسیر، با اختیار خود تجربه می‌کند، می‌آموزد و مورد آزمایش واقع می‌شود.

مختار بودن نفس و خصوصیات بستر حرکت آن، این امکان را فراهم می‌کند که هنر خود را نشان دهد و به نهایت کمالی که قابلیت آن را دارد، برسد.

نفس در هر مقطعی (هر یک از سلسله جهان‌های چرخه‌ی جهان دوقطبی) مرکبی در اختیار دارد که هوشمندی حاکم بر جهان دوقطبی، در شکل‌گیری آن، نقش مهمی ایفا می‌کند. این هوشمندی که تا مرحله‌ای، قوانین هر مقطع از مسیر را تعیین می‌کند، در هر یک از این مقاطع، مرکبی را شکل می‌دهد که نفس تا انتقال به مقطع بعدی مسیر، بر آن

---

۱. برای مثال، می‌توان انسانی که درگذشته و به برزخ وارد شده است را «کالبد ذهنی» نامید.

۲. اختیار یعنی قابلیت تصمیم‌گیری.

قرار می‌گیرد.

در عین حال، در طول مسیر، نفس همواره ملزومات دیگری نیز همراه دارد که آن‌ها نیز به نوبه‌ی خود، نوعی مرکب محسوب می‌شوند و در بخش صعودی مسیر، یکی پس از دیگری، از آن جدا می‌شوند. بنابراین، در هر یک از زندگی‌های متوالی که در مقاطع مختلف مسیر صعودی تجربه می‌شود، از بخش‌های مختلف مرکبی که نفس با خود به همراه دارد، کاسته می‌شود. شاید بتوان این مرکب همراه را به پیازی تشبیه کرد که در هر مرحله (نسبت به مرحله‌ی قبل) یکی از لایه‌های خود را از دست می‌دهد.

اما همان‌طور که اشاره شد، در هر مقطع، یک مرکب موقت متناسب با همان مقطع نیز وجود دارد که فقط در آن کاربرد دارد و با انتقال نفس به زندگی دیگر، بر جا می‌ماند. برای مثال، مجموعه‌ای از کالبد فیزیکی انسان (جسم او)، کالبد اختری، کالبد روان و بخشی از کالبد ذهن[1] او، مرکب مربوط به این جهان (جهان دارای زمان، مکان و تضاد) است که در همین جهان در اختیار نفس قرار می‌گیرد؛ اما در اثر مرگ بر جای می‌ماند و نفس با ترک آن، در مسیر پیش می‌رود تا در زندگی خود در جهان بعد، به مرکب دیگری متناسب با ابعاد آن جهان دست یابد. در عین حال، نفس از میان ملزوماتی مانند فطرت، بنیاد، نهاد، نرم‌افزار جمعی[2]، مدیریت چیدمان اطلاعات[3] و ...که با خود به این جهان می‌آورد، نرم‌افزارهای فرعی برخی از آن‌ها را هنگام گذر از این جهان، از دست می‌دهد و ما بقی، همراه با آن انتقال می‌یابد.[4]

نفس برای اعمال اختیار خود، قالب (مرکب) را در اختیار دارد؛ اما برای حرکت در بستر

---

۱. مدیریت سلول و بدن، بخشی از کالبد ذهنی است که در این جهان ساخته می‌شود؛ اما مدیریت چیدمان اطلاعات، بخشی از آن است که همراه با نفس به این جهان می‌آید و با آن به زندگی بعد انتقال می‌یابد و در شکل‌گیری مرکب مقطع بعد، نقش دارد.

۲. نرم‌افزار متأثر از روح جمعی

۳. تعریف و شرح هر یک از این ملزومات، در کتاب «سایمنتولوژی» خواهد آمد

۴. برای مثال، نرم‌افزار نهاد (غریزه) همراه با نفس انتقال می‌یابد؛ اما برخی غرایز مانند غریزه‌ی جنسی که در زندگی بعد کاربرد ندارد، بر جا می‌ماند.

چرخه به یک نیروی محرکه نیز نیازمند است که «**جان**» نامیده می‌شود.[۱] جان از سوی «ملِک» (جان جانان) تفویض می‌شود و ازلی و ابدی است؛ یعنی نمی‌توانیم مقطعی را نقطه‌ی ایجاد یا نابودی آن بدانیم. وظیفه‌ی جان در چرخه‌ی جهان دو قطبی، انتقال نفس از هر مرحله به مرحله‌ی بعد است.

در طراحی دقیق انسان، ابعاد دیگری نیز وجود دارد که هریک، در وجود هدفمند او نقش ویژه‌ای دارند. یکی از این ابعاد، عقل است. «**عقل**» یکی از بخش‌های نرم‌افزاری است که نفس برای اِعمال اختیار، در اختیار دارد. عقل، امکان طراحی و تصمیم‌گیری را فراهم می‌کند. این «**عقل اختیاری**»، مخصوص انس و جن است.[۲] اما با توجه به این که همه‌ی اجزای عالم، از سلسله مراتب عقل هستند، می‌توان گفت که همه‌ی این اجزا در داشتن عقل زمینه‌ی وجود خود؛ یعنی «**عقل جاری**»، مشترک هستند. این عقل مشترک «عامل هدایت طبیعی» است.

همه‌ی مخلوقات الهی در جهان هستی، ناشی از عقل و تحت این هدایت طبیعی هستند. برای مثال، در هر اتم، این هدایت وجود دارد که در چه واکنشی و چگونه شرکت کند. اگرچه در این‌گونه موارد، اختیاری در کار نیست و «عقل اختیاری» معنا ندارد، با دقت در هریک از کنش‌ها و واکنش‌های کوچک و بزرگ در عالم (که نظام و قانونمندی آن را به نمایش گذاشته‌اند) معلوم می‌شود که در همه‌ی اجزای هستی، نرم‌افزار سنجش و هدایت وجود دارد.

این برنامه‌ی هوشمندانه را که به صورت متنوعی در همه‌ی هستی جاری است، «عقل

---

۱. اگر مرکب را به ماهواره‌ای تشبیه کنیم که قرار است در یک مدار گردش کند، نیروی محرکه‌ای که آن را به جلو می‌راند، جان است. اگر این نیرو بیش از اندازه‌ی لازم باشد، ماهواره به سرعت فرار می‌رسد و منحرف می‌شود و اگر کمتر از حد ضروری باشد، سقوط می‌کند.

۲. تنها انس و جن هستند که عقل اختیاری دارند و هر کدام، به نحوی مورد آزمایش واقع می‌شوند. جن از عوامل آزمایش انسان است و خود او نیز از این جهت که وظایف خود را انجام دهد و یا این‌که با تقلید از مدل‌های زندگی انسان دچار خطا شود، مورد آزمایش قرار دارد.

جاری» می‌نامیم. این عقل، شامل «شعور زمینه»، «شعور حیات» و «شعور غریزی» است و عقل اختیاری، در رتبه‌ی بالاتری نسبت به آن قرار دارد.[1]

کوچک‌ترین اجزای تشکیل‌دهنده‌ی هر اتم، ارتعاشات بنیادی هستند. شعور «ارتعاش بنیادی»، ابتدایی‌ترین نوع عقل است که در هر موجود بی‌جان وجود دارد. ارتعاشات بنیادی، تارها را به‌وجود می‌آورند که آن‌ها نیز شعور مربوط به خود را دارند. تارها، ذرات و ضد ذراتی را پدید می‌آورند که سازنده‌ی الکترون، پروتون و نوترون هستند و این‌ها اتم را شکل می‌دهند. هر بخش تشکیل شده از اجزا، دارای شعوری است که با شعور هریک از آن اجزا تفاوت دارد و هدف بزرگ‌تری را دنبال می‌کند.[2] به شعور هر یک از اجزا و مجموعه‌های کوچک و بزرگ هستی، **«شعور زمینه»**[3] می‌گوییم.

در هر موجود زنده، عقل پیشرفته‌تری به این شعور زمینه اضافه شده است که **«شعور حیات»** نام می‌گیرد. بر این اساس، حتی یک تک‌سلولی، از نظر شعوری نسبت به عظیم‌ترین مجموعه‌ی غیر زنده (مجموعه‌ی کهکشان‌ها)، صاحب دارایی بیشتری است. عقل جاری، نمونه‌ی ارتقا یافته‌تری نیز دارد. **«غریزه»** نوع برتری از عقل جاری است که در موجودات زنده‌ی پیشرفته‌تر (یعنی جاندارانی که واکنش‌های درونی سازمان‌یافته و از پیش تعیین‌شده‌ای دارند) در کنار شعور زمینه و شعور حیات قرار می‌گیرد و می‌توان آن را **«شعور غریزی»** نامید.

در سطح بالاتری که موجود زنده می‌تواند انتخاب آگاهانه داشته باشد، در وجود او نوع دیگری از عقل به نام **«شعور اختیار»** یا **«عقل اختیاری»**، به انواع دیگر شعور اضافه شده است. اما حتی «عقل اختیاری»، موجب تمایز انسان از همه‌ی موجودات دیگر نیست؛ زیرا «جن» نیز مانند او از چنین عقلی برخوردار است. وجه تمایز انسان از سایر موجودات هستی

---

۱. مرکب وجود انسان از جنس «عقل جاری» است و به خودی خود، در انتخاب میان خیر و شر نقشی ندارد؛ اما «عقل اختیاری» او تحت تأثیر عشق دوگانه‌ای است که در بخش «هستی‌بخشی» به آن اشاره شد و به همین دلیل، در کمال نفس، نقش دارد.

۲. حتی خود هستی، شعوری دارد که متفاوت از شعور تک تک اجزای آن است.

۳. شعور زمینه: قابلیت ایجاد زمینه

و آنچه او را به درجه‌ی اشرف مخلوقات می‌رساند، «**عشق**» است.

عشق و تبعات آن، در پدیدار شدن و در تبعات وجود خود از قوانین عقل و منطق پیروی نمی‌کند؛ اما این قابلیت را دارد که عقل را با خود همراه سازد. در حقیقت، عشق، روح پویایی جهان هستی است که بر فراز عقل قرار دارد و دستیابی انسان به امکانات پله‌ی عشق، او را به ادراکاتی می‌رساند که رسیدن به آن‌ها از طریق عقل ممکن نیست. نرم‌افزار عقل، مدتی پس از تولد، فعال می‌شود؛ اما رشد کیفی مورد انتظار از هر فردی، با قرار گرفتن او بر پله‌ی عشق به دست می‌آید.

انسان، بر پله‌ی عقل، صاحب شناخت عقلی و بر پله‌ی عشق، صاحب اشراق و ادراک فراذهنی می‌شود. او زندگی بعدی را با قابلیت ادراک (یعنی بر پله‌ی عشق) آغاز می‌کند و از دستاوردهای ادراکی که از این جهان با خود می‌برد (دانش کمالی)، بهره‌مند می‌گردد. سپس درجات بالاتری از عشق را تجربه خواهد کرد[1] و هر بار به درک بیشتری از عظمت حق خواهد رسید و عظمت بیشتری خواهد یافت. سایر مخلوقات الهی، برنامه‌ریزی ثابتی دارند و از این قابلیت، برخوردار نیستند. تنها موجودی که می‌تواند ابتدا عاقل و برخوردار از دانایی و سپس، مست از می آگاهی در مسیر چرخه پیش رود تا به غایت کمال برسد، انسان است و غایت کمال او، درک عظمت حق در تجربه‌ی یکتایی است.

به آن بخش از وجود انسان که محل دریافت حقایق و عامل رسیدن به ادراکات پله‌ی عشق است، در اصطلاح، «**قلب**»[2] گفته می‌شود. عقل و قلب، از ملزومات نفس هستند و دو بال آن به شمار می‌روند که اگر تعادل بین آن‌ها برقرار شود، نفس در آسمان کمال و تعالی به پرواز در می‌آید. از منظری دیگر، آدم که قرار است با اختیار خود، طرح عظیمی را به نتیجه برساند، بدون آن دو نمی‌تواند از امانت الهی که پذیرفته است، برخوردار شود.

---

1. به شکل ۳-۱۴ مراجعه شود.
2. منظور از قلب (دل)، قلب عضلانی در کالبد فیزیکی نیست

انسان عاقل، می‌تواند عاشق شود و انسان عاشق، می‌تواند عاقل شود. ابتدا انسان دارای عقل اختیاری است و سپس با قرار گرفتن بر پله‌ی عشق، می‌تواند با «عقل کل» ارتباط برقرار کند و چون به کمک این عقل، به معرفت می‌رسد، در اصطلاح، عاقل می‌شود. این عاقل شدن، بالاتر از عاقل بودن اولیه و حاصل بهره‌مندی از عشق است.[1]

عقل، برای رسیدن به این جایگاه، نقش مقدماتی دارد و قلب، محل ادراکات ناشی از ارتباط با عقل کل است. در این ارتباط است که درک عظمت حق، امکان‌پذیر می‌شود و با این ادراک است که نفس می‌تواند در پایان چرخه، به بالاترین عظمت خود برسد. تنها مخلوقی که در هستی، امکان دستیابی به این رتبه را دارد، انسان است و همه‌ی طراحی خلقت، برای رسیدن وی به این مقصود، یعنی برای آشکار شدن همه‌ی عظمت حق در وجود او است.

ابعاد وجود انسان، متنوع‌تر و متعددتر از حد تصور است و تنها شامل بخش‌های معرفی شده (کالبد، نفس، جان، روح، عقل و عشق) نمی‌باشد؛ اما به منظور آشنایی اولیه، به همین اشاره بسنده می‌شود.

انواع روح

برخی از اجزای مختلف وجود انسان که برای اجرای طرح خلقت او، در خدمت نفس وی قرار می‌گیرد، با عنوان روح، نام‌گذاری می‌شود. از آن جمله، می‌توان به نمونه‌های زیر اشاره کرد:

۱- «**روح‌الله**» بخشش عظیم خداوند به آدم است که به عنوان یک قابلیت، در پس پرده‌ی وجود او پنهان می‌ماند تا در مرحله‌ی خاصی از سیر صعودی‌اش آشکار شود و به کار آید.[2] یعنی گنجینه‌ای است که تا رسیدن به آن مرحله، پرده‌برداری از آن ممکن نیست. در حقیقت، روح‌الله، گنجینه‌ی صفات الهی است که به‌صورت بالقوه در وجود آدم به ودیعه

---

[1]. به مبحث «رسیدن به آگاهی‌های کمال‌بخش» در بخش «عرفان عملی» مراجعه شود.
[2]. به بخش معادشناسی مراجعه شود.

گذاشته می‌شود تا او بتواند در مرحله‌ای که امکان بهره‌مندی از این امانت وجود دارد، به آن دست یابد.

۲- **«روح‌القدس»**، هم در شکل‌گیری مرکب نقش دارد و هم کارگزار روزی‌رسانی معنوی است. خداوند به‌وسیله‌ی این کارگزار، انسان را به بلوغ معنوی می‌رساند. این مخلوق الهی، معلمی است که به وسیله‌ی وحی و الهام، نقش خود را ایفا می‌کند و تا مرحله‌ای از معاد، با انسان همراه خواهد بود. (پس از این مرحله، انسان بدون نیاز به حضور او و با دستیابی به گنجینه‌ی روح‌الله، نقش طراحی و ایجاد بستر حرکت خود را به عهده خواهد داشت.[۱])

۳- **«روح هادی»** مانند یک قطب‌نما جهت حرکت فرد به سوی کمال را تعیین می‌کند. یعنی میل بازگشت به سوی مبدأ (رب)، به دلیل وجود این روح است. هر یک از ما در هر مرحله از زندگی در جهان دوقطبی، تحت تأثیر نیرویی مخالف کمال هستیم که با غلبه بر آن و پذیرفتن هدایت روح هادی، به سوی کمال حرکت خواهیم کرد.

روح هادی، در این جهان دارای زمان، مکان و تضاد، وظیفه‌ی خاصی بر عهده دارد و در ما احساس گم کردن چیزی را ایجاد می‌کند و برای هر لذتی، تاریخ انقضائی قرار می‌دهد. به همین دلیل است که با دستیابی به هر خواسته‌ای، به رضایت کامل نمی‌رسیم و نیاز به یافتن گم‌کرده‌ای را در وجود خود احساس می‌کنیم. یعنی با دست یافتن به هر مقصود زمینی، آن را پوچ می‌یابیم و همچنان، برای رسیدن به رضایت، دست به انتخاب‌های دیگر می‌زنیم.

به بیان دقیق‌تر، اگر آنچه به دنبال آن هستیم، از لذت‌های زمینی (مادی) باشد و نیاز درونی ما در جهت کمال را (که در هر انسانی وجود دارد) پاسخ ندهد، با دستیابی به آن، راضی نمی‌شویم و یا پس از مدتی، احساس سیری می‌کنیم[۲] و در پی مقصود دیگری می‌رویم. اما بر خلاف لذت‌های زمینی که محدود است و هر یک، فقط تا مدتی دوام دارد،

---

۱. به بخش معادشناسی مراجعه شود.
۲. لذت‌های زمینی، بر خلاف لذت کمال تاریخ انقضا دارد.

لذت‌های آسمانی، به هیچ سرآمدی نمی‌رسد و نه تنها منجر به دل‌زدگی نمی‌شود، بلکه عطش و اشتیاق فرد نسبت به خود را می‌افزاید. روح هادی، با ایجاد این دو احساس متضاد (در برابر لذت‌های مادی و معنوی)، انسان را به سمت کمال سوق می‌دهد.

عوامل حیات

کوچک‌ترین جزء زنده در پیکر موجودات زنده، DNA است. در هر ملکول DNA، راکتوری وجود دارد (راکتور sub DNA) که نیروی حیات جاری در جهان (نیروی کیهانی) را دریافت می‌کند و با تبدیل آن، به این ملکول زندگی می‌بخشد. علاوه بر این، حیات پیکر و قالب (مرکب) انسان و تحرک آن، وابسته به نیروهای مختلفی است که در چند گروه قرار می‌گیرند:

- **نیروی کالبدی:** در پیکره‌ی گیاهان، حیوانات و انسان‌ها، مبدل‌هایی وجود دارد[1] که نیروی حیات جاری در جهان هستی را به نیروی قابل استفاده برای کالبدهای مختلفی همچون کالبد فیزیکی، کالبد اختری، کالبد روان، کالبد ذهن و ... تبدیل می‌کنند. این نیرو، «نیروی کالبدی» نامیده می‌شود.

- **نیروی ارگانی:** مبدل‌های انرژی خاصی در اندام‌های بدن حیوانات و انسان‌ها نیروی حیات را به نیروی قابل استفاده در اندام‌ها تبدیل می‌کنند. کانال‌هایی که در طب سوزنی مورد توجه قرار می‌گیرند، از این نوع مبدل‌ها هستند. نیرویی که این مبدل‌ها به ارگان‌ها می‌دهند و بین اعضای مرتبط به هر کانال ایجاد تعادل می‌کند، «نیروی ارگانی» نام دارد.

- **نیروی تغذیه:** این نیرو که از طریق مواد غذایی و به‌دنبال فرایندهای فیزیولوژیک به‌دست می‌آید، در سوخت و ساز کالبد فیزیکی (جسمی)، مصرف می‌شود. همه‌ی انواع گیاهان، حیوانات و انسان‌ها به این نیرو احتیاج دارند.

---

۱. این مبدل‌ها پیش از این با تعریف و کارکردی متفاوت «چاکرا» نامیده شده‌اند.

عقل، هوش و حافظه

فعالیت‌های فکری انسان، وابسته به «عقل»، «هوش» و «حافظه» است. **«حافظه»**، بخش ثبت و ضبط و بایگانی اطلاعات مربوط به وقایع و مفاهیم است و بدون آن، عقل و هوش، کارایی نخواهند داشت. **«عقل»**، با به کارگیری حافظه و توانایی‌هایی همچون استدلال، استنتاج، ارزیابی و ....، در جهت طبقه‌بندی و شناخت، ایفای نقش می‌کند و **«هوش»**، به عنوان قابلیت ایجاد و نوآوری[1]، موجب به ظهور رسیدن ایده یا ایده‌های کارآمدی می‌شود که از قبل وجود نداشته یا فرد از آن بی اطلاع بوده است. «هوش» هر انسان، ذاتی، عام و نهفته است و ارثی نیست.

ارزیابی رایج کنونی از هوش که با عنوان «تست هوش» انجام می‌شود، «قوه‌ی تشخیص»، «قوه‌ی استخراج روابط منطقی بین واقعیت‌ها»، «توان یادگیری» و «حافظه و توان یادآوری» را می‌سنجد؛ در حالی که این توانایی‌ها مربوط به «عقل» و «حافظه» است. به کارگیری عقل، نیاز به اطلاعات اولیه دارد؛ اما آشکار شدن هوش، نیازمند تحریک و فعال‌سازی (جرقه‌ی ذهنی) از طریق الهام است و می‌توان آن را با بررسی نسبت میان «قابلیت طرح سؤال» به «علم سؤال کننده» ارزیابی کرد.

برای تفکیک کاربرد عقل و هوش، می‌توان عقل را **«هوش ظاهری»** و هوش را **«هوش باطنی»** یا **«بصیرت»** نامید. به این ترتیب:

$$\text{هوش باطنی (بصیرت)} = \frac{\text{قابلیت طرح سؤال}}{\text{علم سؤال کننده}}$$

«هوش ظاهری»، حد مشخصی ندارد و در نسل‌های متوالی، در حال افزایش است؛[2] اما

---
1. خلاقیت، نتیجه‌ی هوش بوده، فرا زمان، فرا مکان و فرا زبان است.
2. یک بررسی ساده نشان می‌دهد که هوش ظاهری انسان امروز، از هوش ظاهری انسان یک قرن قبل بیشتر است.

به طور عمده، منشأ ابداعات و اختراعات و پیدایش علوم، هوش باطنی (بصیرت) می‌باشد که همواره با الهام و اشراق، حاصل شده و از ابتدای حیات بشر تا کنون، با افزایش هوش ظاهری، افت زیادی کرده است.

انواع من

وجود انسان، از نظر تحول‌پذیری، دارای دو بخش **«من ثابت»** و **«من متحرک»** است. برنامه‌های نرم‌افزاری **«من متحرک»** نیز بر اساس تغییر پذیری، به دو بخش **«من برنامه‌ریزی شده»** و **«من برنامه‌پذیر»** دسته‌بندی می‌شوند. علاوه بر این، ابعادی از «منِ متحرک» که دو قطبی بودن وجود انسان را نشان می‌دهند، با عناوین **«من‌های کمال»** و **«من‌های ضد کمال»** نام می‌گیرند. در این بخش از کتاب، درباره‌ی این ابعاد از وجود انسان و همچنین، درباره‌ی «من معنوی» توضیحاتی ارائه خواهد شد.

۱- من ثابت و من متحرک

«روح‌الله» یا گنجینه‌ی صفات الهی که در ابتدای خلقت آدم به او سپرده شد، در همه‌ی مراحل سیر در چرخه با او همراه است و در مرحله‌ای از مسیر کمال[1]، در اختیار وی قرار می‌گیرد تا با استفاده از آن بتواند در جهان دوقطبی، به تجربه‌ای متفاوت دست یابد. به عبارت دیگر، حرکت او در چرخه‌ی جهان دوقطبی، در صورتی به نتیجه می‌رسد که این صفات الهی (ساحت خدایی)، در وجود او آشکار شود. به دلیل این‌که این صفات، ثابت و تغییر ناپذیر هستند، به این بخش از وجود آدم و کثرات آن (انسان)، «من ثابت» گفته می‌شود.

بخش دیگر وجود هر انسان که برای کسب تجربه، در مسیر معین چرخه‌ی جهان دوقطبی، متحرک است، «من متحرک» نام می‌گیرد. هر متحرکی ناقص بوده، به سوی کمال

---

۱. در بخش معادشناسی توضیح داده می‌شود که این مرحله چیست، چه ویژگی‌هایی دارد و چگونه امکان دستیابی به روح الله را فراهم می‌کند.

خود در حرکت است. کمال آدم، آشکار کردن صفات الهی و رسیدن به وحدت است. پس، هر یک از ما انسان‌ها به سوی صفات الهی در حرکت هستیم.

به این ترتیب، صرف نظر از «من ثابت»، انسان مجموعه‌ای است از نفس (و ملزومات آن؛ همچون عقل و دل) و کالبدهایی که به عنوان مرکب، نفس (من متحرک) را تا مرحله‌ی پیوستن به «من ثابت» حمل می‌کنند.[1] نفس (من متحرک) و روح‌الله (من ثابت)، از عالم تک‌قطبی به پیکر انسان تعلق می‌گیرند و به این جهت، می‌توان آن‌ها را **«مخلوق خاص»** نامید. در این صورت، مجموعه‌ی کالبدها و ملزومات آن‌ها که محصول جهان دوقطبی هستند، **«مخلوق عام»** نام می‌گیرد.

خلقت آدم در ابتدای چرخه‌ی جهان دوقطبی، در میانه‌ی جهان تک‌قطبی و دوقطبی یعنی با در کنار هم آمدن دو بخش «مخلوق خاص» و «مخلوق عام» انجام شده است که یکی متعلق به جهان تک‌قطبی می‌باشد و دیگری، خصوصیات جهان دوقطبی را دارد.

همان‌طور که گفته شد، من ثابت و من متحرک انسان، مخلوق خاص هستند. انسان با در بر داشتن «من ثابت»، از سایر موجودات جهان دوقطبی متمایز شده است و بازگشت «من متحرک» او به سوی مبدأ، با بازگشت آن‌ها تفاوت بسیاری دارد.[2]

۲- من‌های کمال و من‌های ضد کمال

در وجود هر انسانی، مجموعه عواملی در جهت کمال و ضدکمال وجود دارد که «من‌های کمال» و «من‌های ضد کمال» نامیده می‌شوند. هرکدام از این «من»ها به‌طور مستقل، شرح وظیفه‌ی خاصی در یکی از دو جهت کمال یا ضدکمال دارند. شکل ۳-۸ متضاد بودن عملکرد

---

۱. پس از این الحاق و با طی مراحل بعدی و رسیدن به جهان تک‌قطبی، نفس به کمال می‌رسد.

۲. می‌توان گفت مجموعه عواملی که در جهان دوقطبی به انسان، حضور و نقش ویژه‌ای می‌بخشد، شامل نفسی است که به عقل، اختیار و عشق مجهز می‌باشد و روح‌الله که کمال نهایی آن را امکان‌پذیر می‌کند. همچنین، خلافت الهی انسان در زمینه‌ی چرخه‌ی جهان دوقطبی، وقتی تحقق می‌یابد که من ثابت او آشکار شود و در اتحاد با من متحرک وی قرار گیرد. درباره‌ی این اتحاد در بخش معادشناسی توضیح داده خواهد شد.

این دو دسته «من» را نشان می‌دهد.

(شکل ۸-۳)

من‌های ضد کمال، عامل ایجاد حالات منفی مانند ترس، اندوه، نا امیدی، نگرانی، پراکندگی خاطر و یا گرایشاتی مانند قدرت‌طلبی هستند؛ در حالی که من‌های کمال، حالات مثبت مانند آرامش، امید، شادمانی، حضور ذهن و یا گرایشات مثبت مانند کمال‌طلبی را به‌وجود می‌آورند.

وظیفه‌ی انسان در قبال وجود من‌های کمال و ضد کمال که در کشاکش با یکدیگر هستند، این است که نسبت به آن‌ها مدیریت داشته باشد. یعنی «من‌های ضدکمال» را تحت کنترل در آورد تا به وحدت درونی دست یابد و به دنبال آن، به تعالی بیشتر برسد.[1]

توجه به این نکته مهم است که طراحی انسان، طراحی دقیق و حساب‌شده‌ای است. بنابراین وجود دو دسته عوامل مثبت و منفی (من‌های کمال و ضد کمال) در او دلیل مهمی دارد.

---

۱. برای داشتن چنین مدیریتی، ابتدا لازم است که انسان از من‌های وجود خود و وظیفه‌ی هر یک، آگاه شود و سپس با شناسایی نقش مثبت یا منفی هر کدام از آن‌ها در راه کمال، بینش خود را اصلاح کند. او در حوزه‌های مختلف همچون مذهب، هنر، ورزش، علم و ... فعالیت دارد؛ اما در اثر شناخت غلط از این هدف متعالی آن‌ها، همواره میدان را به‌دست من‌های ضد کمال می‌سپارد و از تعادل بخشیدن به من‌ها، دور می‌شود. به همین دلیل، یا موفقیت به سزایی کسب نمی‌کند و یا کمال خود را قربانی موفقیت‌های ظاهری در این حوزه‌ها می‌کند.

اگر گرایش‌های متضادی که این عوامل ایجاد می‌کنند، وجود نداشت، اختیار و انتخاب انسان، بیهوده بود و امکان آزمایش و پختگی او فراهم نمی‌شد. زیرا اوج گرفتن، بدون غلبه بر نیروی مخالف، هنری نیست و رشد کیفی و معنوی انسان، با غلبه بر موانع کمال حاصل می‌شود. بنابراین، هرگاه او بتواند من‌های وجود خود را به وحدت برساند، در جهت تعالی گام برداشته و به توحید درونی، دست یافته است.

۳- من برنامه‌ریزی‌شده و من برنامه‌پذیر

نرم‌افزارهای اطلاعاتی و ادراکی وجود انسان، دارای دو بخش برنامه‌ریزی شده و برنامه‌پذیر است که در کنار هم، خصوصیات شخصیتی، رفتاری و هویتی او را تعیین می‌کنند.

هر فردی از بدو تولد، بخش‌های برنامه‌ریزی شده‌ای دارد که در مجموع، موجب تمایز او از انسان‌های دیگر است. به مجموع این بخش‌های برنامه‌ریزی شده که در هر شخص منحصر به فرد است «من برنامه‌ریزی شده» می‌گوییم. «من برنامه‌ریزی شده»، شامل «فطرت»، «نهاد»، «بنیاد»، «روح هادی»، «ژن» و ... است.

«**فطرت**»، نرم‌افزاری است که در همه‌ی انسان‌ها با برنامه‌ای یکسان وجود دارد و برنامه‌های کلی؛ همچون «کمال‌طلبی»، «کیفیت‌طلبی»، «ارتقا طلبی»، «میل به وحدت» و «میل به پرستش» را به اجرا می‌گذارد.[1] این تمایلات درونی، ایجاد انگیزه می‌کنند و به انسان پویایی می‌دهند. اگر وجود انسان را مانند یک رایانه فرض کنیم، می‌توان فطرت را به سیستم عامل آن تشبیه کرد.

«**بنیاد**»، بر اساس رشد کیفی حاصل از زندگی قبل (که یک بعد اضافه‌تر از زمان، مکان و تضاد داشته است)، در انسان برنامه‌ریزی می‌شود و با انتقال او به این جهان، زیربنای ویژگی‌های شخصیتی او را تعیین می‌کند. بنابراین، «بنیاد»، «**شخصیت اولیه**»ی هر فرد

---

۱. فطرت، در سراسر چرخه در وجود آدم و با او همراه است.

را عرضه می‌کند و به دلیل تنوع آن در افراد است که حتی دوقلوهای همسان، از بدو تولد، رفتارهای متفاوتی نسبت به محیط پیرامون، از خود بروز می‌دهند و یا خصوصیات شخصیتی خاصی در نوزادان وجود دارد که کاملا با خصوصیات والدین آن‌ها متفاوت و حتی متضاد است. به‌طور خلاصه، «شخصیت اولیه» منشأ ارثی ندارد و ره‌آورد زندگی در جهان قبل است.

«ژن»، مشخصات قالب (ویژگی‌های مرفولوژیک) را تعیین می‌کند و حسن سابقه و سوء سابقه‌ی فیزیولوژیک والدین را انتقال می‌دهد. به همین دلیل، شیوه‌ی غلط نسل‌های قبل در زندگی که به‌صورت اختلال و بیماری بروز می‌کند، در زندگی نسل‌های بعد نیز تأثیرگذار است و در واقع، هر نسلی، بیماری خود را به نسل بعد انتقال می‌دهد. عکس این حالت نیز وجود دارد. یعنی اثر سلامتی و طول عمر نسلی که درست زندگی می‌کند، به نسل بعد منتقل می‌شود. به این ترتیب، «ژن» محل بایگانی این نوع حسن سابقه و سوء سابقه است.

البته، این به آن معنا نیست که هر نسلی محکوم به تحمل سوءسابقه‌ی نسل قبل است. در میان آثار سه بخش برنامه‌ریزی شده‌ی وجود انسان، ره‌آورد ژن، قابلیت تغییر دارد[1] و می‌توان نابسامانی‌هایی را که به‌همراه می‌آورد، به گونه‌ای اصلاح کرد که در نسل بعد نیز اثری از آن باقی نباشد.[2]

به بیان دقیق‌تر، ژن حاوی اطلاعات سخت‌افزاری و نرم‌افزاری است. اطلاعات سخت‌افزاری ژن که ناشی از چگونگی و ترتیب ملکولی آن است، مشخصاتی مانند قیافه، قد، رنگ مو و چشم و ... (شباهت مرفولوژیک به والدین) را تعیین می‌کند و اطلاعات نرم‌افزاری آن، حسن سابقه و سوء سابقه‌ی فیزیولوژیک نسل‌های گذشته و تمایلات رفتاری فرد را در خود دارد. بر اساس این تقسیم، ساختار ثابت و تغییرناپذیر ژن، بخش سخت‌افزاری آن است که

---

۱. البته، علم پزشکی تا کنون از عهده‌ی تحقق بخشیدن به آن بر نیامده است.
۲. چه مرکب (مجموعه‌ی کالبدها) سالم باشد و چه ناسالم، کمال نفس امکان پذیر است؛ اما درصورتی که مرکب، وضعیت مطلوبی داشته باشد، سرمایه‌ی عمر، کمتر صرف رسیدگی به آن می شود و از این نظر، امکان تعالی بیشتری وجود خواهد داشت.

اطلاعات بخش نرم‌افزاری ژن (که تغییر پذیر است)، از نحوه‌ی دستیابی به آن ناشی می‌شود. به همین دلیل، اگر ژن مربوط به یک ویژگی را به یک مجموعه‌ی مداری تشبیه کنیم، نحوه‌ی برقراری مدار، شدت و ضعف تمایلات فرد و نحوه‌ی کارکرد فیزیولوژیک بدن او را تعیین می‌کند.

برای مثال، تمایل به مصرف مواد مخدر، در بانک اطلاعاتی ژن انسان موجود است. اگر بخش نرم‌افزاری ژن فعال شود و دستورات این سخت‌افزار را به اجرا گذارد، این تمایل، به نسل بعد نیز منتقل می‌شود. اما این نسل می‌تواند شدت این تمایل را افزایش یا کاهش دهد که در این صورت، پیام جدید، با ثبت در بخش نرم‌افزاری، به نسل بعد انتقال می‌یابد.

مثال دیگر از تمایلات فردی که ارثی به شمار می‌رود، تمایل به شعر و شاعری است. این تمایل نیز از طریق بخش نرم‌افزاری ژن، به ارث می‌رسد؛ اما خود ذوق شاعری، باید ایجاد شود و ارثی نیست. همچنین، خلق و خوی انسان، تحت تأثیر تمایلاتی است که بخش نرم‌افزاری ژن، آن را بروز می‌دهد.

در کنار «منِ برنامه‌ریزی شده»، بخش‌هایی وجود دارد که در طول زندگی، برنامه‌ریزی می‌شود و در مجموع، «منِ برنامه‌پذیر» نام می‌گیرد. شکل ۹-۳ برای نشان دادن این موضوع است که «منِ برنامه‌ریزی شده» و «منِ برنامه‌پذیر»، در کنار هم باعث بروز خصوصیات انسان می‌شوند. منِ برنامه‌پذیر هر فرد، بر اساس اطلاعات اکتسابی او در دوران حیات، نحوه‌ی برخورداری از برنامه‌های «فطرت»، «نهاد»، «بنیاد» و «ژن» را تعیین می‌کند.

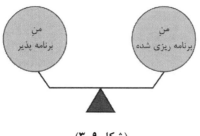

(شکل ۹-۳)

یکی از بخش‌های من برنامه‌پذیر، «**وجدان**» است. «وجدان»، نرم‌افزاری است که به فرد، معیار ارزیابی می‌بخشد و او بر اساس آن، درباره‌ی اندیشه و رفتار خود قضاوت می‌کند و درستی آن را می‌سنجد. در هر فرهنگی، برنامه‌ی «وجدان» متفاوت از فرهنگ دیگر است. از طرف دیگر، در برنامه‌ریزی «وجدان»، هم فرهنگ اجتماعی و دینی و هم فرهنگ فردی نقش دارد.

چیزی که فرهنگ فردی را شکل می‌دهد، «**بینش**» است. «بینش»، طرز تلقی هر فرد از جهان هستی و رویدادهای آن می‌باشد. این طرز تلقی، به صورت برنامه‌ای در نرم‌افزار بینش ثبت است‌. برنامه‌های این بخش نیمه خودآگاه وجود انسان، هم بر واکنش‌های ذهن، روان و جسم او تأثیر دارد[1] و هم در تصمیم‌گیری‌های خودآگاه وی، نقش تعیین‌کننده‌ای ایفا می‌کند و این نشان می‌دهد که در برنامه‌ریزی «من برنامه‌پذیر» سهم زیادی دارد.

به‌طور کلی، سه عامل در شکل‌گیری «من برنامه‌پذیر» دخالت دارد. این سه عامل، «بخش ناخودآگاه»، «بخش نیمه‌خودآگاه» و «بخش خودآگاه» وجود انسان هستند.

«**بخش ناخودآگاه**»، نرم‌افزاری است که به‌طور عمده، در پنج تا شش سال اول زندگی، برنامه‌ریزی می‌شود. در این نرم‌افزار، اصول اولیه‌ی خوبی و بدی و باورهای بنیادی، تعریف و تثبیت می‌شود. بنابراین، تغییر برنامه‌ی ناخودآگاه بسیار مشکل است.[2] این بخش، هم در شکل‌گیری بینش نقش دارد و هم امکان و چگونگی اشراق و دریافت الهام را تعیین می‌کند.[3]

«**بخش نیمه خودآگاه**»، بر اساس برنامه‌ای از پیش تعیین شده (اطلاعات نهادینه شده در خلال زندگی) عمل می‌کند و کنش‌ها و واکنش‌های وابسته به آن، به طور خودکار انجام

---

۱. به کتاب «انسان از منظری دیگر» مراجعه شود.
۲. با دخالت هوشمندی الهی، می‌توان تا حدی این برنامه را تغییر داد.
۳. برای مثال، در صورتی که برنامه‌ریزی بخش ناخودآگاه تنها بر مبنای عقلانیت باشد، انسان دچار نوعی قفل ذهنی می‌شود و به دلیل وجود این مانع در بخش ناخودآگاه خود، امکان دریافت الهام و ادراکات فراذهنی (که عقل در کوتاه مدت از فهم آن عاجز است) را از دست می دهد.

می‌شود؛ اما بر خلاف بخش ناخودآگاه، در بزرگسالی نیز در دسترس و قابل تغییر است و در شرایطی که فرد، آگاهانه تصمیم به تغییر آن داشته باشد و یا نسبت به تغییر آن متقاعد شود، قابل برنامه‌ریزی مجدد است.

۴- من معنوی

یکی از ابعاد وجود انسان، من معنوی (معلم درون) است. من معنوی، کارگزاری است که انجام امور زیر را به عهده دارد:

۱- انسان زمانی تزکیه می‌شود که لطف الهی شامل حال او گردد. این تزکیه که کنترل من‌های ضدکمال است، با دخالت من معنوی انجام می‌شود.

۲- یکی از انواع تعلیم به انسان، تعلیم معلم درون (من معنوی) است. این دریافت که به طور مستقیم، نتیجه‌ی تفکر، تجربه و استدلال فرد نیست، به دریافت الهام شباهت دارد؛ اما از آن‌جا که به دنبال تفکر و تأمل (اشتیاق او به دانستن) حاصل می‌شود و روندی زمانمند و تدریجی دارد، از الهام (جاری شدن یکباره‌ی حقایق به ذهن) متفاوت است.

۳- در طول زندگی، رویارویی انسان‌ها با یکدیگر، بر اساس حکمت الهی رخ می‌دهد و کارگزار آن، من معنوی است. برای مثال، وقتی کسی نسبت به هدایت یا گمراهی خود، اشتیاقی نشان می‌دهد، من معنوی او، به عنوان یکی از مجریان قانون بازتاب، کسی را در مسیر وی قرار می‌دهد که عامل این هدایت یا گمراهی می‌شود.

به بیان دقیق‌تر، در پس هر انگیزه، اندیشه، کلام و رفتاری، اشتیاقی وجود دارد که بر اساس قانون بازتاب، فرد را به نتیجه‌ای متناسب با خود خواهد رساند. یعنی، در ازای هر اشتیاقی، پاسخی دریافت می‌شود که مزد همان اشتیاق است. پاسخ اشتیاق مثبت هر فرد، به جریان افتادن اموری در جهت هدایت او و پاسخ اشتیاق منفی او، جاری شدن اموری در جهت گمراهی‌اش خواهد بود.

برای مثال، کسی که دروغ می‌گوید، اشتیاقی نسبت به آن ابراز کرده است که بازتاب آن، افزایش صفت دروغگویی در او و نهادینه شدن تدریجی آن است و یا کسی که با جان و دل انفاق می‌کند، اشتیاقی به این کار دارد که بازتاب آن، افزایش این ویژگی در او و یا تثبیت روحیه‌ی انفاق در وجودش خواهد بود.

همچنین، کسی که نسبت به دانستن چیزی اشتیاق نشان می‌دهد، از طریق اسباب زمینی (از جمله برخورد ناگهانی با کسی که آن را می‌داند یا کتابی که آن را در بر دارد)، تعلیم من معنوی و یا به طور خاص، از طریق الهام و اشراق به پاسخ خواهد رسید.[1]

در همین راستا، یکی از انواع بازتاب اشتیاق، رقم خوردن رخدادهای زندگی است و یکی از عوامل اجرای قانون بازتاب در این جهت، «من معنوی» می‌باشد. تا جایی که در همه‌ی صحنه‌های به ظاهر اتفاقی زندگی، زمان و نحوه‌ی رویارویی انسان‌ها با یکدیگر (که منجر به هدایت یا گمراهی آن‌ها می‌گردد) از طریق تعامل «من معنوی» آن‌ها با یکدیگر، ترتیب داده می‌شود.

۴- بخشش دیگران، زمانی اتفاق می‌افتد که کدورت نسبت به آن‌ها به کلی برطرف شود. در بسیاری از موارد، چنین بخششی اتفاق نمی‌افتد و افراد بر اساس تعهدات اخلاقی و یا حفظ مناسبات اجتماعی، به ظاهر یکدیگر را می‌بخشند که در این صورت، بخشش واقعی انجام نشده است. بخشش واقعی، به ظرفیت و ادراک بالا نیاز دارد و به ندرت، محقق می‌شود.

من معنوی، عامل بسیار مؤثری در ایجاد بخشش عمیق قلبی است که در این نقش خود، به عنوان وکیل فرد عمل می‌کند و در ارتباط با من معنوی طرف مقابل، او را نسبت به این بخشش، متقاعد می‌سازد.[2] من معنوی، در صورتی به این فرایند وارد می‌شود که در اثر برقراری ارتباط با خدا و لطف و عنایت او، برای این کار فعال شده باشد. در هر موردی که من

---

۱. به شکل ۲-۱۶ مراجعه شود.
۲. البته، این به آن معنا نیست که فرد مسئولیتی در قبال جبران حقوق ضایع شده ندارد.

معنوی موفق به رفع کدورت شود، فردی که می‌بخشد، بدون این که لزوما متوجه توافق من معنوی خود و دیگری باشد، در خود احساس آرامشی می‌کند که ناشی از این بخشش است و فرد مورد بخشش نیز به آسودگی و ایمنی از تشعشعات منفی این کدورت دست می‌یابد.

اما مرحله‌ای که در آن، همه‌ی انسان‌ها مورد بخشش و رضایت یکدیگر واقع می‌شوند و مصالحه می‌کنند، قیامت است. در قیامت، انواع مختلفی از شفاعت (شفاعت اولیای الهی، ملائک و ...) وجود دارد که یکی از آن‌ها شفاعت من معنوی است. در این مرحله، من معنوی، موجب بخشش عمومی حق‌الناس می‌شود؛ اما این به معنای آن نیست که در حسابرسی و عقوبت، ظلم انسان‌ها در حق یکدیگر، نادیده گرفته شود.[1]

در هر چهار نقشی که من معنوی ایفا می‌کند، نوعی یاری و کمک وجود دارد که باعث می‌شود بتوانیم آن را «ولی» بنامیم.

در عرفان، دو نوع ولایت وجود دارد: ولایت معنوی (معنویت‌بخش) و ولایت معونتی (یاریگرانه). «ولایت معنوی» مخصوص کسانی است که در مسیر کمال خود، به حوزه‌ای از روزی آسمانی دست یافته‌اند که می‌توانند و تمایل دارند دیگران را نیز در آن سهیم کنند. این نوع ولایت، درجات مختلفی دارد و همه‌ی اولیای الهی به نسبت‌های مختلف از آن برخوردار هستند. اما «ولایت معونتی»، دوستی و خیرخواهی انسان‌ها برای یکدیگر است که بدون دسترسی به حوزه‌ی ولایت معنوی انجام می‌شود. برای مثال، وقتی کسی برای دیگری دعا می‌کند، برای او ولی (ولی معونتی) محسوب می‌شود. همچنین، همان طور که اشاره شد، من معنوی نیز در هر چهار نقش خود، ولایت معونتی دارد.

ب) انسان و شیطان

در جهان هستی، هر یک از «ابلیس»، «شیطان» و «طاغوت» در قبال انسان، نقش

---

[1]. به بخش «معادشناسی» مراجعه شود.

مشخصی دارند که در این بخش به آن‌ها اشاره می‌شود.

ابلیس

در جهان تک‌قطبی که شامل اجزای حلقه‌ی دو قطبی است،[1] «آدم»، «ابلیس» و همه‌ی مخلوقاتی که در حلقه‌ی دو قطبی وارد می‌شوند، دارای خلقت خنثی (بدون تضاد) هستند. وجود سوم (جهان تک‌قطبی سوم)، جهان بدون تضاد است که با مأموریت ابلیس، جهان تضاد از آن شکل می‌گیرد.

طراحی خلقت، طراحی دقیق و حساب‌شده‌ی خداوند است که به‌وسیله‌ی ملائک (عوامل تحقق‌بخش هستی) به اجرا در می‌آید. مأموریت هر یک از ملائک، در یکی از مراحل سیر صعودی آدم در چرخه‌ی جهان دو قطبی، پایان می‌پذیرد که در ادیان آسمانی، به صورت سجده‌ی این ملائک در برابر آدم، توصیف شده و به تمثیل در آمده است.

اما برای به‌وجود آمدن چرخه‌ی جهان دو قطبی، وجود یک عامل تضاد (ملک جاری کننده‌ی قانون تضاد) ضرورت داشت که لازم بود تا پایان چرخه‌ی جهان دوقطبی، این نقش را حفظ کند. برای این منظور، خداوند به ابلیس مأموریت داد که به فرمان سجده بر آدم اعتنا نکند و او نیز این مأموریت را پذیرفت و تنها ملکی شد که بر آدم سجده نکرد و تا پایان سیر او، به سجده در برابر وی در نخواهد آمد.

به همین دلیل، از ابتدا تا پایان مسیر حرکت آدم در چرخه‌ی جهان دو قطبی، تضاد حکم‌فرما است؛ یعنی خداوند چنین خواسته است که ابلیس، عامل برقراری تضاد در زمینه‌ی حرکت آدم باشد تا در این چرخه، او همواره در معرض خیر و شر بماند و به این وسیله بتواند با انتخاب هر یک، هدایت یا گمراهی خود را تعیین کند.

تنها در این شرایط است که اختیار آدم، اهمیت می‌یابد و حرکت او به سمت کمال،

---

1. وجود سوم

ارزشمند می‌شود. زیرا هنر جلوه‌های متکثر آدم (انسان‌ها) غلبه بر نیروی مخالف کمال است و عامل نیروی مخالف کمال در سراسر چرخه‌ی دو قطبی، «ابلیس» است.

به‌عبارت دیگر، سجده نکردن ابلیس به آدم، خارج از طراحی دقیق خداوند نیست و این کارگزار، عامل دو قطبی بودن «جهان دو قطبی» و شکل گرفتن صحنه‌ی امتحان انسان است. پس تبعیت نکردن از فرمان سجده، در ظاهر نافرمانی است و اگر نافرمانی نبود، تضادی هم نبود؛ اما در عین حال، فرمان‌برداری است؛ زیرا خداوند آن را از پیش تعیین کرده است.[1]

از طرف دیگر، ظاهر تکبرآمیز این نافرمانی و نکوهش خداوند از آن، درسی است که آدم باید در طول مسیر خود به آن توجه داشته باشد. یعنی ابلیس در اثر این تکبر و نافرمانی، از جهان بدون تضاد به جهان تضاد فرود آمد و انسان باید بداند که هر نافرمانی دیگری نیز عامل تنزل و فرود آمدن است. آدم نیز در ابتدای خلقت خود، یک نافرمانی کرد که در اثر آن، به جهان تضاد فرود آمد و شروع به سیر در چرخه‌ی جهان دو قطبی کرد.[2] اما ابلیس به‌عنوان اولین معلم[3] این درس را پیش روی او می‌گذارد که همچنان، در هر مرحله از مسیری که سیر در آن را انتخاب کرده‌است، سرپیچی از فرمان خداوند، او را از وحدت دور می‌کند.

شیطان

در جهان دوقطبی که عالم کثرت است، ابلیس نیز دچار کثرت می‌شود. جلوه‌های متعدد وجود ابلیس، «من‌های ضدکمال» در وجود انسان هستند که «شیاطین» نام می‌گیرند. در آفرینش هر انسانی، دو نوع کشش به سمت کمال و ضد کمال طراحی شده است که در اثر

---

[1]. خداوند مأموریت این نافرمانی را به ابلیس داده است (با امر به این که جز بر او سجده نکند)؛ اما این به معنای آن نیست که هرکس فرمان الهی را اطاعت نکند، طرح از پیش تعیین‌شده‌ای را اجرا کرده است و یا مجبور به آن نافرمانی است. (این موضوع در مورد انسان که موجودی مختار است، قابل قبول نیست.)

[2]. به بخش «حرکت انسان» مراجعه شود.

[3]. انسان می‌تواند با درس گرفتن از هر حادثه و رفتار خوب یا بد، اندیشه و رفتار خود را اصلاح کند و ارتقا بخشد. زیرا اگر وجود موجودات عالم را مانند یک سیستم در نظر بگیریم، انسان تنها موجودی است که سیستم وجود او فرایند متغیری دارد و می‌تواند انواع ورودی‌های مثبت و منفی را به خروجی مثبت تبدیل کند. به همین دلیل، وقتی به لقمان گفتند ادب از که آموختی، گفت از بی ادبان.

وجود «من‌های کمال» و «من‌های ضدکمال» ایجاد می‌شود. به بیان دیگر، شیطان در وجود هر انسانی سهم مشخصی دارد و کسی نیست که در درون خود، عامل تضاد نداشته باشد.

همچنین، هیچ‌کس نمی‌تواند عامل تضاد را از درون خود حذف کند؛ یعنی نمی‌تواند من‌های ضد کمال را در خود از بین ببرد. بنابراین، هر فردی، یا مغلوب این شیاطین درونی می‌شود و یا آن‌ها را مهار می‌کند و تحت کنترل در می‌آورد.

هنر انسان همین است که بتواند با آگاهی کافی، در صدد مدیریت صحیح من‌های درون خود برآید و شیاطین درونش را به تسلیم در آورد تا بتواند مسیر کمال را طی کند. این هنر، بدون وجود «شیطان» نشان داده نمی‌شود. از این منظر می‌توان گفت «ابلیس» یکی از ارکان هستی است که در قالب کثرت‌یافته‌ی خود (من‌های ضد کمال)، به کمال انسان، ارزش می‌بخشد و به همین لحاظ، وجود او ضرورت و اهمیت دارد.

تا وقتی انسان نیاموخته است که در مسیر زندگی، حرکت مستقیم داشته باشد و تنها معطوف به خدا باشد، در خطر گرایش‌های درونی به ضد کمال است؛ یعنی شیاطین وجود او، از هر جهت غیر از جهت مستقیم، او را مورد حمله قرار می‌دهند. اما از زمانی که او دیگر به جهتی جز جهت مستقیم نگاه نکند، بر این شیاطین غلبه کرده است و نه تنها دیگر شیطان برای او نقش گمراه‌کننده نخواهد داشت، بلکه غلبه بر آن، عامل تعالی او می‌شود. کسی که در وضعیت دوم است، وجود شیطان را ارزشمند می‌بیند؛ اما معمولا کسی که در وضعیت اول قرار دارد، از وجود او گله‌مند است.

برای تفهیم این مطلب، می‌توان از مثال ساده‌ای استفاده کرد. یک کودک، خطرات تماس با آتش را نمی‌شناسد و به همین دلیل، لازم است که برای دور ماندن او از آتش، آن را به او وسیله‌ای خطرناک معرفی کرد. اما وقتی به رشد لازم رسید، بدون این که خود را در معرض خطرات آتش قرار دهد، بر آن تسلط می‌یابد و دیگر نگرانی از آسیب دیدن از آن، برای او

وجود نخواهد داشت. پس در مرحله‌ای که شناخت و توانایی لازم را ندارد، یک دیدگاه نسبت به آتش دارد و وقتی با ویژگی‌های آن آشنا شد، دیدگاه دیگری پیدا خواهد کرد.

به‌عبارتی، شیطان نیز می‌تواند از دو منظر، مورد ارزیابی قرار گیرد. در نگاه اول، او عامل گمراهی و به همین دلیل، منفور است و در نگاه موشکافانه‌تر، زمینه‌ساز امتحان و آزمایش انسان است که بدون وجود آن، کمال معنا ندارد؛ زیرا هنر انسان در پیمودن راه کمال، غلبه بر آن می‌باشد. در چنین دیدگاهی شیطان، نعمت دانسته می‌شود. بنابراین، دوری جستن از شیطان و لعن او به معنای پلید دانستن این مخلوق نیست؛ بلکه به‌معنای مذمت راه او و روگردانی از تمایلاتی است که ایجاد می‌کند.

انسان، به دنبال خطاهای خود، در معرض القائات، ترفندها و آسیب‌های «شیاطین بیرونی» نیز قرار دارد. شیاطین بیرونی از نوع «جن» و «انس» هستند و وجود آن‌ها نیز برای او، عامل آزمایش است. افرادی که تحت تأثیر شیاطین درون خود، موجب انحراف دیگران می‌شوند، شیطان انس محسوب می‌شوند و خواه نا خواه، کسانی که با آن‌ها رو در رو می‌شوند، مورد آزمایش هستند. جنیان نیز از نظر شرح وظیفه، در گروه‌های مختلف قرار دارند و همگی، عامل آزمایش و پختگی انسان هستند[1] و از این نظر، از جنس آتش به شمار می‌روند.

این‌که انسان، از جنس «خاک» و شیطان، از جنس «آتش» معرفی می‌شود، رمزی دارد که با معرفی دو عنصر دیگر یعنی «آب» و «باد»، بهتر معلوم می‌گردد. انسان، موجود تحول‌پذیری است و به دلیل همین شکل‌پذیری است که به **خاک** تشبیه می‌شود. **«آب»** که به او قوام می‌دهد و تعیین می‌کند خاک وجود او چگونه تغییر شکل دهد، آگاهی است و وجود عنصر **«باد»**، پویایی و انگیزه‌پذیری وی را نشان می‌دهد؛ اما بی‌تردید، گل سرشته شده‌ی او در صورتی ارزشمند است که به پختگی برسد. همان‌طور که اشاره شد، عامل

---

1. دلیل آفرینش شیاطین جن، ضرورت وجود عواملی برای پختگی انسان است.

پختگی انسان، «آتش» است که نقش آن را شیاطین به‌عهده دارند. پس، همه‌ی شیاطین درونی و بیرونی، عواملی هستند که انسان با غلبه بر حملات آن‌ها عظمت وجود خود را در هستی به نمایش می‌گذارد.

طاغوت

اگر هر طغیانگر و هر عامل طغیانی را «طاغوت» بنامیم، نه تنها همه‌ی شیاطین درونی و همه‌ی اهل طغیان، بلکه هر عاملی که وجود آن مانع کمال یا باعث طولانی شدن راه خدا می‌شود نیز طاغوت محسوب می‌گردد. با این تعریف، مال، مقام، فرزند و امثال آن نیز اگرچه به خودی خود، طاغوت نیستند، با طغیان شیاطین درون می‌توانند برای بسیاری افراد، «طاغوت» به شمار روند. طاغوت، همچون طوفانی که آرامش دریا را بر هم می‌زند و پیشروی کشتی را به تعویق می‌اندازد، در سیر کمالی، اختلال ایجاد می‌کند.

هرچه مشغولت کند از یاد دوست   از علی بشنو که طاغوت تو اوست

«محمد اسیری لاهیجی»

«طاغوت‌های بیرونی»، واسطه‌هایی هستند که زمینه‌ی فعالیت «طاغوت‌های درونی» (من‌های ضدکمال) را فراهم می‌کنند. انواع مختلفی از این طاغوت‌های بیرونی، در میان انسان‌ها وجود دارد که می‌توانیم برای معرفی آن‌ها از نام نمونه‌های شناخته شده در تاریخ استفاده کنیم:

۱- فرعون‌ها:

این‌ها کسانی هستند که با زر و زور و امکانات خود، مسیر دیگران را در جهت منافع شخصی خویش (اعم از مورد ستایش بودن یا هر غرض ضد کمال دیگر که آن‌ها را راضی کند) منحرف می‌کنند. نیازها و خواسته‌های افرادی که صفت فرعونی دارند، از حد تمایل به «ثروت» و «قدرت» نیز می‌گذرد و به آن‌جا می‌رسد که میل دارند مورد «پرستش» واقع

شوند.[1] اما بر خلاف این که ادعای خدایی دارند، حتی از وجود نوزادی که احتمال دهند منافع یاد شده را به خطر می‌اندازد، می‌ترسند.

۲- ابن‌ملجم‌ها:

این افراد، به نام حق در مقابل حق می‌ایستند. آن‌ها مدعی فهم بهتر و دقیق‌تر حق و حقیقت (نسبت به دیگران) و خداپرستان نادانی هستند که حق را از ناحق تشخیص نمی‌دهند و در عین حال، تا سر حد جان، بر عقیده‌ی نادرست خود پافشاری می‌کنند.

۳- عمرو عاص‌ها:

این‌ها طالب حق نیستند؛ اما به آن تظاهر می‌کنند (خود را مدافع حق جلوه می‌دهند) و با سیاست‌های مزورانه و عوام‌فریبی، مسیر دیگران را از جهت حق، منحرف می‌کنند.

۴- یهوداها:

این اشخاص، با وجود نزدیک بودن به منبع حقیقت، در بزنگاه آزمایش، خائنانه حق را به منافع مادی خود می‌فروشند و حاضر می‌شوند با تأمین این منافع، چشم از حقیقت بپوشند.

۵- یزیدها:

این دسته کسانی هستند که برای حفظ منافع شخصی، به طور عمدی و علنی همواره در برابر حق می‌ایستند و یا ابایی ندارند که آن را نادیده بگیرند.

۶- منافقین:

این گروه، با جریان حق همراه می‌شوند تا در فرصت مناسب، یا با حفظ نام «حق»، آن را به انحراف کشانند و یا در بین همراهان، اختلاف و تفرقه ایجاد کنند تا حق را از بین ببرند. یعنی، در هر صورت، هدف آن‌ها، ایجاد کثرت است.

---

[1]. در اغلب افراد، به ترتیب، ابتدا میل به ثروت، منجر به گرایش به قدرت می شود و پس از آن، تمایل به مورد ستایش و پرستش بودن، بروز می‌کند.

۷- براندازان:

این‌ها فرصت‌طلبانی هستند که در فرصت مناسب، با براندازی نظام حق و قرار گرفتن در جایگاه تصمیم‌گیری برای جامعه، منافع خود را پیگیری می کنند.

۸- ملون‌ها:

این اشخاص، برای تأمین منافع خود، به رنگ‌های مختلف در می‌آیند و بر حسب شرایط، با هر گونه جریان فکری موافقت و همراهی می‌کنند و اغلب، با چاپلوسی و فرومایگی، به اهداف خود دست می‌یابند. آن‌ها با این عملکرد خویش، مانع تفکیک جریان حق از باطل و باعث تزازل جایگاه و موضع حق می‌شوند.

ج)حرکت انسان

در مباحث گذشته، به‌طور مکرر به حرکت کثرات آدم در مسیر نزولی و صعودی چرخه‌ی جهان دو قطبی اشاره شد. این حرکت که «حرکت ذاتی» نام دارد، تنها یکی از انواع «حرکت انسان» است که همگی در این بخش شرح داده خواهد شد.

حرکت ذاتی (طولی) و عرضی

خلقت آدم، در میانه‌ی عالم تک‌قطبی (بدون تضاد) و عالم دوقطبی (تضاد) شکل می‌گیرد. زیرا بخش عام وجود او، از اجزایی است که در عالم پایین (عالم تضاد) تحقق می‌یابند و بخش خاص وجودش، هدیه‌ای الهی است که از عالم بالا (عالم بدون تضاد) به آن بخش عام، افزوده می‌شود.

نفس انسان که «من متحرک» نامیده می‌شود، به نوبه‌ی خود، خاص و از عالم بالا است؛ اما کالبدهای انسان که در اختیار این من متحرک قرار دارند، محصول عالم دوقطبی هستند و بخش عام وجود او محسوب می‌شوند. در عین حال، بخشش ویژه‌ی خداوند به انسان که «روح‌الله» نام دارد، بخش خاصی است که آن نیز مانند نفس (من متحرک)، از عالم تک

قطبی به وجود انسان تعلق یافته است؛ ولی «من ثابت» او به شمار می‌رود. من ثابت و من متحرک، در مقطع خاصی از چرخه‌ی جهان دو قطبی امتزاج می‌یابند و امکان تجربه‌ای ویژه را در این چرخه فراهم می‌کنند.

«آدم» که از نقطه‌ی آغاز چرخه‌ی جهان دوقطبی، صاحب «اختیار» است، پیش از انتخاب این چرخه، خوردن و آشامیدن[۱] در بهشت را آغاز کرد. او در این بهشت، نا آگاه و ساکن بود.[۲] یعنی از عظمتی که وجودش اقتضای آن را داشت، آگاه نبود و رشدی نداشت.

او در برابر خود، «تک‌درخت هستی» را می‌دید که منشعب شدن اجزای چرخه‌ی جهان دوقطبی از یک مبدأ را به‌صورت تنه و شاخ و برگ نشان می‌داد. این که به آدم گفته شد به این درخت نزدیک نشود، اولین نشانه‌ی «اختیار» او بود. او می‌توانست تا ابد در بهشت نا آگاهی باقی بماند و یا با نزدیک شدن به این درخت، حرکت پر تلاطم در مسیر این چرخه را که موجب آگاهی و پختگی است، تجربه کند.[۳]

خداوند به او فرمان داد که از میوه‌ی این درخت نخورد؛ زیرا این کار، او را از وحدت (جهان تک‌قطبی) دور می‌کرد. اما شیطان وجود او، وی را به این دور شدن ترغیب می‌کرد. به عبارت دیگر، گرچه دور شدن آدم از عالم وحدت، برای او مفید بود، اما در عین حال، دور شدن و عصیان بود و با این که ماندن او در بهشت نا آگاهی، باقی ماندن در وحدت بود، اما هدف از خلقت او را که رسیدن به آگاهی و آشکار کردن عظمت الهی‌اش بود، محقق نمی‌کرد.[۴]

---

۱. منظور از خوردن و آشامیدن آدم، بهره مندی از مواهبی است که موجب بقای او می‌شد.

۲. در این مرحله، آدم صاحب آگاهی های بالقوه‌ای بود که هنوز آشکار نشده بود.

۳. گاهی به این درخت، درخت جاودانگی گفته می‌شود. جاودانه بودن آدم، وابسته به نزدیک شدن به این درخت نبود؛ اما او با نزدیک شدن به این درخت، به ادراک جاودانگی خود می‌رسید.

۴. خداوند در طراحی وجود انسان و سیر کمالی او، حضور وی در بستر چرخه را لازم دانسته است و به همین دلیل، فرموده است: "من در ارض خلیفه قرار می دهم". اما از این اشاره‌ی تمثیلی که به آدم فرمود به درخت نزدیک نشود، استفاده می کند تا به اختیار او تأکید نماید.

در این کشاکش، «آدم» خوردن میوه‌ی درخت را برگزید. یعنی او حرکت در چرخه‌ی جهان دو قطبی را آغاز کرد تا بتواند با به جان خریدن رنج این حرکت، گوهر وجود خود را آشکار کند و با بالفعل کردن کمال خود، به‌سوی «رب» خویش باز گردد و با قرار گرفتن در بهشت آگاهی، عظمت خلقت را به نمایش گذارد. در حقیقت، خوردن میوه، تمثیلی از به‌دست آوردن ثمره‌ی این حرکت است که چیزی جز تجربه‌ی حاصل از زندگی در بستر این چرخه‌ی تضاد نیست.[1]

نزدیک شدن به درخت، آغاز حرکت است که با خروج از بهشت نا آگاهی رخ می‌دهد و خوردن میوه، پشت سر گذاشتن تجربه‌ی زندگی با اجزای درخت مورد نظر و رسیدن به بهشت آگاهی است؛ اما هر دو در جایی اتفاق می‌افتند که زمان بر آن حاکم نیست و از این نظر بر هم منطبق دیده می‌شوند. با یک‌جا دیدن همه‌ی مراحل این رفت و بازگشت، می‌توان به طور یک‌جا به هر دو رویداد اشاره کرد. یعنی اگر یک ناظر از جایگاه تسلط بر زمان (فرا زمان)، به این وقایع نگاه کند، همه را با هم می‌بیند و در این صورت، خواهد گفت که آدم به درخت نزدیک شد و میوه‌ی آن را خورد.

آدم با خروج از بهشت و پشت سر گذاشتن جهان دوقطبی، به میوه‌ی تجربه‌ی جهان دوقطبی دست می‌یابد و می‌تواند مسیر کمال در درجات بهشت را پیش بگیرد و آگاهانه به بهشتی وارد گردد که از آن دور شده است. به همین دلیل، خداوند به وجود او بالیده و به‌طور تمثیلی، در ازل، این موفقیت او را به ملائک خاطرنشان کرده است.[2]

تمثیل گفتگوی خداوند با ملائک، علاوه بر ابراز ارزش وجود آدم، نشان می‌دهد که اگر کسی در بُعد زمان گرفتار نباشد، می‌تواند به‌طور یک‌جا، هم شاهد تخطی آدم از فرمان خداوند و دور شدن او از وحدت باشد و هم بازگشت غرورآفرین وی به‌سوی وحدت و به‌دست

۱. نتیجه‌ی این تجربه، کیفی است.
۲. دلیل این که ملائک درکی از ارزش حضور انسان در هستی نداشتند، این بود که درکی از عشق نداشتند.

آوردن ثمره‌ی حرکت را که کمال است، ببیند و والا بودن خلقت آدم را اعلام کند.

از طرف دیگر، به هر حال، آدم برای به‌دست آوردن این نتیجه، از اصل خود (عالم وحدت) فاصله گرفته است و با بازگشت خویش و اشتیاق ملحق شدن به آن، از این دور شدن، اظهار پشیمانی می‌کند. این، همان توبه‌ی آدم است که پذیرفته می‌شود و او با پذیرفته شدن آن، به وحدت می‌رسد.

یعنی آدم، بین تصمیم نزدیک شدن به درخت و توبه کردن از این انتخاب، مراحل و زندگی‌های متعددی را در بخش نزولی و صعودی چرخه‌ی جهان دوقطبی، پشت سر می‌گذارد. حرکت او در تمام این مراحل، که به ترتیب و رو به جلو انجام می‌شود، حرکتی طولی است که «حرکت ذاتی» نام‌گذاری می‌شود. او نمی‌تواند قوانین این حرکت را تغییر دهد. حرکت ذاتی، در ذات خود، همواره یک جهت دارد و در آن، امکان برگشت به عقب و یا متوقف ماندن وجود ندارد.

البته، وجود کشش مخالف در این حرکت (تمایل به عقب)، می‌تواند در مقاطع مختلف، پیش رفتن در مسیر را با تردید و اکراه همراه کند و در بعضی موارد، باعث از دست دادن بعضی فرصت‌ها می‌شود؛[1] اما لطف خداوند (رحیمیت او)، اجازه‌ی متوقف ماندن در هیچ یک از مراحل حرکت را نمی‌دهد. بنابراین، می‌توانیم این حرکت را به حرکت یک لکوموتیو بر ریل تشبیه کنیم که از یک مبدأ آغاز می‌شود و به یک مقصد، خاتمه می‌یابد و مسافران آن، با سوار شدن در این لکوموتیو، حرکت رو به جلو تا رسیدن به مقصد را انتخاب کرده‌اند.

نکته‌ی دیگر این است که همه‌ی ما،[2] مسیر چرخه را با کیفیت یکسان طی نخواهیم کرد. بنابراین، وضعیت هر یک از ما در طول این مسیر، از وضعیت دیگری، متفاوت است. برای مثال، یکی از حیات خود رضایت دارد و با لذت ناشی از کمال، مسیر را پشت سر می‌گذارد و

---

1. این مطلب، در بخش معادشناسی شرح بیشتری داده می‌شود.
2. هر یک از ما انسان‌ها، کثرات وجود آدم هستیم و هر توصیفی که درباره‌ی سیر آدم می‌شود، مربوط به همه‌ی ما است.

دیگری در نا آرامی و نارضایتی و ناکامی از شیرینی کمال، آن را سپری می‌کند.

پس، چگونگی حرکت ما در مسیر حرکت ذاتی، حرکت دیگری است که می‌توانیم به آن، «**حرکت عرضی**» بگوییم. حرکت عرضی، چگونگی زیستن در مقاطع مختلف مسیر و شامل انواع انتخاب‌ها و رفتارهای فرد است و می‌تواند موجب به هدر رفتن فرصت‌ها یا استفاده‌ی مفید از آن‌ها شود. برای مثال، دریافت آگاهی، ادراک حقایق و برخورداری از لذت‌های معنوی، ناشی از حرکت عرضی مفید است. (اگر همان مثال لکوموتیو در حال حرکت بر مسیر ریل را در نظر بگیریم، حرکت عرضی انسان، قابل تشبیه به کارها و حالات متفاوت مسافران هر واگن است.)

حرکت ادراکی

«حرکت ادراکی»، حرکت از ظاهر به باطن است. شرایط چنین حرکتی را «حرکت عرضی» فراهم می‌کند. خود «حرکت ادراکی» زمان‌مند نیست؛ اما تحولی است که فراهم شدن زمینه‌ی آن، نیازمند زمان است. چه‌بسا زمان زیادی (سال‌ها) صرف حرکت عرضی شود تا در لحظه‌ای، «حرکت ادراکی» رخ دهد.

به بیان دیگر، «حرکت ادراکی»، حرکت از ظاهربینی به باطن‌بینی؛ یعنی «پی بردن به غایت کمال هرچیز در عالم» است. در صورتی که این دید خدایی حاصل شود، در هر جزئی از هستی، عظمت تمام هستی، ادراک می‌شود. با داشتن دید باطن بین، در هر چیزی، سه وجه آشکار می‌شود. این سه وجه، عبارت است از: «**ظاهر**»، «**باطن**» و «**ذات**»[1].

در کیهان (جهان هستی مادی)، هر چیزی به عنوان تجلی خداوند، وجهی از او به شمار می‌رود؛ اما چشم ظاهربین، فقط ظاهر آن را که آشکار است[2]، مشاهده می‌کند یا با مشاهده‌ی آثار ظاهری آن، وجودش را به اثبات می‌رساند و با این شناخت ظاهری، نمی‌توان

---

۱. منظور از ذات، باطن باطن است.
۲. در این جا منظور از ظاهر، وجه دوقطبی هرچیزی است.

به درک وجه باطنی آن دست یافت. درک باطن هر چیز، متضمن درک وجه الهی بودن آن است[1] و «حرکت ادراکی» نامیده می‌شود. علاوه بر این، ذات خداوند (هیچ‌قطبی) نیز، در هر مخلوقی حضور دارد.[2] این حضور، باعث می‌شود که هرجزئی از هستی (حتی هر ذره) در هر لحظه، بین بی‌نهایت «بودن» و «نبودن» در نوسان باشد. «حرکت ادراکی»، متضمن درک این حقیقت نیز هست.[3]

به بیان دیگر، در هر یک از اجزای جهان دو قطبی، همه‌ی عوالم «هیچ‌قطبی»، «تک‌قطبی» و «دو قطبی» در هم ادغام است و درک این ادغام، با «حرکت ادراکی» حاصل می‌شود.[4]

توجه به این نکته نیز لازم است که نفس هر انسانی مانند سایر تجلیات الهی، در غایت کمال آفریده شده است؛ اما کمال او بالقوه است و تنها با طی کردن مسیر صعودی، امکان بالفعل شدن دارد. به همین دلیل، حرکت ادراکی که درجات مختلفی دارد، در هر مقطع از مقاطع حرکت ذاتی، متناسب با همان مقطع خواهد بود. برای مثال، در زندگی کنونی، امکان دستیابی به آگاهی‌هایی از هفت آسمان[5] وجود دارد؛ اما این درک شهودی و وجودی، در حد درک ناشی از تحقق و تجربه‌ی آن، در مقطع مربوط به خودش نیست و واقع شدن در هفت‌آسمان، در شرایط تسلط بر زمان و مکان (مرحله‌ی فرا زمان و فرا مکان)، رخ خواهد داد.[6]

---

1. باطن هر چیز، حقایق پشت پرده‌ی آن (از جمله وجه الله بودنش) است. آنچه در مسیر کمال کاربرد دارد، درک قلبی این حقایق است؛ نه دانش مربوط به آن‌ها.
2. در دو جهان غیر خدا هیچ نیست؛ اما این به معنای یکی بودن خالق و مخلوق نمی‌باشد. زیرا ذات حق، همواره برتر و متعالی تر از هر چیز است.
3. این ادراک، مستلزم درک ذات خداوند نیست. (هیچ انسانی نمی تواند ذات حق را درک کند.)
4. باید توجه داشت وجود خداوند جدا از اشیا نیست که با آن ها در آمیزد. بر اساس تعلیم پیشوای اول شیعیان(ع)، "خداوند در همه چیز وجود دارد بدون آن که با آن ها آمیخته باشد و خارج از آن‌ها است بدون آن که از آن‌ها جدا باشد". درک این حقیقت، با حرکت از ظاهر به باطن (حرکت ادراکی) به دست می‌آید.
5. هفت آسمان، تمثیلی از صندوقچه‌های علم الهی است که بر پله‌ی عشق و با اشراق می‌توان به آن دست یافت.
6. همان‌طور که آگاهی داشتن از درجه حرارت بالای استوا، با قرار گرفتن در آن درجه حرارت متفاوت است، آگاهی داشتن از هفت آسمان نیز با رسیدن به آن، متفاوت است. (این همان تفاوت «اطمینان ادراکی» و «اطمینان وصولی» است.)

به بیان دیگر، همه‌ی تجلیات الهی، در غایت کمال آفریده شده‌اند و کمال هر انسانی این است که به این کمال پی ببرد؛ اما در صورتی این کمال به طور کامل حاصل می‌شود که حرکت ذاتی به انتها برسد و او را از نیازمندی به بی‌نیازی[1] برساند. تا پیش از رسیدن به این بی‌نیازی، «حرکت ادراکی» متناسب با هر مرحله ممکن است؛ اما کامل نیست.

د) کمال انسان

در مباحث قبل، درباره‌ی موضوع «کمال انسان» توضیح داده شد. برای تکمیل این مطالب، دو موضوع دیگر، مورد توجه قرار می‌گیرد که یکی مربوط به وجود کمال‌یافته‌ی انسان در پایان چرخه‌ی دو قطبی و دیگری، راجع به کامل‌ترین انسان (در هر مرحله از حرکت) است. موضوع اول، در بخش «انسان و رب» و موضوع دوم، در بخش «انسان کامل» بررسی می‌شود.

انسان و رب

«وجود سوم» که عالم تک‌قطبی مربوط به هر یک از جهان‌های n قطبی (از جمله جهان دوقطبی) است، می‌تواند از سه منظر تعریف شود و بر این اساس، سه نام مختلف دارد. یکی از این نام‌ها «اله» است. نمونه‌ی ایده‌آل وجود آدم که کمال بالقوه‌ی او را نشان می‌دهد، «اله» او نام می‌گیرد[2] و در صورتی که کمال آن، به فعلیت رسیده باشد، به عنوان «رب» شناخته می‌شود. اگر بخواهیم از نگاه انسان به عنوان ناظری که در حال طی کردن چرخه است، به آن نگاه کنیم، رب، در پایان چرخه قرار می‌گیرد و اگر از نگاه خود او که ناظر واقع در فرا زمان است بنگریم، همچون اله، همواره بوده، هست و خواهد بود. به عبارت دیگر، ظهور کمال «اله»، در «رب» است و در عین حال، هیچ یک از آن دو، قبل یا بعد از دیگری قرار ندارد.

---

1. حرکت در مسیر صعودی چرخه‌ی جهان دو قطبی، حرکت از نیازمندی به بی‌نیازی است. این موضوع در بخش معادشناسی شرح داده شده است.

2. اگر کسی جویای کمال باشد، همواره باید به این نمونه‌ی ایده‌آل، توجه کند و با الگو برداری، تسلیم آن شود.

قابلیت کمال که در «اله» به نمایش گذاشته می‌شود، به دلیل آن است که «اله»، گنجینه‌ی صفات الهی را در خود دارد و به ظهور رسیدن کمال در رب، نشانه‌ی دستیابی به این گنجینه‌ی پنهان است. آنچه این گنجینه‌ی صفات الهی (روح‌الله) را از عالم بالاتر دریافت می‌کند و به اله می‌سپارد، «**مَلِک**» نام می‌گیرد. ملک، «روح‌الله» را به «اله» می‌بخشد و در پایان چرخه، «رب»، همه‌ی این آگاهی‌ها را آشکار می‌کند و الگوی حرکت را نشان می‌دهد.

اگر مسیر حرکت در چرخه را در نظر بگیریم، طبق شکل (ب)، «اله» در ابتدای مسیر بوده، مبدأ حرکت و نمایی از جهان تک‌قطبی است و «رب» نیز که در انتهای مسیر است، نمای دیگر آن به شمار می‌رود.

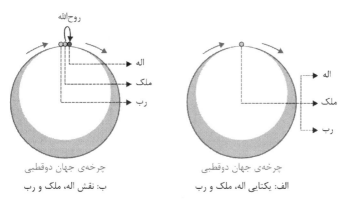

ب: نقش اله، ملک و رب

الف: یکتایی اله، ملک و رب

(شکل ۱۰-۳)

با این توضیحات، توجه به چند نکته لازم است:

۱- عالم تک‌قطبی، عالم فراتر از تضاد، زمان و مکان است و به همین دلیل «ملک آدم»، «اله آدم» و «رب آدم» بر هم منطبق هستند و بین آن‌ها سه‌گانگی وجود ندارد.

۲- هیچ‌یک از این سه، از وجود آدم جدا نبوده، هر یک، بُعدی از وجود او است که در حرکت وی نقش دارد.

۳- کثرات آدم (انسان‌ها)، حرکت خود را از «اله» آغاز کرده‌اند و به «رب» پایان می‌برند. در طول مسیر، پذیرفتن تربیت از «رب»، راهگشای حرکت صحیح آن‌ها است و وحدت آن‌ها با «رب»، در پایان مسیر اتفاق می‌افتد.

در پایان چرخه، هر کسی با توجه به در اختیار داشتن صفات الهی و توانایی او، در معرض یک سؤال (که آزمایش آخر در چرخه است) قرار می‌گیرد. آن سؤال این است که آیا او با توجه به توانایی خدایی که به‌دست آورده است، جدایی از عالم وحدت را می‌پسندد و می‌خواهد خودش خدایی کند و یا به وحدت ملحق می‌شود و خدایی عالم وحدت را می‌پذیرد.

در صورتی که او خدایی عالم وحدت را بپذیرد، وارد جهان تک‌قطبی می‌شود و به درجه‌ی «رب» می‌رسد. پس، «رب» هر کسی، نمونه‌ی عینی و کمال یافته‌ی او در پایان چرخه است که به دعوت خداوند، پاسخ مثبت داده است و می‌تواند در تمام مراحل سیر او در چرخه، نقش یک مربی را برای وی ایفا کند و از طریق «روح هادی»، جهت کمال را به او نشان دهد.

حتی اگر کسی به این سؤال، پاسخ مثبت ندهد، سیر مجدد در چرخه را ترجیح داده است و یک دور دیگر، آن را تجربه می‌کند تا باز به مرحله‌ی آزمایش آخر برسد. ممکن است کسی بارها و بارها به این سؤال خداوند پاسخ منفی بدهد؛ ولی بالاخره در پایان یکی از این تجربه‌ها به کمال لازم می‌رسد و پاسخ مثبت خواهد داد.

پس اگر از مرحله‌ی فرا زمان به این اتفاق نگاه کنیم، همه‌ی افراد، به این پرسش پاسخ مثبت داده‌اند و خدایی عالم وحدت را پذیرفته‌اند. بنابراین، هریک از افراد، ربی دارند که مربی آن‌ها است و آن‌ها باید به سوی او در حرکت باشند. البته، درست است که به تعداد همه‌ی انسان‌ها «رب» وجود دارد؛ اما مقام «رب» در مرحله‌ی تک‌قطبی (مرحله‌ی فراتر از زمان، مکان و تضاد) است و همه‌ی کثرات در آن‌جایگاه، وحدت دارند (کثرت در وحدت).[1]

۱. برای روشن شدن این موضوع می‌توان از یک مثال استفاده کرد. همه‌ی ملکول‌های آب، فرمول یکسانی دارند؛ اما در عین حال، هر ملکول آب، متفاوت از ملکول آب دیگر است. رب هر انسان نیز با رب انسان دیگر فرق دارد؛ اما در عین حال، همه‌ی رب‌ها یگانگی دارند.

از طرف دیگر، نه تنها آدم در جهان دو قطبی، یک «رب» در جهان تک‌قطبی دارد، بلکه در هرکدام از جهان‌های n قطبی نیز، یک «رب» در جهان تک‌قطبی مربوط به همان جهان n قطبی، دارد و مجموع همه‌ی رب‌های جهان‌های n قطبی، رب همه‌ی جهان‌ها یعنی «الله» است.[1]

حال می‌توان احتمال دادکه انسان وارسته‌ای مانند حلاج نیز، بر این اساس زبان به بیان «انا الحق» گشود که به ادراک رابطه‌ی خود با «رب» رسیده و این حقیقت را درک کرده بود که «رب»، خودِ به کمال رسیده‌ی اوست؛ نه این که خود را در شرایط این جهانی‌اش «رب» بیابد و «رب» بداند. کسی که به درک «انا الحق» برسد، حقایق عالم را در خود کمال یافته‌ی خویش (رب)، می‌جوید و راه کمال را با هدایت آن، دنبال می‌کند.

ای نسخه‌ی نامه‌ی الهی که تویی　　وی آیینه‌ی جمال شاهی که تویی
بیرون ز تو نیست هرچه در عالم هست　　از خود بطلب هر آن‌چه خواهی که تویی

«بابا افضل کاشی»

انسان کامل

در میان انسان‌ها، کسانی که بیش از سایرین به اطلاعات هفت آسمان دست می‌یابند و معماهای خلقت را کشف می‌کنند و همچنین، در اثر ارتباط با خدا و بهره‌مندی از آگاهی‌های به دست آمده، دارای بهترین بینش و مرام می‌شوند، «انسان کامل» نام می‌گیرند. آن‌ها افرادی متعالی هستند که نسبت به سایرین، هم برتری ادراکی و هم برتری رفتاری دارند.

انسان کامل در مقایسه با دیگران، صفات و ویژگی‌های ارزنده‌ی بیشتری دارد؛ اما نمی‌توان صفات او را صفات خداوند دانست؛ زیرا هر فردی (حتی اگر انسان کامل باشد) نیازمندی‌های

۱. «الله»، تجلی ذات حق (هیچ‌قطبی) در عالم تک‌قطبی است.

طبیعی و اولیه‌ای دارد و دچار محدودیت‌هایی است که جسم او برایش ایجاد می‌کند. قوانین مربوط به زندگی و مرگ، مربوط به همه‌ی انسان‌ها است و هیچ‌کس در زندگی خود، از نیاز و رفع نیاز، رهایی ندارد. به این ترتیب، همه‌ی انسان‌ها فقیر هستند. با وجود این فقر و نیاز، هیچ‌کس غنی حقیقی نیست و نمی‌تواند همچون خداوند، غنی باشد.

البته، حرکت در مسیر صعودی چرخه‌ی جهان دو قطبی، حرکت به سوی بی‌نیازی است و انسان، در این مسیر می‌رود تا صفات الهی را در خودش محقق کند؛ اما محدودیت‌های هر جهانی (تا قبل از تجربه‌ی بهشت)، امکان تحقق صفات الهی با همه‌ی عظمت مربوط به آن‌ها را سلب می‌کند. به همین دلیل، انسان کامل در هر مقطعی از حرکت ذاتی‌اش که پیش از مرحله‌ی پیوستن به «روح الله» است، فقط می‌تواند بخشی از عظمت صفات الهی را منعکس کند. برای مثال، انسان کامل نسبت به دیگران، رحمانیت بیشتری را انعکاس می‌دهد؛ اما همچنان، از این نظر، نسبت به خداوند در فقر است.

به این مطلب مهم نیز باید توجه کرد که در مسیر کمال و تعالی، هر انسان کاملی نسبت به دیگران جلوتر است؛ اما جلوتر یا عقب‌تر بودن افراد نسبت به کمال، معنادار نیست. زیرا کمال نامحدود است و اگر به همین لحاظ، آن را مثبت بی‌نهایت ($+\infty$) در نظر بگیریم و فاصله‌ی هر انسانی را نسبت به آن بسنجیم، معلوم می‌شود که برای همه‌ی انسان‌ها، بی‌نهایت فاصله تا کمال مطلق، باقی است.

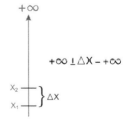

(شکل ۳-۱۱)

اگر مجموعه‌ی انسان‌ها را به یک تیم فوتبال تشبیه کنیم، انسان کامل، کسی است که برای تیم، گلی را به ثمر رسانده است. گل زدن یکی از افراد بشر، موجب افتخار همه‌ی بشریت است؛ اما این به منزله‌ی آن نیست که دیگر نیازی به گل زدن شخص دیگری در تیم نخواهد بود. یعنی لازم است که هر کسی به نوبه‌ی خود، به دنبال کمال بیشتر باشد. همین باعث می‌شود که انسان‌های کامل (به‌عنوان کسانی که در کمال، گوی سبقت را از سایرین ربوده‌اند) الگوی دیگران معرفی شوند تا دیگران نیز مانند آن‌ها راه کمال را در پیش بگیرند.

یکی از عوامل تعیین‌کننده در موفقیت انسان کامل، می‌تواند دانش کمالی باشد[1] که از زندگی قبل با خود آورده است. در حقیقت، کسی که در این جهان دارای زمان، مکان و تضاد متولد می‌شود، اندوخته‌ی کمالی مخصوص به خود را از زندگی در جهان قبلی (که یک بعد اضافه‌تر داشته است) همراه دارد و کسی که به زندگی بعدی (جهان فرامکان) می‌رود، اندوخته‌ی کمالی خود در جهان کنونی را به آن می‌برد و به همین ترتیب، دانش کمال در هر مقطع، توشه‌ی راه و دستمایه‌ای است که نقش تعیین‌کننده‌ای در تحولات کمالی مقطع بعدی دارد.

البته، این اصل باعث نمی‌شود که در طول زندگی، امکان تحول ناگهانی و جبران کاستی‌ها و همچنین، برطرف کردن سوء سابقه وجود نداشته باشد. بلکه منظور از بیان این مطالب، آن است که اهمیت دانش کمال (که از زندگی قبلی آورده می‌شود)[2] به عنوان زمینه‌ی رشد (در زندگی بعدی آن) بیشتر مورد توجه قرار گیرد. بنابراین، حتی این امکان وجود دارد که کسی در یک مقطع از سیر صعودی، متعالی نباشد؛ اما در مقطع بعدی، درجات کمال را طی کند.

---

1. در مبحث «برزخ» مربوط به بخش «معادشناسی» نیز به موضوع «دانش کمال» اشاره شده است.
2. به مبحث مربوط به «بنیاد» در بخش «من برنامه ریزی شده و من برنامه پذیر» مراجعه شود.

۳- معادشناسی

حرکت ذاتی آدم در بستر چرخه‌ی جهان دو قطبی، در دو جهت نزولی و صعودی است. او در مراحل متوالی و متعددی از این حرکت، از مبدأ (جهان تک قطبی) دور می‌شود و سپس با گذراندن مراحل متوالی و متعدد دیگری، به سوی آن باز می‌گردد. می‌توان این بازگشت را که دارای مراحل مختلف است، «معاد» نامید.

اگرچه اغلب، معاد در معنی بازگشت از این جهان تا قیامت به کار می‌رود، منظور از معاد در این کتاب، سیری بازگشتی است که از لحظه‌ی مرگ از این جهان (جهان دارای زمان، مکان و تضاد) آغاز می‌شود؛ اما به قیامت خاتمه نمی‌یابد، و تا رسیدن به مقام «رب»، ادامه دارد.

نکته‌ای که توجه ویژه می‌طلبد، این است که تمام این مراحل بازگشت به سوی رب، مانند تمام مراحل آمدن تا به این مقطع، بر اصل و اساس عشق، طراحی شده است.

حیات عشق و ممات است عشق و عشق نشور است

نعیــم عشق و جحیــم است عشق و عشق قیامــت

حســاب عشق و کتـاب است عشق و عشق تــرازو

صــراط عشــق و نجـات است عشق و عشق ندامــت

وسیله عشق و لوا عشــق و عشــق حــوض و شفاعــت

درخـت طـوبـی عشــق است و عشق دار قیامــت

«ملامحسن فیض کاشانی»

الف) معرفی اولیه

اگر بخواهیم مراحل زندگی پس از مرگ را بررسی کنیم، ابتدا باید به این نکات توجه داشته باشیم:

۱- بر این اساس که تولد، آغاز هر زندگی و مرگ، پایان آن آن تلقی می‌شود، فاصله‌ی

میان تولد تا مرگ، «زندگی» نام می‌گیرد؛ اما پس از مرگ، انسان وارد «برزخ» (مقطع میان مرگ و زندگی بعدی) می‌شود و مرحله‌ی برزخ، تا تولد دوباره، ادامه دارد.[1]

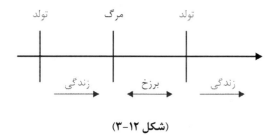

(شکل ۱۲-۳)

۲- اطلاع دقیقی از تعداد این مراحل وجود ندارد؛ اما تمام این مراحل (زندگی‌های برزخی و غیر برزخی) که پس از زندگی در مقطع کنونی پیش رو داریم، در دو دسته قرار می‌گیرند:

- زندگی در فرا مکانی (تا قبل از صور دوم اسرافیل)
- زندگی در فرا مکانی و فرا زمانی (از صور دوم اسرافیل تا آزمایش آخر)

۳- در هر زندگی، فقط حرکت به سمت جلو امکان‌پذیر است و به این دلیل که خاطره‌ای از مقطع قبل وجود ندارد، توجهی هم به آن نمی‌شود؛ اما در برزخ، به دلیل این‌که امکان توجه به عقب (زندگی قبل از مرگ) و وابستگی به آن وجود دارد، در بسیاری از موارد، حرکت رو به جلو، به تعویق می‌افتد.[2]

علاوه بر این، آنچه در مبحث معاد، اهمیت ویژه دارد، موضوع «قیامت» است. آغاز واقعه‌ی قیامت، مرحله‌ای است که تسلط بر زمان حاصل می‌شود.[3] این مرحله، با حشر و نشر آغاز

---

۱. در حقیقت، همواره هر مرگی به منزله‌ی یک تولد است و نمی‌توان مرگ و تولد را از هم جدا کرد. اما برای سادگی فهم، در این جا مرگ و تولدی که منجر به ورود به برزخ می‌شود، «مرگ» نامیده شده و به مرگ و تولدی که آغاز زندگی غیر برزخی است، «تولد» گفته شده است. در ضمن، در این جا منظور از برزخ، همان برزخ در اصطلاح دینی نیست. برزخ در اصطلاح دینی، همه‌ی فاصله‌ی میان این زندگی و قیامت است که در این جا به عنوان زنجیره‌ای از زندگی‌ها و برزخ‌ها شناخته می‌شود.

۲. چگونگی و علت این بازماندگی، در مبحث «برزخ» ذکر می‌شود.

۳. توصیف ترتیب و توالی مراحل معاد، وجود زمان را تداعی می‌کند؛ اما باید توجه داشت که وقایع مورد توصیف، زمانمند نیستند.

می‌شود؛ با مجادله ادامه می‌یابد و با محاسبه (حسابرسی) به پایان می‌رسد و پس از آن، همه به «جهنم» وارد می‌شوند. جهنم، گذرگاه پر رمز و رازی برای همه‌ی افراد است که برخی به سادگی از آن عبور می‌کنند و برخی دیگر، برای آمادگی ورود به بهشت، رنج بسیاری را در آن متحمل می‌شوند.

تجربه‌ی بهشت نیز برای همه یکسان نیست و زندگی در آن، شامل دو مرحله است: «بهشت در کثرت» و «بهشت در وحدت». درست پس از همه‌ی این مراحل، آخرین آزمایش تک تک انسان‌ها انجام می‌شود و این آزمایش، برای ورود به آغوش وحدت فرا مکان، فرا زمان و فرا تضاد، سرنوشت‌ساز است. یعنی کسانی که به خوبی این آزمون را سپری کنند، به برترین بهشت (بهشت خاص خداوند) وارد می‌شوند.

به‌طور مسلم، این توضیح مختصر، گویای جزئیات «معاد» و عظمت آن نیست؛ اما به‌عنوان مقدمه‌ای برای شرح بیشتر مطرح شد.

ب) مرگ

به طور کلی، «مرگ»، به معنای تحول است و برای انسان، عنوان پدیده‌ای است که زندگی او را از حالی، به حال دیگر تغییر می‌دهد. به همین دلیل، حتی وقتی کسی که در مسیر حرکت عرفانی است، دچار یک تحول معرفتی می‌شود، می‌توان گفت که برای او مرگ عرفانی اتفاق افتاده است؛ زیرا با این تحول، زندگی او به زندگی جدیدی تبدیل می‌شود. اما در این‌جا به طور خاص، منظور از مرگ، اتفاقی است که انسان را از یک زندگی عبور می‌دهد و او را در مسیر بازگشت به سوی خدا، یک گام به جلو می‌برد. این مرگ، او را به برزخ وارد می‌کند و یا از برزخ به زندگی بعد انتقال می‌دهد.

تمام انسان‌ها با ظاهر مرگ آشنا هستند؛ اما همگی، دیدگاه درستی نسبت به حقیقت و باطن آن ندارند و اغلب، از آن گریزانند؛ در حالی که مرگ، یک جلوه از «رحیمیت» خداوند

است که همه‌ی افراد را به سوی او باز می‌گرداند.

«مرگ» به عنوان پدیده‌ای که عامل گذر از مراحل معاد است، اهمیت دارد و آشنایی با آن، به آشنایی با معاد کمک می‌کند. برای مثال، شناخت علت طراحی مرگ از این جهان و آگاهی نسبت به شیرینی یا تلخی وقوع این رویداد و همچنین، آشنایی با فشار قبر و سؤال و جواب پس از مرگ، برای رسیدن به این شناخت، مفید است.

علت طراحی مرگ

انسان در فطرت خود، تمایل به ملاقات با خدا دارد؛ اما نمی‌تواند با وجود پر از نیاز خود، با پروردگار بی‌نیاز، ملاقات کند؛ یعنی، چنین ملاقاتی، بدون حرکت او از نیازمندی به‌سوی بی‌نیازی، اتفاق نخواهد افتاد.

اما اگر به طور دقیق به این موضوع نگاه کنیم، می‌بینیم که هم تمایل به این ملاقات در او گذاشته شده و هم مرگ (به‌عنوان عاملی که فرد را به سوی بی‌نیازی می‌برد) برای او طراحی شده است تا طرح خلقت وی، بدون هیچ نقصی به هدف برسد؛ زیرا خداوند نخواسته است که انسان، تا ابد نیازمند و از پیوستن به او، محروم باشد. بنابراین، میل به وصال، پدیده‌ی مرگ و سایر عوامل پیش برنده (دمیده شدن صور و ...) دست به دست هم می‌دهند تا او به نتیجه‌ی لازم، دست یابد.

به بیان دیگر، لازم است انسان به خصوصیات خدایی برسد تا ملاقات او با خداوند ممکن شود. مسیر حرکت ذاتی در چرخه‌ی جهان دوقطبی، این امکان را فراهم می‌کند که او به چنین خصوصیاتی دست یابد و به «بی‌نیازی» برسد. این ویژگی، در هر مرحله‌ی جلوتر در مسیر صعودی این حرکت، بیشتر تحقق پیدا می‌کند.

به طور خلاصه، یکی از اصلی‌ترین عواملی که انسان را در مسیر نیازمندی به بی‌نیازی، پیش می‌برد، «مرگ» است و به عبارت دیگر، «مرگ» لطف و رحمتی از سوی خداوند است

که زمینه‌ی بی‌نیازی ما و ملاقاتمان با خدا را ایجاد می‌کند.

شاید به نظر برسد که بدون مرگ نیز می‌توان به سوی بی‌نیازی رفت؛ زیرا دیده‌ایم که افراد بسیاری در بی‌نیازی زندگی می‌کنند و یا قناعت‌پیشه هستند؛ اما حقیقت این است که هر کدام از این نمونه‌ها با بی‌نیازی مورد نظر، فاصله‌ی زیادی دارد.

انسان در بدو تولد خود، صد در صد نیازمند است. او رفته رفته می‌تواند از کمک دیگران در انجام امور خود، بی‌نیاز شود؛ اما توانایی رفع نیاز، به معنای بی‌نیاز شدن نیست. او فقط به این توانایی می‌رسد که خود، احتیاجات روزمره‌ی خود را برطرف کند. بنابراین، هر چقدر هم از دیگران بی‌نیاز شود، همچنان نیازمند خواهد بود.

همچنین، یک مرتاض، نمونه‌ای از بی‌نیازترین افراد به نظر می‌رسد که ممکن است نیاز غذایی او در طول روز، فقط یک بادام باشد. اما نیاز به همین یک بادام نیز قابل اغماض نیست. علاوه بر این، او نیازهای دیگری دارد که در اغلب موارد، اساسی‌ترین آن‌ها نیاز به توجه و تحسین است. او گاهی بی‌نیازی خود به غذا و یا قدرت‌هایی را که در اثر این ریاضت حاصل می‌کند، در معرض نمایش می‌گذارد تا این نیاز بزرگ (نیاز به تحسین و ستایش) را پاسخ دهد.

اگر دقت کنیم، می‌بینیم که این نیاز، به نسبت‌های مختلفی در همه‌ی انسان‌های معمولی (که به تعالی نرسیده‌اند) وجود دارد. همه‌ی این افراد، نیاز به توجه، محبت و تعریف و تمجید دیگران دارند و سلامت، نشاط و انرژی آن‌ها وابسته به تأمین آن است؛ به طوری که اگر کمبودی در این زمینه وجود داشته باشد (مورد توجه، تأیید، تقدیر، تحسین و تشکر نباشند و یا مورد شماتت و تمسخر قرار بگیرند) علاوه بر افسردگی و خمودگی، انرژی جسمی آن‌ها نیز کاهش می‌یابد.

اگر این انرژی را که از طریق مواد غذایی به‌دست نمی‌آید، «انرژی نوع دوم»[1] بنامیم، باید

---

1. انرژی نوع اول، از طریق مواد غذایی و با سوختن ATP به‌دست می‌آید؛ در حالی که انرژی نوع دوم، انرژی ستایشی است.

بگوییم که بسیاری از ما، محتاج انرژی نوع دوم هستیم.[1] حال، حتی اگر به قدری متعالی شویم که به بلوغ عرفانی برسیم و دیگر چنین نیازی نداشته باشیم، همچنان نیازمندی‌های زندگی زمینی، بر سر جای خود، باقی است و ما در نیازمندی به سر می‌بریم. بنابراین، کسانی که طالب زندگی جاودانه در این دنیا هستند، باید بدانند که جاودانگی در این زندگی، به معنای نیازمندی ابدی است.

کارت همه چون که خوردن و خفتن بود	میلت همه در شنـــودن و گفتــن بــود
بنشین که من و تــو را در این دار غرور	مقصــود ز آمــدن همه رفتــن بــود

«عطار»

پس از مرگ از این جهان نیز، مشکل نیازمندی به کلی حل نمی‌شود؛ بلکه هر مرگی در طول مسیر، درجه‌ای از نیاز را برطرف می‌سازد. وفات از این جهان، قید مکان را از زندگی ما حذف می‌کند و به این ترتیب، بدون جسم و نیازمندی‌های مکانی آن، با آزادی عمل بیشتری می‌توانیم هنر خود را در هستی نشان دهیم و راحت‌تر در پی کمال باشیم. اما این نیز کافی نیست و سلسله مرگ‌های دیگری نیز لازم است تا به تدریج، از اسارت در بعد زمان نیز رها شویم و بی‌نیازی بیشتری را تجربه کنیم.[2]

به‌طور کلی، توجه به ویژگی‌های مرگ و علل طراحی آن، ما را پذیرای این رحمت خاص خداوند خواهد کرد؛ زیرا مرگ، عامل بازگشت به سوی خداوند است و هر چه که خداوند برای این بازگشت طراحی کرده باشد، ناشی از لطف او است.

لحظه‌ی وقوع مرگ

با توجه به این که مرگ، تجلی رحمت خاص و ویژه‌ای است که شامل حال همه می‌شود،

---

1. هر انسانی که محتاج انرژی نوع دوم باشد، بسیار ضربه‌پذیر است.
2. مرگ، نه تنها موجب بی‌نیازی بیشتر است؛ بلکه بهانه‌جویی‌های ما نسبت به اسارت در مکان و زمان را برطرف می‌کند؛ زیرا نشان می‌دهد که حتی با کاهش ابعاد و محدودیت‌های زمان و مکان (که با هر مرگی حاصل می‌شود)، همچنان، بسیاری از ما از رشد و کمال، غافل هستیم و از آن، باز می‌مانیم.

در لحظه‌ی وقوع، بسیار دلپذیر و خوشایند است. همه‌ی ما در لحظه‌ی جدا شدن از جسم خود، شیرینی و لذت وصف‌ناپذیری را خواهیم چشید که مربوط به همین لطف و رحمت ویژه است.

اما با آن که از این نظر، تجربه‌ی مرگ برای همه یکسان است، لحظه‌ی قبل و بعد از آن، برای همه مشابه نیست.[1] چگونگی این لحظات، به وابستگی‌ها و تعلقات ذهنی انسان به زندگی، اشخاص، اماکن، ثروت، قدرت، خدمت، عبادت، خوشی‌ها، ناخوشی‌ها و ... بستگی دارد.

این وابستگی‌ها، در لحظه‌ی پیش از مرگ، دل کندن از زندگی را دشوار می‌سازد و به دلیل ایجاد احساس انزجار از مرگ، فرد را دچار عذاب می‌کند؛ در حالی که عدم وابستگی، عامل استقبال از مرگ و آسودگی از هر نوع کشمکش با آن است و عشق به خدا و تمایل به حرکت به سوی او، آن را زیباتر و دلنشین‌تر می‌سازد.

گر مرگ رسد چرا هراسم — کان راه به توست می‌شناسم
این مرگ نه باغ و بوستان است — کو راه سرای دوستان است
تا چند کنم ز مرگ فریاد — چون مرگ از اوست مرگ من باد
گر بنگرم آن چنان که رایست — این مرگ نه مرگ نقل جای است
از خوردگهی به خوابگاهی — وز خوابگهی به بزم شاهی
خوابی که به بزم توست راهش — گردن نکشم ز خوابگاهش
چون شوق تو هست خانه خیزم — خوش خسبم و شادمانه خیزم

«نظامی گنجوی»

بنابراین:

---

۱. درست در لحظه‌ی پیش از مرگ، در مدت زمانی به اندازه‌ی کسری از ثانیه، همه‌ی وقایع زندگی مرور می‌شود و در این هنگام، برداشت افراد از آنچه بر آن‌ها گذشته است، می‌تواند به تعلق و وابستگی بیشتر و یا رهایی منجر شود.

یکی‌ست آمدن و رفتن سبک‌روحان	عـزیز دار ریاحین بوستانی را

«صائب تبریزی»

رفتن از عالم پرشور به از آمدن است	غنچه دلتنگ به باغ آمد و خندان برخاست

«صائب تبریزی»

پس از مرگ نیز راحتی یا ناراحتی هر فرد، به درک و تعالی او بستگی دارد. رنج و عذاب پس از مرگ، ناشی از این است که فرد، به جای استفاده از شرایط رهایی از بند مکان و حرکت به سوی زندگی بعدی، شروع به تلاش نافرجامی برای بازگشت به زندگی می‌کند و به دلیل این که به کمال و تعالی لازم برای ترک بازماندگان، دست نیافته است، ترجیح می‌دهد به هر نحوی، در میان آنان، باقی بماند. در این وضعیت جدید، عذاب او، ناشی از همین باقی ماندن در شرایط زندگی پیشین است که مناسب ساختار و ابعاد او در زندگی پس از مرگ نیست و نفع او در این است که این برزخ را به منظور زندگی بعد ترک کند. به بیان ساده، وابستگی او، وی را از ادامه‌ی راه (وضعیت مطلوب) باز می‌دارد و این شرایط، آزاردهنده است:

غلام همت آنم که زیر چرخ کبود	ز هر چه رنگ تعلق پذیرد آزاد است

«حافظ»

فشار قبر

یکی از موضوعات مطرح شده درباره‌ی وقایع پس از مرگ، فشار قبر است که بعضی آداب و رسوم دینی نیز بر پایه‌ی آن شکل گرفته است. برای مثال، بخشی از مراسم تدفین در بین مسلمانان این است که در قبر، پوشش روی چهره را کنار می‌زنند و جسد را تکان می‌دهند. یکی از دلایل انجام این کار، کمک به صاحب جسد است تا با دیدن جسم بی‌جانش، مرگ خود را باور کند. بسیاری از کسانی که از دنیا می‌روند، نمی‌خواهند مرگ خود را بپذیرند و این ناباوری برای آن‌ها دردسر آفرین است.

بسیاری از کسانی که پس از در گذشت، مرگ خود را باور نمی‌کنند و یا نمی‌خواهند آن را بپذیرند، سعی می‌کنند به نحوی، به بدن خود باز گردند؛ اما علاوه بر این که به مقصودشان نخواهند رسید، در تلاش برای تسخیر جسم خود، تحت فشار و سختی شدیدی قرار می‌گیرند که همان «فشار قبر»[1] است.

اغلب ما گمان می‌کنیم که به راحتی، حقیقت مرگ را خواهیم پذیرفت؛ در حالی که فقط تعداد اندکی از درگذشتگان هستند که به دلیل معرفت و آگاهی (دانش کمال) به سادگی دست از این دنیا (از جمله جسم خود) می‌کشند و بدون فشار قبر به سوی زندگی بعدی رهسپار می‌شوند. این عده که هوای دیدار پروردگار و عزم کوی او را دارند، حتی لحظه‌ای در فشار وابستگی‌های زمینی باقی نمی‌مانند و کوچک‌ترین تمایلی برای بازگشت به جسم خود ندارند. بنابراین، از این نظر، دچار عذاب و آزردگی هم نمی‌شوند.

گر سر کویت شود مدفن پس از مردن مرا　　　کی عذاب قبر پیش آید در آن مدفن مرا

چند باشم در جدل با خود ز غم ساقی بیار　　　شیشه‌ی می تا رهـاند ساعتی از مـن مرا

«محمد فضولی»

سؤال و جواب پس از مرگ

همه‌ی ما در مراحل مختلفی از معاد، در معرض پرسش‌هایی خواهیم بود که پاسخ آن‌ها، ازحال و شرایط ما معلوم است؛ یعنی هر کدام، به فراخور دانش کمال خود، در حال ابراز پاسخ آن‌ها هستیم. یکی از این مراحل، لحظه‌ی پس از مرگ است.

در این لحظه، در حالی که فرد، در تلاطم ناشی از دگرگونی شرایط است، به خود آمده، در جستجوی این بر می‌آید که چه با خود آورده است (که به کارش بیاید)، و به این نوع

---

۱. فشار قبر یک اصطلاح است که برای سختی لحظات پس از مرگ به کار می‌رود و آن‌طور که برخی تصور می‌کنند، فشار فیزیکی در درون قبر نیست. (با تعبیه‌ی سنسورهای حساس اندازه‌گیری فشار در قبر، می‌توان این موضوع را اثبات کرد.) علاوه بر این، فشار قبر باید حقیقتی غیر مرتبط با فضای قبر باشد؛ وگرنه این سؤال باقی می‌ماند که آیا کسانی که جسم آن‌ها به خاک سپرده نمی‌شود، فشار قبر ندارند؟!

پرسش‌ها که خواه نا خواه، در معرض آن قرار گرفته است، در عمل پاسخ می‌گوید. به عبارت دیگر، ملائک سؤال کننده، در درون خود او هستند و مأموریت آن‌ها به محض مواجه شدن با وضعیت جدید، آغاز می‌شود. پاسخ او به این سؤالات نیز، بستگی به سواد کمالی وی دارد و در عمل نمایان می‌شود؛ چنان که ماندن او در این برزخ (تا وقتی که به واسطه‌ی رحمت حق از آن خارج شود)، نشانه‌ای از نقص کمالی او و گذر وی از آن، نشانه‌ای از همراه داشتن معرفت و آگاهی لازم برای عبور است.

ج) برزخ

پس از مرگ از این جهان، انسان، کالبد فیزیکی خود را ترک می‌کند و کالبد روانی و کالبد اختری خود را از دست می‌دهد. بنابراین، او با کالبد ذهنی خود، وارد برزخ می‌شود و به همین دلیل، در این مرحله، از او با عنوان **«کالبد ذهنی»**، یاد می‌کنیم.

در برزخ پس از این زندگی، کالبد ذهنی، بر مکان تسلط دارد و هر زمان، در هر جا که بخواهد، حاضر است؛ ولی در عین حال، زمان برای او همان کمیتی را دارد که پیش از مرگ داشته است.[1] از این نظر می‌گوییم که این برزخ، فرامکان است؛ اما در آن، ابعاد زمان و تضاد وجود دارد.

برای آشنایی بیشتر با برزخ، به برخی ویژگی‌های این مرحله و رمز عبور از آن، اشاره می‌شود:

ویژگی‌های برزخ

در همه‌ی مراحل حرکت ذاتی (در بستر چرخه‌ی جهان دو قطبی)، همواره دو کشش به سمت جلو و عقب، وجود دارد. آنچه بر کشش رو به جلو تأثیر مثبت دارد، دانش کمال است.

---

۱. البته، پس از مرگ، گذر زمان توأم با آنتروپی و فرسودگی نیست.

کسانی که از این دانش کمال، بهره‌ی لازم را ندارند، به پیش رفتن، تمایل نشان نمی‌دهند و با میل به بازگشت، ترجیح می‌دهند در جای خود باقی بمانند.

«رب» انسان، همواره او را به سوی خود می‌خواند و «روح هادی» (به عنوان جهت‌یاب وجود انسان)، این فراخوانی را جهت‌یابی می‌کند و به این صورت، تمایل حرکت به جلو ایجاد می‌شود. اما این تمایل، در همه‌ی افراد یکسان نیست و به بیان دیگر، همه به خوبی، پیام روح هادی خود را دریافت نمی‌کنند؛ زیرا نیروی مخالفی را در خود تقویت کرده‌اند که اثر آن را خنثی می‌کند.

در هر مقطعی، نیروی مخالفی مخصوص همان مقطع وجود دارد. برای مثال، در برزخ فرا مکان (برزخ پس از این زندگی)، این نیروی مخالف، وابستگی‌های کالبد ذهنی است که نگاه او را به سمت عقب (زندگی پیش از مرگ) نگه می‌دارد و در برابر درک پیام و کشش روح هادی، ایجاد مقاومت می‌کند.

(شکل ۱۳-۳)

به این ترتیب، برزخ یک «**صحنه‌ی آزمایش**» است که در آن، هنر هر فرد، بر اساس انتخاب حرکت به جلو و یا اجتناب از آن، معلوم می‌شود. زیرا فقط کسانی که به درک لازم برای رفتن به زندگی بعد رسیده باشند، با اختیار خود، از این مرحله می‌گذرند و هنرمند خواهند بود.

اما برزخ، علاوه بر صحنه‌ی آزمایش، «**فرصت بازنگری و جبران**» نیز محسوب می‌شود.

بنابراین، عده‌ای که در اثر عدم تعالی، سرگردان یا سر سپرده‌ی وابستگی‌های خود هستند، مانند مردودی‌های یک آزمون که می‌توانند در آزمون تجدیدی شرکت کنند، هر لحظه فرصت جدیدی برای جبران دارند و کمترین جبران نا آگاهی آن‌ها در برزخ، در همین حد است که بتوانند از آن خارج شوند.

رمز عبور از برزخ

به‌طور عمده، زمینه‌ی رشد و تعالی انسان، در متن زندگی فراهم می‌شود و برزخ، نتیجه‌ای از آن را آشکار می‌کند. برای مثال، تربیت صحیح فرزندان بدون وابستگی به آن‌ها، برای فرد، آثار کمالی مثبتی دارد و در این صورت، فرزند می‌تواند عامل رشد و تعالی باشد. اما اگر کسی به فرزند خود، تعلق خاطر و وابستگی داشته باشد و انرژی ذهنی زیادی به او معطوف کند، آن فرزند، عامل سقوط او خواهد بود.

در زندگی، زمینه‌ی این نوع آزمایش‌ها فراهم است و تنها یک نتیجه‌ی آن، در برزخ معلوم می‌شود. در برزخ، دیگر این امکان وجود ندارد که انسان هنر خود را در چگونه زندگی کردن با فرزندش نشان دهد؛ اما حداقل نتیجه‌ی این آزمایش او در دنیا این است که یا بدون تعلق خاطر به او، به زندگی بعد انتقال یابد و یا به دلیل اسارت در وابستگی به او، در برزخ ماندگار شود.

شاید بهتر باشد که به موضوع رابطه‌ی هر زندگی با برزخ و زندگی بعد از آن، کمی دقیق‌تر نگاه کنیم. امکانات وجودی انسان برای کسب معرفت، در هر زندگی کمی متفاوت از زندگی قبل و بعد از آن است. در زندگی کنونی، مبنای شناخت ما عقل بوده و هست؛ اما امکان برخورداری از ادراکات پله‌ی عشق را هم یافته‌ایم. همان‌طور که ما با ابزار عقل چشم به این دنیا گشوده‌ایم و سپس، به عشق مجهز شده‌ایم، در زندگی بعدی نیز تجارب خود را بر پله‌ی عشق آغاز می‌کنیم و سپس، بر پله‌ی بالاتری قرار می‌گیریم. برای مثال، بر پله‌ی دوم زندگی

بعدی، می‌توان به درک بالاتری از عشق رحمانی رسید.[1] یعنی تجربه‌ی عشق بر پله‌ی اول، منجر به انتقال به پله‌ی دوم و این ادراک می‌شود. به این نکته نیز باید توجه داشت که هر زندگی، برای تجربه‌ی عشق، محدودیت خاص خود را دارد.

(شکل ۱۴-۳)

بنابراین، زندگی بعدی، با ادراک آغاز می‌شود و در آن، دانسته‌های حسی و عقلی (آنچه با اطلاعات زمینی به دست آمده است) دیگر کاربردی ندارند. گذر از هر زندگی، گذر از مدارج کمال است و در پیمودن مدارج کمال، آنچه قابل انتقال است و کارایی دارد، هیچ‌کدام از قدرت‌ها، مهارت‌ها و یا اطلاعات نظری نیست؛ بلکه معرفتی است که از نتیجه‌ی دانش، ادراکات و آگاهی‌های مثبت به دست می‌آید. می‌توان این معرفت را **«دانش کمال»** نامید.

در برزخ پس از این زندگی نیز، هیچ یک از دانسته‌های زمینی به‌کار نمی‌آید و محصول زندگی (دانش کمال) نتیجه‌ی ادراکی آن است که اگر در حد لازم باشد، موجب عبور از آن می‌شود.

د) قیامت

قیامت، رویدادی پر هیبت است که در دو شکل اتفاق می‌افتد. یکی از این دو شکل، «قیامت زمینی» است که تنها مربوط به یک مقطع از چرخه‌ی جهان دوقطبی است و در زمان وقوع آن، همه حضور ندارند. زیرا بسیاری از افراد، پیش از این واقعه، از دنیا رفته‌اند. اما

---

۱. درک عشق رحمانی نیز مراتبی دارد که می‌تواند در هر زندگی بعدی نسبت به زندگی قبل از آن، تکمیل شود.

در شکل دیگر قیامت که «قیامت اصلی» است، همه‌ی انسان‌ها حاضر هستند و نقش دارند. هم قیامت زمینی و هم قیامت اصلی، با دمیده شدن صور رخ می‌دهد. دمیده شدن صور، اعلام مرگ عمومی است. صور اول، بشر و هرچه در این کره‌ی خاکی موجود است را به قیامت زمینی می‌کشاند و صور دوم، که برداشته شدن بعد زمان است، همه‌ی انسان‌ها را وارد مرحله‌ی فرا زمانی می‌کند تا مراحل قیامت اصلی، با تسلط بر زمان، دنبال شود.

قیامت زمینی

یکی از قوانین هستی، «قانون تولد و مرگ» است. این قانون، خود شامل قوانینی از قبیل «قانون آنتروپی»[1] بوده، فقط مخصوص انسان نیست؛ بلکه هر ذره‌ای در عالم، دستخوش آن می‌شود.

در اثر قانون تولد و مرگ، «انقطاع» از یک حالت و «تولد» در حالتی جدید اتفاق می‌افتد. بنابراین، ره‌آورد این قانون، «تحول» است. در جهان کنونی، این انقطاع، در اثر قوانینی مانند آنتروپی و یا رخدادهایی غیر مترقبه تحقق می‌یابد. بنابراین، پدیده‌ی مرگ، در حالت اول، طبق یک سری از قوانین معلوم و در حالت دوم، بر اساس قانون احتمالات[2] است. در هر دو حالت، انقطاع قانونمند است و قانون مربوط به آن (قانون تولد و مرگ)، ملکی است که به نام «عزرائیل» شهرت دارد.[3]

زمین، خورشید و سایر اجزای کهکشان‌ها نیز در معرض این قانون هستند (ذخیره‌ی هیدروژن خورشید رو به تمام شدن است و ...)؛ یعنی به غیر از مرگ ناشی از حوادث ناگهانی،

---

1. قانون افت و کهولت
2. حتی در این موارد نوع دوم نیز، حکمت الهی، مسبب قرار گرفتن در یک رویداد غیر مترقبه و مرگ ناشی از آن است.
3. اگر یکی از اجرام آسمانی با جرم دیگری برخورد کند، عمر آن به پایان می رسد و تغییر شکل می یابد؛ در غیر این صورت نیز به مرور زمان و طبق قانون خستگی، همین اتفاق می‌افتد. انسان‌ها نیز یا در اثر حوادث و یا در اثر خستگی سلولی و کهولت از دنیا می‌روند. پس به‌طور کلی، دو نوع «اجل» وجود دارد که هر چیزی در اثر مواجهه با یکی از آن‌ها دستخوش مرگ می‌شود. یعنی مرگ، طی یک روند ناگهانی یا تدریجی طبیعی اتفاق می‌افتد.

بر اساس روندی طبیعی، همه چیز رو به نابودی است. اما پس از انهدام[1] همه‌چیز، باز هم طی تغییرات فیزیکی و شیمیایی، ستاره‌هایی دیگر، خورشید، سیارات و منظومه‌هایی دیگر و ... پدید خواهد آمد.

در حال حاضر، شرایط زیستی زمین در حال تغییر است و نه تنها قابلیت زیستن بر آن، از دست می‌رود، کم کم عمر فیزیکی آن نیز به پایان می‌رسد. تغییرات اجزای مختلف منظومه‌ی شمسی، بر هم تأثیرگذار است و سرانجام، روزی خواهد آمد که همه‌چیز متلاشی می‌شود و این مرگ گسترده، همان «قیامت زمینی» است.

قیامت زمینی، پیش از قیامت اصلی اتفاق می‌افتد؛ اما فاصله‌ی زمانی بین آن‌ها معلوم نیست. بعد از قیامت زمینی، هیچ جماد، نبات و حیوانی به صورت کنونی وجود ندارد. زیرا مرگ حیوانات، گیاهان و جمادات، منجر به بازگشت هر یک از اجزای آنان (اعم از ماده و انرژی) به چرخه‌ی حیات خود می‌شود. در عین حال، در هر یک از مقاطع فرا زمان، تک‌درخت هستی و اجزای آن (از جمله، موجودات نام‌برده) قابل مشاهده است و از این نظر، هر کدام، در هر یک از این مراحل حضور دارند.

قیامت اصلی

مجری قانونی که یک‌باره همه‌ی ما را به مقطع فرا زمانی می‌کشاند و قیامت اصلی را پدید می‌آورد، ملکی به نام «اسرافیل» است. توصیف این مرحله و مراحل پس از آن، به ناچار توصیفی زمانمند است؛ اما باید توجه داشت که این ناتوانی در بیان، ذهن ما را از حقیقت فرا زمان این وقایع دور نکند.

---

1. منظور از انهدام، تغییر به حالت دیگر است. (هر چیزی در بقای ذاتی است و این را «اصل بقای عام» می‌نامیم. در عین حال، تحول و دگرگونی، شامل حال هر چیزی می‌شود.)

۱- حشر و نشر

ورود همه‌ی انسان‌ها به مرحله‌ی فرا زمان، «**حشر**» است. در حشر، همه چیز بر هم منطبق می‌گردد و تک‌درخت هستی دیده می‌شود. همچنین، به دلیل این که در این مرحله، هیچ انسانی جلوتر یا عقب‌تر از دیگران نخواهد بود، همه‌ی افراد در کنار هم قرار می‌گیرند و به‌عنوان جلوه‌های گوناگون نفس واحدی که «آدم» نام دارد، در این همایش، با عظمت وجود آن مواجه می‌شوند.

نفس واحد، در همه‌ی مقاطع چرخه‌ی جهان دوقطبی وجود دارد؛ اما به دلیل نا آگاهی و به‌خصوص، به دلیل وجود زمان، درک آن برای اکثر افراد مقدور نیست. بنابراین، با فروافتادن پرده‌ی زمان و آشکار شدن هیبت آدم، بسیاری به وحشت می‌افتند.

این وحشت، دو دلیل دارد. اول این که در همه‌ی مراحل حرکت ذاتی، برای کسانی که از دانش کمال لازم برخوردار نیستند و میل و اشتیاق وصال ندارند، پیش رفتن (رویارویی با وقایع و شرایط جدید) واهمه برانگیز است. بنابراین، آن‌ها با این ورود غیر اختیاری و ناگهانی به مقطع فرا زمان، دچار هراس می‌شوند.

و دوم این که پیش از این مرحله، برای این عده، درکی از «وحدت» وجود ندارد و برای اولین بار در حشر معلوم می‌شود که همگی با پیوستگی و وابستگی به یکدیگر، صورت‌های متنوع یک نفس واحد را شکل داده‌اند. برای آن‌ها عظمت این حقیقت، هول‌انگیز است.

این دلهره و ترس (ناشی از نا آشنایی با ابعاد جدید و عظمت وحدت) موجب گریز افراد از یکدیگر و فروپاشی ظاهری این وحدت می‌شود که به آن «**نشر**» می‌گوییم.[۱] به این ترتیب، صور اسرافیل، موجب حشر می‌شود و به دنبال آن، میل بسیاری از ما به کثرت،[۲]

---

۱. اگر پیش از قیامت، همه به درک وحدت می‌رسیدند، این نشر و پراکندگی رخ نمی‌داد.

۲. میل به کثرت، ناشی از تضاد و تجهیز نبودن به درک نفس واحد است. به دنبال این میل، هر یک از افراد که مانند اعضای تن واحدی می‌توانند در کنار هم باشند، به سمتی می‌گریزند و پراکنده می‌شوند.

عامل نشر می‌گردد.

۲- مجادله

افراد زیادی برای زندگی در مقطع قیامت، آگاهی و آمادگی ندارند و این مقطع برای آن‌ها مبهم، نا آشنا و هول‌انگیز است. به همین دلیل، برخی از آنان، مانند نابینایان و ناشنوایان به دنبال نوری و صدایی برای برخورداری از امکانات زندگی در این وضعیت فرا مکان و فرا زمان می‌گردند و حسرت‌زده، پریشان و ناراضی هستند. آن‌ها از زندگی در مقاطع پیشین چرخه‌ی جهان دوقطبی، دانش کمال لازم را با خود به همراه نیاورده‌اند تا بتوانند با شرایط جدید هم‌راه و هماهنگ باشند و این موضوع، آن‌ها را آزار می‌دهد.

به همین دلیل، شروع به اعتراض می‌کنند. اعتراض آن‌ها بر این اساس است که طرح خلقت الهی را ناعادلانه می‌دانند و همه‌ی طرح‌های زیرمجموعه‌ی آن را نامناسب و بی‌فایده تلقی می‌کنند. بنابراین، در قالب سؤالاتی، به محاکمه‌ی خداوند می‌پردازند. این محاکمه، عامل دیگری نیز دارد که آن را به اوج می‌رساند.

آن‌ها با عظمت «نفس واحد» مواجه شده‌اند و از هم گریخته‌اند. بنابراین، خود را در معرض این سؤال می‌بینند که چرا وحدت و پیوستگی با یکدیگر را از دست داده و جلوه‌ی حقیقی آدم را در هم شکسته‌اند. این موضوع، باعث می‌شود که برای توجیه خود، با شدت بیشتری محاکمه را ادامه دهند و نسبت به فلسفه‌ی خلقت اعتراض کنند.

در این وضعیت، انسان قصد دارد دیگران را مقصر معرفی کند و با سؤالات و توجیهاتی، عدالت خداوند را نسبت به خود منکر شود. او این بی‌عدالتی را عامل زیان خود و نشانه‌ی عدم صلاحیت دادگاه قیامت می‌داند. بنابراین، توجیه و دفاع از خود را آغاز می‌کند.

۳- اثبات عدالت

مرحله‌ی ظهور کامل عدالت خداوند برای انسان‌ها، در قیامت است. کسانی که قبل از این

مرحله، به این عدالت پی نبرده‌اند و در مورد آن اعتراض دارند، در برابر پاسخ کامل و بی‌کم و کاست خداوند به مجادله‌ی خود قرار می‌گیرند و به رضایت کامل می‌رسند؛ زیرا به عدالت همه‌گستر او یقین پیدا می‌کنند.

مجادله با سؤالاتی از این قبیل آغاز می‌شود که «چرا مرا در شرایط این بندهات نیافریدی تا در جستجوی کمال باشم؟»، «چرا به من چیزی را که به آن بندهات دادی، نبخشیدی تا به جای آن که فرصت زندگی را صرف به دست آوردن آن کنم، به سراغ کمال بروم؟»، «چرا به او بیشتر دادی؟» و ...[1].

بعضی از این مجادله‌ها، عرضی و بعضی دیگر از آن‌ها، طولی است. منظور از مجادله‌های عرضی این است که فرد تصور می‌کند اگر به جای افراد دیگری از هم‌ عصران خود بود، به کمال می‌رسید و به همین دلیل، چون و چرا می‌کند. اما مجادله‌های طولی، بر این اساس است که شخص آرزو می‌کند ای کاش در ادوار تاریخی دیگری زندگی می‌کرد؛ زیرا گمان می‌کند که شرایط تاریخی دیگر، برای حرکت در مسیر کمال، مناسب‌تر بوده است.

با توجه به فرا زمان بودن مرحله‌ی قیامت، این امکان وجود دارد که هر فردی در جواب هر یک از پرسش‌های اعتراض‌آمیز خود، در هر جایگاه و موقعیت و هر زمانی که می‌خواهد، قرار بگیرد و نتیجه‌ی درخواستش را ببیند. بر اساس عدالت خداوند، این به وقوع می‌پیوندد و در ازای سؤال‌ها و شکایت‌های بی‌شمار هر فرد، تعداد زیادی **«کانال‌های موازی»** در پیش روی او قرار می‌گیرد که در هر کدام، خود را در آن شرایط مورد نظر، می‌بیند.[2]

---

[1]. چه بسا فقیر ادعا کند که اگر به جای فرد ثروتمند بود، به دنبال کمال می‌رفت و ثروتمند ادعا کند که اگر فقیر بود، گرفتاری کمتری داشت و راه کمال را پی می‌گرفت؛ فرد زشت‌رو به اعتراض بگوید که مجبور شده است همواره وقت و انرژی ذهنی خود را صرف زیبا شدن کند و برای همین از کمال باز مانده است و فرد زیبا رو در اعتراض به زیبارویی خود بگوید که در فریب زیبارویی و به دلیل عرضه‌ی آن به این و آن، فرصت یافتن کمال را از دست داده است و ... .

[2]. کانال‌های موازی که در مقابل هر کسی قرار می‌گیرد، مربوط به سؤالات اوست. بنابراین، کانال‌های موازی همه‌ی افراد، مانند یکدیگر نیست. ممکن است پاسخ بعضی اشخاص، میلیاردها کانال موازی باشد؛ در حالی که چه بسا کسی باشد که مجادله‌ای نداشته، با کانال‌های موازی نیز روبرو نشود. همچنین، رؤیت وقایع هر یک از کانال‌های موازی مانند آن است که کسی در سیاره‌ای دور از زمین،

در حقیقت، مجموعه‌ی کانال‌های موازی، او را در مجموعه‌ای از «جهان‌های موازی» قرار می‌دهد و به دلیل این که این مشاهده در فرا زمانی اتفاق می‌افتد، به یکباره، دارای همه‌ی تجارب مربوط به این جهان‌ها می‌شود. او در آخر می‌یابد که تمام انسان‌ها، صورت‌های مجادله‌ای یکدیگر بوده، زندگی هر کدام، یک تجربه از بی‌نهایت تجربه‌ی «آدم» است. یعنی مجموعه‌ی همه‌ی افراد در شرایط و ویژگی‌های متنوع، حضور آدم را در هستی به نمایش می‌کشد و بالاخره، در میانشان، کسی یا کسانی خواهند بود که در جستجوی کمال، به پیروزی برسند و به هدف خلقت آدم، تحقق ببخشند و در می‌یابد که تجارب دیگران نیز زمینه‌ساز پیروزی این اشخاص است.[1]

به‌طور کلی می‌توان گفت که حضور هریک از ما به‌عنوان تجربه‌ای از حضور یکی از کثرات آدم در جهان هستی، با نقش یکدیگر تکمیل می‌شود و در حقیقت، می‌توان گفت که زندگی هرکدام از ما، تجربه‌ای از تجارب آدم است. گویی آدم، در هر یک از ما تصویری از خود را دارد و اصلا هیچ‌یک از ما از دیگری جدا نیستیم و همه، یک حقیقت در شکل‌های ظاهری مختلف می‌باشیم.

با درک این موضوع، دو نتیجه‌ی نهایی به دست می‌آید. اول این که کسانی که مورد ظلم یکدیگر واقع شده‌اند و تا آن مرحله، به رضایت از همدیگر نرسیده‌اند، یکدیگر را خواهند بخشید و از حقوق پایمال شده‌ی خود، می‌گذرند و دوم این که همه‌ی انسان‌ها با درک

به مشاهده‌ی حوادث آن بپردازد. همان طور که او شاهد افراد و وقایعی مربوط به گذشته خواهد شد که در زمان مشاهده وجود ندارند، بیننده‌ی هر کانال موازی نیز خود را در وضعیتی خواهد یافت که مربوط به مقاطع قبل است. یعنی، مانند مسافری در زمان، با تجارب متنوعی از حیات در شرایط مختلف زمانی مواجه می‌شود.

۱. یک دانش آموز را در نظر بگیریم که سعی می کند به پاسخ یک مسئله برسد و بارها در راه حل آن اشتباه می‌کند. هربار که او جواب خود را به معلم نشان می‌دهد، معلم او را به دقت بیشتر دعوت می‌کند؛ تا این که در نهایت، پاسخ را پیدا می‌کند. از طرفی، همه‌ی آن تلاش‌های ناموفق، وقتی ارزشمند می‌شود که دانش‌آموز به جواب مسئله می‌رسد و از طرف دیگر، او به‌عنوان کسی که جواب را یافته است شناخته می‌شود؛ نه به‌عنوان کسی که بارها به پاسخ غلط رسیده است. هر یک از ما نیز انواع پاسخ‌های آدم به مسئله‌ی کمال هستیم که با این همه تنوع، در نهایت، موفق بودن طرح خلقت آدم را اثبات می‌کنیم.

عظمت و هدفمندی طرح و نقشه‌ی خلقت و عادلانه بودن آن، در حد توقع خود، از خداوند راضی می‌شوند و در حد این مرحله، تضاد با دیگران و تضاد با خداوند برطرف می‌شود.

نتیجه‌ی این رفع تضاد با خدا و اثبات عدالت او، به رسمیت شناخته شدن دادگاه قیامت است. بنابراین، به دنبال این رضایت، محکمه‌ی الهی به اعمال هر کسی رسیدگی و نتیجه‌ی آن‌ها را بررسی می‌کند.

۴- حسابرسی

با اثبات عدالت الهی، محکمه‌ی الهی رسمیت می‌یابد و محاکمه‌ی افراد، آغاز می‌شود. این محاکمه، در خود عرصه‌ی قیامت جاری است. یعنی پرسش‌کننده‌ای وجود ندارد؛ اما همین که فرد به این مرحله می‌رسد، (در پیشگاه مالک قیامت) در برابر این پرسش قرار می‌گیرد که بر اساس مرام خود، چه همراه آورده است. یعنی از او پایان‌نامه‌ای طلب می‌شود که در حد سعی و توان خود اوست.

منظور از این پایان‌نامه، همان دانش کمال است که نتیجه و محصول حیات او تا آن مقطع را نشان می‌دهد. اما سؤال‌کننده‌ای درباره‌ی این پایان‌نامه سؤال نمی‌کند؛ بلکه از سویی خود انسان، به آن احساس نیاز دارد و از سوی دیگر، چون هیچ واقعیتی در عالم از بین نمی‌رود، گویا همه‌چیز در این محاسبه نقش دارد و به این موضوع گواهی می‌دهد که او در کسب کمال چگونه عمل کرده است.[1]

در این شرایط، همه‌ی باورها و اطلاعاتی که گمان می‌کرده است برای او مفید خواهد بود و چنان بر آن پافشاری داشته است که مانند کوه، سفت و سخت شده است، در هم فرو می‌ریزد و حقیقت آن‌ها آشکار می‌شود.

---

۱. با یک مثال می‌توان این مطلب را بهتر فهمید. کسی که بدون آموختن زبان رایج در یک کشور دیگر، به آن کشور سفر کند، به‌طور طبیعی در معرض این سؤال قرار می‌گیرد که در آن مکان، چقدر امکان صحبت کردن و برقراری ارتباط با دیگران را دارد. در واقع، کسی از او این سؤال را نمی‌پرسد؛ اما او بر اساس نیاز خود، با این سؤال مواجه است. پرسش‌های مربوط به قیامت نیز به همین صورت، در بطن آن وجود دارد.

و بالاخره، در پایان این مرحله، نوبت به تجلی بی‌نظیر رحمت خداوند می‌رسد. او مطابق با رحمت بی‌حد خود، تک تک ما را می‌بخشد و رضایتش از همه را اعلام می‌کند و به این وسیله، یک بار دیگر، همه‌ی کثرات آدم را به سوی خویش فرا می‌خواند.

اگر کسی در این مرحله بخشیده نشود، امکان پیش رفتن در مسیر نیست و حرکت ذاتی، متوقف خواهد شد. اما طرح رحمت‌آمیز الهی دقیق‌تر از آن است که چنین نقصی داشته باشد.

۵- تجسم

نفس ما مانند راننده‌ای است که در هر زندگی، مرکبی مناسب آن زندگی را در اختیار دارد. یعنی چون در مسیر بازگشت به سوی مبدأ، پیچیدگی ابعاد جهان‌های پیاپی کمتر می‌شود، پیچیدگی مرکب او نیز کاهش می‌یابد.

برای مثال، او در این جهان که ابعاد زمان، مکان و تضاد بر آن حاکم است، کالبدی فیزیکی دارد و در جهان فرا مکان، این کالبد را (که وابسته به مکان است) از دست می‌دهد و مرکب او کالبد ذهنی خواهد بود. به همین نسبت، در جهان فرا مکان و فرا زمان نیز، مرکب ساده‌تری خواهد داشت که وابسته به زمان و مکان نیست و بر آن دو تسلط دارد.

بر این اساس، نباید انتظار داشته باشیم که در قیامت و مراحل پس از آن، جسم فیزیکی یا مشابه آن وجود داشته باشد. البته، در آن‌جا همه‌ی خصوصیات فرد (چه خیر و چه شر) در قالب توده‌ای از آگاهی تجسم می‌یابد و حتی اگر خلق و خوی حیوانی در او بارز باشد،[۱] این ویژگی‌ها چنان در آن توده‌ی آگاهی به‌وضوح دیده می‌شود که گویی حیوانات در قیامت محشور شده‌اند؛ اما برای بقا در این مرحله، نیازی به تجسم فیزیکی ندارد و مرکب (جسم) او از جنس دیگری است.

در عین حال، همان طور که در مرحله‌ی حشر، نفس واحد (آدم) نمایان می‌شود، تن

۱. منظور، خصوصیاتی است مانند درنده خویی که مربوط به حیوانات درنده است، بیان زهرآگین و گزنده که جلوه‌ای از خوی گزندگی حیوانات گزنده است و ... .

واحد (تک درخت هستی) و زوج آدم (ملزومات وجود آدم) نیز در معرض دید همه قرار می‌گیرد و به این لحاظ، جسم فیزیکی، به عنوان یکی از این ملزومات، حاضر خواهد بود.

از سوی دیگر، به دنبال مجادله و با تجربه و مشاهده‌ی جهان‌های موازی، افراد، به واسطه‌ی تسلط بر زمان، خود را در جایگاه‌های مختلفی از جمله در جهان‌های دارای زمان و مکان (که در آن‌ها انسان جسم فیزیکی دارد) می‌یابند.[1] بنابراین، از این نظر نیز می‌توان گفت که در معاد، جسم فیزیکی وجود دارد.

۵) جهنم

در مرحله‌ای از قیامت که رحمت بی‌دریغ خداوند، موجب بخشش همه می‌شود، جلوه‌ی دیگری از رحیمیت او آشکار خواهد شد و تالار جهنم، آغوش خود را به روی همه باز خواهد کرد.

در این مرحله نیز اغلب افراد، حاضر به حرکت رو به جلو (به سوی جهنم) نیستند. به همین دلیل، به طور اجباری، همگی به سوی آن کشیده می‌شوند. جهنم، جایگاه دشمنی و کینه‌ورزی نیست و اساس تشکیل آن، عشق و محبت است. جهنم، خلف وعده‌ی خداوند پس از بخشش همگانی نیز نیست؛ بلکه به مناسبت همان بخشش، طراحی شده است تا آثار دوری و سوء سابقه را از وجود همه پاک کند و آمادگی وصال را فراهم سازد.

دلیل طراحی جهنم

خداوند متعال، گنجینه‌ی صفات خود (روح‌الله) را به آدم سپرد تا بتواند با برخورداری از اطلاعات آن، نقش خلیفه‌ی او را در هستی ایفا کند. این گنجینه که بخش ثابت وجود آدم است، تا جایی که او به رشد لازم نرسد و توانایی استفاده از آن را به دست نیاورد، مخفی و غیر قابل دسترس است.[2]

---

۱. گویی سوار بر ماشین زمان است.

۲. همان‌طور که یک پدر ثروتمند، وعده‌ی ثروت خود را به فرزندش می‌دهد؛ اما تا وقتی که او بزرگ نشود و کاربرد و نحوه‌ی استفاده

در طول مسیر حرکت ذاتی به سوی خداوند، قیامت جایگاهی است که در آن، ورزیدگی و تجارب انسان، در حد استفاده از این گنجینه می‌رسد. در این مرحله، فقط یک مانع برای دستیابی به روح الله وجود دارد و آن، لایه یا لایه‌هایی از جنس تضاد (ناشی از تمرد و نافرمانی از امر خداوند) است که بین نفس (من متحرک) و روح‌الله (من ثابت) فاصله ایجاد کرده است.[1]

تنها یک راه برای از میان برداشتن این لایه‌ها وجود دارد و آن، ورود به جهنم است. به‌طور مسلم، ضخامت این لایه‌ها در مورد افراد مختلف، تفاوت دارد. به همین نسبت نیز، شدت و ضعف سختی جهنم، برای همه یکسان نیست. اما نمی‌توان گفت که نفس کسی، هیچ‌گونه فاصله‌ای با روح‌الله ندارد؛ زیرا حداقل لایه‌ی موجود، لایه‌ی ناشی از نافرمانی آدم در بدو خلقت (ابتدای جهان دوقطبی) است.

آدم، با تمرد از فرمان خداوند و نزدیک شدن به درختی که گفته شده بود به آن نزدیک نشود، خود را به زحمت زیادی انداخت. از این نظر، او مانند یک فرزندِ فراری از خانه و کاشانه‌ی خویش است که با زحمت فراوان، از دست اشرار، جان سالم به در می‌برد و با کوله‌باری از تجربه؛ اما پشیمان و آلوده به اعتیاد، به خانه باز می‌گردد. آن فرزند، بر خلاف میل والدین خود عمل کرده است؛ اما قصد زندگی با آن‌ها را دارد. پس رنج ترک اعتیاد (در محلی که برای این کار در نظر گرفته شده است) را می‌پذیرد تا زندگی با آن‌ها را از سر بگیرد.

آدم نیز که با انتخاب کثرت، سختی مسیر جهان دو قطبی را به جان خریده است، با

از آن ثروت را نیاموزد، دارایی و امکانات خود را در اختیار او نمی‌گذارد، خداوند نیز از ابتدا همه‌ی ما کثرات آدم را به روح‌الله مجهز کرده، اما آن را دور از دسترس قرار داده است تا وقتی قدر آن را شناختیم و آمادگی استفاده از آن را پیدا کردیم، ما را از آن بهره‌مند کند. (در حقیقت، روح‌الله، توان بالقوه‌ای است که بعد از جهنم، بالفعل می‌شود.)

۱. نفس، در هر مرحله‌ای از مسیر صعودی (در حرکت ذاتی) دارای یک مرکب است که از دل مرکب قبل بیرون می‌آید. این مرکب‌ها مانند پوشش‌هایی مانع از ارتباط میان نفس و روح‌الله می‌شوند؛ اما در هر مرحله یکی از این پوشش‌ها حذف می‌شود؛ تا این که فقط بین نفس و روح‌الله، لایه‌هایی از سوء سابقه باقی می‌ماند. جهنم، محلی برای سوختن این لایه‌ها است که جزء وجودی ما به شمار می روند و حذف آن ها دردناک می باشد. (همان گونه که در زندگی فعلی، ترک وابستگی و صفاتی مانند خساست، حسادت و ... سخت و دردناک است، در جهنم، تجربه‌ای مشابه اما به مراتب سخت‌تر پشت سر گذاشته می‌شود.)

پختگی و ورزیدگی، به سوی حق باز می‌گردد و در آستانه‌ی جهنم، مورد بخشش خداوند واقع می‌شود؛ اما لازم است که سوء سابقه‌ی او، با ورود به جهنم، پاک شود تا بتواند (پس از طی مراحلی) به آغوش وحدت بپیوندند.

ویژگی‌های جهنم

جهنم، جایگاه سوختن است (تا امکان ادغام «من ثابت» و «من متحرک» فراهم شود) و هیچ‌کس نیست که به آن وارد نشود و از آن عبور نکند. این که بعضی از افراد (با ویژگی‌های معین) جهنمی و یا بهشتی معرفی می‌شوند، به این دلیل است که معلوم شود چه صفتی ارزشمند و چه خصوصیتی زیان‌بخش است؛ یعنی این توصیف، نشانه‌ی آن نیست که کسانی به جهنم و یا به بهشت وارد نمی‌شوند.

(البته، همانطور که اشاره شد، میزان سوء سابقه‌ی انسان و ضخامت لایه‌ای که بین من متحرک و من ثابت ایجاد می‌کند، عامل تعیین‌کننده‌ای در چگونگی گذر از جهنم و سایر مراحل پس از آن، خواهد بود و به نسبت آن، عده‌ای به سهولت از جهنم عبور می‌کنند و عده‌ای دیگر، به شدت، در عذاب آن گرفتار می‌شوند. پس از این مقطع نیز، شرایط یکسانی برای همه وجود ندارد.)

۱- چگونگی سوختن

در هیچ مقطعی از چرخه‌ی جهان دو قطبی، حقایق این چرخه، به اندازه‌ای که در جهنم آشکار است، برملا نیست. به همین دلیل، در آن جایگاه، هرکسی نسبت به رسالت بندگی که باید انجام می‌داده است، آگاه می‌شود و در حالی که به وجود ساحت مقدس صفات الهی (روح‌الله) در خود پی می‌برد و هدف از آفرینش خود را درمی‌یابد، با نتیجه‌ی اعمال ضد کمال خود نیز مواجه می‌شود. بنابراین، آتشی که فرد، به شدت از آن می‌سوزد، از جنس آگاهی است. به عبارتی، آتش جهنم، آتش حسرت است و برای هر کسی، از قیاس میان آنچه بوده

است و آنچه باید می‌بود، ناشی می‌شود.

آتش حسرت در جهنم، با احساس تنهایی نیز همراه است. این احساس تنهایی، به دلیل دوری از وحدت نفس واحد است و تا خروج از جهنم، ادامه دارد.[1]

همچنین، جهنم، یکی از مقاطعی است که انسان با «تک درخت هستی» مواجه می‌شود. اما از آن‌جا که دیدن این درخت، در هر شرایطی، احساس و آگاهی متناسب با آن شرایط را ایجاد خواهد کرد، رویارویی با «تک درخت هستی» در جهنم، انسان را متوجه خطاهای خود در رابطه با این درخت می‌کند و به همین دلیل، این درخت در جهنم، بسیار ناخوشایند و دل‌آزار است.

در این مواجهه، گناهان و انحرافات فرد در مسیر دو قطبی زندگی، معلوم می‌شود. در حقیقت، دو قطبی بودن جهان، بستر مناسبی برای کمال و تعالی است؛ اما در همین بستر، انتخاب‌های هر فرد (که نوع رابطه‌ی او با اجزای تک درخت هستی را نشان می‌دهد)، حرکت او به سوی کمال یا ضد کمال را تعیین می‌کند. هر انتخاب ما در زندگی، در حضور عوامل آزمایش (شیاطین درونی و بیرونی) است و نتیجه‌ی خیر یا شری متناسب با خود دارد. زیرا در هر انتخاب، یا تسلیم این عوامل می‌شویم و از منزلت انسانی خود (کمال) فاصله می‌گیریم و یا خاک وجودمان را با آب آگاهی در هم می‌آمیزیم و در معرض آن‌ها (که صفت آتش را دارند) به پختگی می‌رسیم.

بنابراین، در صورتی که در طول زندگی، در اثر این «عوامل آزمایش»، دچار سقوط شویم، همین عوامل (که می‌توانسته‌اند باعث پختگی ما شوند) موجب سوختن ما در جهنم خواهند شد. زیرا در جهنم، به سرّ وجود آن‌ها و به راه رشد و ارتقا از طریق روگردانی از این عوامل

---

[1]. به دلیل این که همراهی با یکدیگر برای حفظ نفس واحد (وحدت) را نپذیرفته‌ایم و به این ترتیب، تنها بودن را انتخاب کرده‌ایم، در جهنم به‌طور مجزا و انفرادی قرار می‌گیریم. این باعث می‌شود دچار عذاب سختی باشیم و در عین حال، ارزش با دیگران بودن را دریابیم.

آزمایش و پختگی، پی می‌بریم و از این که فرصت زندگی را با پیروی از آن‌ها از دست داده‌ایم و رنج بیهوده‌ای کشیده‌ایم که ثمری ندارد، پشیمان و حسرت‌زده خواهیم شد.

دوزخ شرری ز رنج بیهوده‌ی ماست   فردوس دمی ز وقت آسوده‌ی ماست

«بابا افضل کاشانی»

۲- درها و نگهبان‌ها

هر یک از ما، در هر مقطع از زندگی خود، در بهشت یا جهنم به سر می‌بریم. در حال حاضر، حجاب زمان، اجازه‌ی دیدن این بهشت یا جهنم را به ما نمی‌دهد. اما اگر بپذیریم که بهشت، آکنده از سرمستی و سرخوشی ناشی از عشق و آگاهی و ادراک است و جهنم، جز اندوه و نا آرامی و نابسامانی ناشی از جهل نیست، در می‌یابیم که در همین زندگی دنیا نیز درهایی از بهشت یا جهنم، به روی ما گشوده است.[1]

گشـــایی چـــون در وصـــلم بهشـــت نقـــد می‌بینـــم

چو بندی بر رخم این در، شود نقد این ســـرا دوزخ

«فیض کاشانی»

برای مثال، وقتی ظلمی می‌کنیم، پیامدهای مختلف آن، تعادل درونی ما را به هم می‌ریزد و احساس خوشبختی را سلب می‌کند[2] و یا وقتی اجازه می‌دهیم که دچار یأس و نا امیدی، غم و اندوه، اضطراب، احساس تنهایی و ... شویم، هم در حال آسیب رساندن به خود

---

۱. برای مثال، برای کسی که واقعیت (ظاهر) و حقیقت (باطن) را در کنار هم می‌بیند، زندگی در این دنیا، بهشت نقد است. زیرا چنین کسی از درک جمال خداوند، سرمست است.

من به نقـد امروز با وصـلِ بتانم در بهشـت   زاهـد بیچاره در دل وعـده‌ی فـردا گرفتـ

«امیر خسرو دهلوی»

نمودی حسن روزافزون بهشت نقد را دیدم   به فرقم سایه‌ی رحمت فکندی رشک طوبی شد

«حزین لاهیجی»

مـا را بهشـت نقـد تماشـای دلبـر اسـت   عمـر دوبـاره سـایـه‌ی بـالای دلبـر اسـت

«صائب تبریزی»

۲. طبق قوانین متعدد از جمله قانون عمل و عکس‌العمل

هستیم[1] و هم از لذت درک حضور خداوند، محروم می‌مانیم و این، جلوه‌ای از جهنم است.

بنابراین، می‌توان گفت که درهای جهنم، مجموعه‌ای از رفتارها و احساسات منفی است که به‌طور قانونمند، ما را در همین زندگی، دچار آسیب‌های جدی (انواعی از نابسامانی‌ها) می‌کند؛ اما عمق زشتی هر یک و رنج از آثار منفی آن، در جهنم آشکار می‌شود. یعنی، عذاب شدیدتری که باز هم به‌طور قانونمند دچار آن می‌شویم، عذاب ناشی از آگاه شدن از حقیقت گناه، در جهنم است.

همچنین، قوانین مربوط به عذاب، اسباب و عواملی هستند که ما را در معرض نتیجه‌ی خطاها و گناهانمان قرار می‌دهند. در جهنم، این قوانین، «نگهبانان جهنم» محسوب می‌شوند.

۳- طبقات جهنم

با این که همه‌ی انسان‌ها به جهنم وارد می‌شوند، به‌طور مسلم، جهنم افراد آگاه و نا آگاه، یکسان نیست؛ یعنی جهنم دارای طبقات مختلفی است که شدت عذاب در آن‌ها متفاوت است. بنابراین، عبور از طبقاتی که در آن‌ها عذاب کمتری وجود دارد، بسیار راحت‌تر است.

بهترین درجه از معبر جهنم، مخصوص «**موحدان**» است. موحد، کسی است که در جهت وحدت حرکت می‌کند. او به بیشترین آگاهی از «هفت آسمان»[2] دست پیدا کرده است. در نقطه‌ی مقابل این افراد، «**منافقان**» قرار دارند. آن‌ها کسانی هستند که بدون هیچ بهره‌ای از آگاهی‌های هفت آسمان و با ایجاد تضاد، در جهت کثرت حرکت می‌کنند (در وحدت شکاف ایجاد می‌کنند).

بین این دو دسته نیز کسانی قرار دارند که به نسبت‌های مختلفی، به دنبال وحدت و یا کثرت هستند؛ یعنی از بعضی جهات، شبیه موحدان هستند و از جهاتی دیگر، منافقند. در

۱. کم‌ترین اثر این احساسات منفی، بیماری است.
۲. هفت آسمان: صندوقچه‌های علم الهی در هستی

میان این عده که تعداد آن‌ها از همه بیشتر است، انواع مختلفی از «کافران»[1]، «مفسدان»[2]، «مشرکان»[3]، «تکذیب‌کنندگان»[4] و ... وجود دارند که درجات و طبقات رنج آن‌ها مختلف است.

لزوم خاتمه‌ی جهنم

برای بسیاری از ما جهنم، معمایی پیچیده است. به همین دلیل، شاید بارها برای یافتن پاسخ این پرسش‌ها و سؤالات مشابه آن‌ها اندیشیده باشیم که:

- آیا اگر هوشمندانه بودن نظام خلقت و هدفمندی آن را باور داشته باشیم، می‌توانیم قبول کنیم که گروهی از مردم به کمال و سعادت ابدی دست می‌یابند و گروهی دیگر در نقص و سختی و ناکامی جاویدان گرفتار می‌شوند؟ طراح نظامی که انسان را از اصل خود دور می‌کند و اجازه می‌دهد تا در مسیر بازگشت، در مشقت و عذاب همیشگی (جهنم جاوید) باقی بماند، به دنبال چه نتیجه‌ای است؟

- آیا اگر بپذیریم خالقی که عاشق همه‌ی ما بندگان خویش است، عاقبت، همه‌ی ما را به آغوش پر مهر وحدت خواهد کشید، ناچار نیستیم که فهم صحیح‌تری از ماندگاری و جاودانگی در جهنم داشته باشیم؟ و ...

اما با این که اغلب، پاسخ به این سؤالات، دشوار به نظر می‌رسد، معمای جاودانگی در جهنم، به سادگی قابل حل است. در هر یک از مراحل بازگشت به سوی مبدأ که شرایط فرامکانی و فرازمانی دارد، به‌طور طبیعی، احساس جاودانگی می‌شود. زیرا در این شرایط، زمان معنا ندارد. همین احساس، در جهنم نیز (که فرامکان و فرازمان است) وجود دارد. پس، با این که هر فرد جهنمی، برای طی کردن ادامه‌ی مسیر چرخه، وادار به حرکت می‌شود و توقفی در کار او نیست، خود را در این مقطع فرا زمان، جاودانه می‌بیند.

---

۱. کافر: کسی که حقایق الهی و تقدس اجزای هستی را می‌پوشاند.
۲. مفسد: کسی که مانع رشد و شکوفایی خود یا دیگران و باعث تباهی می‌شود.
۳. مشرک: کسی که به یگانگی خدا و وحدت هستی پی نبرده است و رو به سوی غیر خدا نیز دارد.
۴. تکذیب‌کننده: کسی که وجود نشانه‌های آشکار الهی در هستی را انکار می‌کند.

لامکــانی که در آن نــور خداســت	ماضـی و مستقبل و حــال از کجاست
ماضی و مستقبلش نسبت به توست	هــر دو یک چیزند پنــداری که دوست¹

«مولانا»

اما پرسش اساسی این است که: آیا ممکن است کسی از جهنم خارج نشود؟ پاسخ این سؤال منفی است و می‌توان دلایلی نیز برای آن ذکر کرد:

۱- بازگشت به سوی خداوند، بازگشتی همگانی است و کسی نیست که در این بازگشت، متوقف شود. در غیر این‌صورت، طرح الهی برای خلق آدم، طرحی عبث بود که به تباهی بخشی از وجود او (گروهی از انسان‌ها) منتهی می‌شد.²

۲- هر یک از انسان‌هایی که در جهنم قرار می‌گیرند، دارای دو بخش «من ثابت» و «من متحرک» هستند که اولی همان «روح‌الله» است. باقی ماندن در جهنم، به معنای جهنمی بودن «روح‌الله» و سوختن آن می‌باشد و چنین اتفاقی، محال است. بنابراین، باقی ماندن در جهنم، فقط تا حذف لایه‌ی میان «من ثابت» و «من متحرک» و تزویج آنها ادامه دارد.

۳- اگر کثرت، از دل وحدت بیرون آید و هنگام بازگشت به آن، بخشی از خود را از دست بدهد، این نتیجه به دست می‌آید که وحدت، اصلا وحدت نبوده و مقداری ناخالصی داشته که باید طی فرایندی از آن جدا می‌شده است. به بیان دیگر، در صورتی که دور شدن ما تجلیات الهی از مبدأ خود (الله) و حرکتمان در چرخه‌ی جهان دو قطبی، به بازگشت همه‌ی ما ختم نشود و عده‌ای در مسیر جدا شوند، این نتیجه به دست می‌آید که خداوند، با قرار دادن جهنم جاویدان در یکی از مقاطع چرخه، این رفت و بازگشت را طوری طراحی کرده است که باعث

---

۱. اگرچه این شعر برای مناسبت دیگری سروده شده است، این حقیقت را به ما یادآوری می‌کند که ما با توجه به شرایط زمانمند خود در این دنیا می‌خواهیم هر رویدادی را بر اساس زمان تفسیر کنیم. به همین دلیل، برای شناسایی بعضی از حقایق که با زمان ارتباطی ندارند، دچار خطا می‌شویم.
۲. اگر رحمت خداوند که عامل باز گرداندن انسان به اصل و مبدأ است، شامل حال عده‌ای نشود، همگانی بودن آن، چیزی جز وعده‌ی افسانه‌ای نیست.

جدا شدن عده‌ای و زدوده شدن ناخالصی از خودش شود.

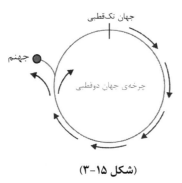

(شکل ۳-۱۵)

با همین بررسی ساده معلوم می‌شود، همان‌طور که ناخالصی داشتن خداوند محال است، باقی ماندن در جهنم نیز محال است.

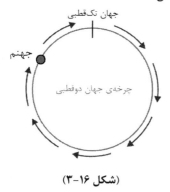

(شکل ۳-۱۶)

و) بهشت

پس از خروج از جهنم، نوبت به تجربه‌ی بهشت می‌رسد؛ اما تردید عده‌ای باعث می‌شود که در ایستگاه بین دوزخ و بهشت، متوقف شوند.

این عده، از یک طرف به تکرار تجربه‌ی جهنم، بی‌علاقه‌اند و از طرف دیگر، جرأت و جسارت حرکت رو به جلو را ندارند. در این حالت، چیزی که باعث می‌شود نگاه آن‌ها به عقب باشد، این است که تا پیش از جهنم، متکی به هوشمندی حاکم بر جهان هستی بوده‌اند و با این

که مأموریت این هوشمندی، قبل از جهنم تمام شده است، همچنان چشم به یاری‌اش دارند.

هوشمندی حاکم بر هستی (در جهان دو قطبی)، تا مقطع جهنم، دو وظیفه به عهده دارد: ۱- ایجاد قوانین هستی و شکل دادن همه‌ی اجزای آن ۲- آگاهی بخشیدن و هدایت افراد بر اساس اشتیاق آن‌ها. اما در بهشت، دیگر این تکیه‌گاه وجود ندارد و هر فردی باید بر مبنای هنر و تجربه‌ای که آن را «دانش کمال» نامیده‌ایم، از گنجینه‌ی روح‌الله برای ساختن بستر زندگی و هدایت خود، بهره‌مند شود.

به عبارتی، کسانی که در ایستگاه بین جهنم و بهشت مکث می‌کنند، شهامت آزمودن هنر خود در بهشت را ندارند؛ اما سرانجام، رحیمیت خداوند، آن‌ها را به سمت جلو سوق خواهد داد تا همه‌ی کثرات آدم، «بهشت در کثرت»، «بهشت در وحدت» و «آزمایش آخر» را تجربه کنند.

بهشت در کثرت

دستیابی نفس به روح‌الله (که ساحت مقدس صفات الهی است) امکان خلق و آفرینش گسترده‌ای را فراهم می‌کند؛ اما در بین اشخاص مختلف، توان برخورداری از این گنجینه‌ی ارزشمند، بسیار متفاوت است و هر فردی به نسبت آگاهی و آمادگی خود، از آن بهره می‌برد.[1] به همین علت، در این مرحله، هر کسی بهشت مخصوص به خودش را خواهد ساخت. پس، از سویی امکان آفرینش برای این مسافرانِ مسیر بازگشت به سوی خدا (که از معبر جهنم عبور کرده‌اند) و از سوی دیگر، تنوع بی‌کران آگاهی‌ها وخواسته‌های آن‌ها، منجر به پیدایش بهشت‌های بی‌شماری می‌شود. می‌توان این مجموعه‌ی با عظمت را «بهشت در کثرت» نامید.

ما در زندگی کنونی، توانایی خلاقیت ذهن را تجربه می‌کنیم. این تجربه، خلق ذهنی هر چیزی است که آن را تصور می‌کنیم. در بهشت، این تجربه بسیار متفاوت است؛ زیرا خواهیم

---

۱. همان‌طور که مراجعه کنندگان به کتابخانه‌ی ملی، از منابع موجود در آن، به‌طور یکسان بهره‌مند نمی‌شوند و دانش آن‌ها تعیین می‌کند که دامنه‌ی استفاده‌ی آن‌ها چقدر باشد، بهشتیان نیز به‌طور یکسان از گستره‌ی علم و صفات خدایی برخوردار نمی‌شوند؛ زیرا دانش کمال که با خود دارند، در میزان بهره‌برداری آن‌ها مؤثر است. در ضمن، علاقه‌ی هر فرد، تعیین می‌کند که چه چیزی بیافرینند.

توانست هر آن‌چه را که دوست داریم، بیرون از ذهن خود بیافرینیم و در جایی که خودمان آفریده‌ایم، زندگی کنیم.[۱]

به بیان دیگر، در اختیار داشتن گنجینه‌ی صفات الهی و امکان آفرینش در این مرحله، در دست داشتن اریکه‌ی قدرت خداوند است که ما بر مبنای آن، جهان‌ها خلق می‌کنیم و خلیفه‌ی خدا محسوب می‌شویم.[۲]

تجربه‌ی بهشت، دلپذیرترین مرحله از حیات در چرخه‌ی جهان دو قطبی خواهد بود؛ زیرا سراسر، تجربه‌ی خدایی کردن با اجازه و امکاناتی است که خداوند متعال، در نهایت رحمانیت و سخاوت در اختیارمان خواهد گذاشت. این بهشت، بسیار متفاوت از بهشتی است که در ابتدای چرخه‌ی جهان دوقطبی، پشت سر گذاشته شده است؛ زیرا بر خلاف آن، امکان خلیفه‌ی خدا شدن را فراهم می‌کند. اما بدون حضور در بهشت نخست و بدون سپری کردن مسیری که به بهشت در کثرت منتهی می‌شود، این تجربه به دست نمی‌آید.

به همین دلیل، بهتر است یک بار دیگر، رابطه‌ی آدم، زمینه‌ی حرکت او و تک‌درخت هستی، مورد بررسی قرار گیرد. چنان که پیش از این اشاره شد، از منظر فرا زمان، همه‌ی اجزای جهان[۳] به شکل پیوسته‌ای به هم مرتبط است و به شکل یک درخت دیده می‌شود.[۴] حرکت به سمت این درخت، تنها راه خارج شدن از بهشتی است که آدم نمی‌توانست کمال خود را در آن به ظهور برساند.

---

۱. همان طور که وجود انسان نسبت به خداوند مجازی محسوب می‌شود، آفرینش او نسبت به آفرینش خداوند نیز مجازی است.

۲. هر انسان کاملی می‌تواند در هر مقطعی از بستر حرکت ذاتی، در حدی که فقر و نیازمندی و محدودیت ابعاد جهان‌ها اجازه می‌دهد، خلیفه‌اللهی را تجربه کند. اما این، در برابر خلیفه‌اللهی در بهشت بسیار ناچیز است. زیرا خلیفه‌ی خدا بودن در بهشت، آفرینش با علم و قدرت عظیم اوست که پیش از گذر از جهنم و حذف حائل بین من ثابت و من متحرک، نصیب کسی نمی‌شود.

۳. در این جا منظور از اجزای جهان، همه ی مخلوقاتی است که تا پیش از قیامت، در مقاطع مختلف چرخه ی جهان دوقطبی، تا مرحله ی قیامت وجود دارند تا صحنه ی آزمایش و حرکت آدم، فراهم شود.

۴. اگرچه در بخش هستی شناسی، برای فهم آسان تر، جهان دوقطبی و هر یک از جهان‌های n قطبی دیگر به صورت دایره فرض شد، با توجه به بی‌نهایت جهان موازی، تشبیه هر چرخه‌ی n قطبی به یک کُره صحیح تر است و به همین دلیل، تک درخت هر جهان n قطبی (از جمله جهان دوقطبی) گستردگی و انشعابات فراوانی دارد که باید آن را در نظر داشت.

به بیان دیگر، خداوند قرار دهنده‌ی خلیفه و جانشین در «ارض» است؛ اما آدم را در بهشتی سکونت می‌دهد که امکان خلیفه شدن در آن وجود ندارد. تنها راه جانشینی او در ارض، نزدیک شدن به درخت است و تصمیم خداوند برای جانشین قرار دادن او در زمین (زمینه‌ی حرکت در چرخه‌ی جهان دوقطبی)، نشان می‌دهد که خروج از این بهشت، بخشی از طراحی الهی، در آفرینش آدم و عالم است.

این بهشت، سرآغاز جهان دوقطبی است که آدم برای آشکار کردن کمال خود و برخورداری از اسماء الهی که در اختیار او قرار گرفته بود، نباید در آن متوقف می‌ماند و به همین دلیل، حرکت را آغاز کرد. بستر این حرکت (حرکت ذاتی)، مسیری است که زمین یا زمینه (ارض) محسوب می‌شود و ساختار و لوازم و چیدمان بستر آن تا قیامت، درخت (شجره) است.[1]

حرکت ذاتی، حرکتی جبری به شمار می‌رود و تصمیم اولیه‌ی آدم برای سپری کردن آن، به این معنا نیست که پس از انتخاب و شروع حرکت، بتواند از آن صرف‌نظر کند؛ اما نحوه‌ی حرکت، بر اساس اختیار او است و لازم است با توجه به علائم و نشانه‌های مسیر، یعنی اجزای درخت و نقش آن‌ها، به طرح خلقت خود و عظمت آن دست یابد.

هیبت این درخت، برای کسانی که با این وظیفه آشنا نیستند و به درک حقایق نمی‌رسند، هولناک و زجرآور است. به همین دلیل، در جهنم که انسان آن را پیش روی خود می‌بیند و از تخلفات خود نسبت به آن آگاه می‌شود، از این که پیش از قیامت، درک درستی از آن نداشته و به درستی با آن مواجه نشده است، عذاب می‌کشد.

به عبارتی، حیات ما تا قبل از قیامت، در رویارویی با اجزای این درخت سپری می‌شود؛ اما بدون ادراکات پله‌ی عشق و به طور طبیعی، صورت کلی آن را نمی‌بینیم و بر اساس آگاهی

---

[1]. پس از عبور از جهنم، انسان حرکت در مسیر تعیین شده را در بستری ادامه می‌دهد که خودش آن را می‌سازد.

نسبت به آن، زندگی نمی‌کنیم. اولین مرحله‌ی قیامت که در آن، همه‌ی انسان‌ها درخت هستی را پیش روی خود می‌بینند، مرحله‌ی حشر است و مرحله‌ای که در آن، علاوه بر این مشاهده، به اشتباهات خود در قبال آن پی می‌برند، جهنم خواهد بود.

با ورود انسان به بهشت، مسیر بازگشت درخت به سوی خداوند از مسیر او جدا می‌شود و تلاقی با درخت و نزدیک شدن به آن، فقط در پایان چرخه‌ی جهان دوقطبی و در صورتی رخ می‌دهد که فرد در آزمایش آخر چرخه، پیوستن به وحدت را انتخاب نکند و به بهشت خاص خداوند وارد نشود.

انسان، در بدو ورود به بهشت در کثرت، کوله‌باری از تجربه را به همراه دارد که ثمره‌ی زندگی همراه با این درخت است. بنابراین، می‌توان گفت تجربه‌ی خوردن میوه‌ی درخت که با عبور از جهنم تکمیل می‌شود، به این معنا است که هر کسی به گونه‌ای نسبت به نقش درخت آگاه می‌شود و می‌تواند از آن، نتیجه‌گیری کند و با توجه به آن‌چه در این باره درک کرده است، آفرینش در بهشت را آغاز نماید تا در نهایت، به تجربه‌ی یگانگی و وحدت برسد.

بهشت در کثرت، مالامال از «**آگاهی**» است. زیرا نهرهای آگاهی بهشتیان، در آن روان است و طبقاتش بر اساس درجات آگاهی آنان از هم تفکیک می‌شوند.[1] از این گذشته، در این بزم پرشور، انواعی از شراب آگاهی نوشیده می‌شود و عشق را متبلورتر می‌کند. وجود شراب آگاهی در بهشت، نشان می‌دهد که همچنان، نیاز به هدایت وجود دارد و هنوز هم راهی برای پیمودن باقی است.

انسان، همواره می‌تواند از «**هدایت زمینه**» که با پیام همیشگی رب و جهت‌یابی روح هادی انجام می‌شود، بهره‌مند شود. در طول مسیر قبل از جهنم، «**هدایت روح‌القدس**» نیز

---

۱. بهشتیان، نیازی به مخلوقات خود ندارند؛ اما تا وقتی که به این آگاهی نرسند، همچنان خلق می‌کنند و آن‌چه خلق می‌کنند، زیورآلات و میوه‌ی سطح آگاهی آن‌ها محسوب می‌شود. سطح آگاهی یکی باعث می‌شود که برای خود، جسم و خانه و هم‌خانه بسازد و از وجود حوری و غلمان و ... برخوردار شود و سطح آگاهی دیگری، میل عبور از این بهشت‌ها را بر می‌انگیزد.

شامل حال کسانی می‌شود که مشتاق هدایت هستند. اما در بهشت، «**هدایت شخصی**» جایگزین هدایت روح‌القدس خواهد شد.

منظور از «هدایت شخصی» این است که به دلیل پیوند با روح‌الله، چشمه‌های آگاهی و هدایت هر کسی، از درون او می‌جوشد. با نوشیدن این شراب‌های بهشتی، رفته رفته وحدت بهشتیان در «بهشت در کثرت»، بیشتر می‌شود و آن‌ها در حالی که شاکر این هدایت هستند، رو به کاهش کثرت، به پیش می‌روند؛ یعنی درباره‌ی خلق کردن، به وحدت نظر بیشتری می‌رسند. بر همین اساس، «بهشت در کثرت»، شامل مراحل متعددی خواهد بود که به ترتیب، کثرت آن‌ها کم می‌شود.

بهشت در وحدت

پس از عبور از مراحل «بهشت در کثرت»، «بهشت در وحدت» فرا می‌رسد. در این مرحله، هنوز خلق کردن و لذت از آن وجود دارد؛ اما بهشتیان، همه با هم، بهشت یگانه‌ای را (که رضایت همه‌ی آن‌ها را جلب می‌کند) می‌سازند.

در این میان، عده‌ای هم هستند که حتی تاب ماندن در «بهشت در وحدت» را ندارند. حرف دل آن‌ها به خداوند این است که:

می بهشت ننوشم ز دست ساقی رضوان   مرا به باده چه حاجت که مست روی تو باشم

«سعدی»

به هر حال، بهشت در وحدت نیز همیشگی نیست و سرانجام، کسانی که به آن راه یافته‌اند، به خوانِ آخرِ جهان دو قطبی می‌رسند و مورد آزمایش آخر، واقع می‌شوند.

ز) آزمون آخر

میل به بازگشت در تجلیات الهی، ناشی از عشق خداوند به آن‌ها است. به عبارت دیگر، همان عشقی که موجب حرکت از عدم به وجود شد؛ هستی را شکل داد و همه‌چیز را به سوی

کثرت روانه کرد، مجری طرح بازگشت آن‌ها به سوی وحدت نیز هست. در بین مخلوقات، تنها انسان است که به دلیل اختیار خود، گاهی نسبت به بازگشت، تردید دارد؛ اما نقش عشق (در طرح بی‌نظیر خلقت) به او اجازه‌ی ماندن را نمی‌دهد و رحیمیت خداوند، او را به‌سوی مبدأ باز خواهد گرداند.

البته، در میان انسان‌ها کسانی هم هستند که شوق عاشقانه‌ی رجوع به سر منشأ هستی را در خود حفظ کرده‌اند و بلکه با عشق و اشتیاق بیشتر، راه را می‌پیمایند.

در عین حال، مسیر حرکت انسان، سراسر آزمون و سنجش است و بدون این ارزیابی‌ها طرح بازگشت، عبث خواهد بود. زیرا فقط کمالی که هر فرد، در هر مرحله‌ی این امتحانات حاصل می‌کند، کیفیت بازگشت و سرنوشت او را تعیین می‌سازد.

آخرین آزمون در مسیر چرخه‌ی جهان دو قطبی، انتهای حرکت در «بهشت در وحدت» خواهد بود. این آزمایش مهم، رو به رو شدن با یک پرسش اساسی است که خود به خود، در همه جای مسیر، با آن مواجه بوده است؛ اما در این مرحله‌ی نهایی، وضوح آن بیشتر می‌شود و پاسخ مناسب به آن، نشانه‌ی کمال و موجب ورود به عالم وحدت و مباهات خداوند به آدم است.

این پرسش اساسی که برای هر انسانی ایجاد می‌شود، این است که: «آیا دوست دارد به آغوش وحدت بپیوندد و یا هم‌چنان با مشغولیت‌های خود (خدایی در کثرت) سرگرم باشد؟» در واقع، این سؤال برای کسی که در حال تجربه‌ی خلق کردن در «بهشت در وحدت» است این طور مطرح می‌شود که «آیا وحدت را انتخاب می‌کند و یا خدایی در کثرت (خلق کردن در عالم تضاد) را ترجیح می‌دهد؟»

شاید به زبان ساده‌تر بتوان گفت که گویا خداوند از هر کسی می‌پرسد: میل داری با من باشی یا بدون من؟ (آیا مرا خدای خود می‌دانی و دوست داری که به من ملحق شوی یا خیر؟)

در این مرحله، موسیقی جهان دو قطبی برای کسانی که نوای دل‌انگیز عشق و وحدت را سر می‌دهند، خاموش می‌شود و این افراد، با پاسخ مثبت به دعوت خداوند، به‌سوی «**بهشت خاص خداوند**» در عالم وحدت (فرا مکان، فرا زمان، فرا تضاد و ...) رهسپار می‌شوند.

اما دیگران که خودشان عالم تضاد را برگزیده‌اند، یک بار دیگر، تجربه‌ی حرکت در چرخه‌ی جهان دو قطبی را از سر می‌گیرند. البته، هر چقدر هم که این سقوط تکرار شود، در نهایت، این اشخاص نیز در «آزمون آخر» یکی از این تجارب، به کمال لازم برای انتخاب وحدت می‌رسند و به همین دلیل، از دید خداوند که فراتر از زمان است و از ابتدا تا انتهای همه‌ی این حرکت‌ها و پیوستن نهایی همه‌ی انسان‌ها به خود را یکجا می‌بیند، همگی به فراخوان او پاسخ مثبت داده‌اند و با غلبه بر موانع جهان تضاد، مایه‌ی فخر و مباهات شده‌اند. از این منظر، آدم به آغوش پر مهر خداوند باز گشته و از بازگشت او استقبال شده است.

به این لحاظ، هر یک از کثرات آدم (انسان‌ها)، در حال شکل دادن به این تجربه‌ی عظیم بوده‌اند و خواهند بود و اگرچه در نهایت، هدف خلقت آن‌ها به نتیجه خواهد رسید، در تلاطم طاقت‌فرسای مسیر، شرایط یکسانی ندارند؛ زیرا بعضی در تب و تاب عاشقانه و لذت کسب کمال (که ناشی از مشاهده‌ی حقیقت است)، همواره در «بهشت نقد» به سر می‌برند و بعضی دیگر، در زیان از ظاهربینی خود (کشمکش با واقعیت زندگی و بی‌خبری از حقیقت آن) و گناهان و اشتباهاتی که از این بینش ناشی می‌شود، در رنج و سختی هستند و در طول زندگی، «دوزخ نقد» را به جان می‌خرند.

بهشت و دوزخ باریک‌بینان نقد می‌باشد
حساب خود نیندازد به فردا خود حساب این‌جا

«صائب تبریزی»

به هر حال، آزمایش آخر، بر همه‌ی مراحل حیات بشر سایه انداخته است؛ زیرا هر انسانی،

در هر لحظه، در حال ارائه‌ی پاسخ مثبت یا منفی به این سؤال است و از سوی دیگر، پاسخ مثبت نهایی (که از منظر ناظر واقف در فرا زمان، ازلی و ابدی است) پیمانی محکم[۱] است که همواره بشر را به سوی اصل خود، فرا می‌خواند. البته، بسیاری از افراد، این پیام را نمی‌شنوند و از آن غافل هستند و بسیاری دیگر، آن را جدی نمی‌گیرند؛ اما نظام هستی، همواره در حال بازگرداندن نتیجه‌ی غفلت و توجه، کمال و ضد کمال، وفاداری و پیمان‌شکنی و ... به هر یک از انسان‌ها است.

مو از قالـوا بلی تشـــویـش دیرم گنه از بـرگ و بارون بیـش دیـرم
اگـــر لا تقنطـوا دستـم نگیـــره مـو از یـا ویلـنا انـدیـــش دیـرم

«بابا طاهر»

پس، خوشا بر احوال کسانی که پیوسته با خداوند بیعت استواری دارند و خرم و آسوده‌خاطر، در حالی به مرحله‌ی آزمون آخر می‌رسند که چیزی جز میل به وحدت، در دل ندارند.

باز هشیار برون رفته و مست آمده‌ایم وز مـی لعل لبت باده‌پرســت آمده‌ایم
تا ابـد باز نیاییم به هوش از پی آنک مست جام لبت از عهد الست آمده‌ایم

«خواجوی کرمانی»

آن‌ها به راحتی، از پرده‌ی میان عالم دو قطبی و عالم تک‌قطبی می‌گذرند و به یار و دلدار پیمان الست بی‌نظیر خود، ملحق می‌شوند.

اســرار ازل را نه تــو دانــی و نه مــن وین حرف معمــا نه تو خوانی و نه من
هست از پس پرده گفتگوی من و تو چون پرده در افتد نه تو مانی و نه من

«خیام»

۱. پیمان الست

فهرست واژگان و اصطلاحات

اصطلاحاتی که نویسنده برای معرفی مفهوم و مصداق مورد نظر خود، انتخاب یا وضع کرده است، با علامت * مشخص شده و واژه‌ها و عبارات متداولی که بر مبنای دیدگاه خود تعریف کرده یا شرح داده است، با علامت ** از سایر کلمات و اصطلاحات تمایز یافته است.

آب** ۷۴، ۷۸، ۸۴، ۲۱۵، ۲۲۶ و ۲۵۴.

آتش** ۱۳۸، ۱۸۱، ۱۸۲، ۲۱۴، ۲۱۵، ۲۱۶، ۲۵۳ و ۲۵۴.

آدم** ۲۹، ۶۹، ۹۷، ۱۷۶، ۱۷۷، ۱۸۲، ۱۹۲، ۱۹۷، ۱۹۸، ۲۰۲، ۲۰۳، ۲۰۵، ۲۱۲، ۲۱۳، ۲۱۸، ۲۱۹، ۲۲۰، ۲۲۱، ۲۲۴، ۲۲۵، ۲۲۶، ۲۲۷، ۲۳۰، ۲۴۵، ۲۴۶، ۲۴۸، ۲۵۰، ۲۵۱، ۲۵۲، ۲۵۸، ۲۶۱، ۲۶۲ و ۲۶۶.

آزمایش آخر* ۲۲۶، ۲۶۰، ۲۶۳، ۲۶۴ و ۲۶۶.

آشتی جزء با کل* ۱۹.

آگاهی ۱۹، ۲۰، ۲۳، ۳۸، ۴۳، ۵۵، ۵۶، ۶۲، ۶۵، ۶۶، ۶۷، ۶۸، ۷۰، ۷۹، ۸۳، ۹۸، ۱۱۷، ۱۲۵، ۱۲۷، ۱۲۸، ۱۲۹، ۱۳۰، ۱۳۱، ۱۳۲، ۱۳۳، ۱۳۴، ۱۳۶، ۱۳۷، ۱۳۸، ۱۴۰، ۱۴۴، ۱۴۵، ۱۴۷، ۱۴۹، ۱۵۳، ۱۵۴، ۱۷۵، ۱۷۶، ۱۷۷، ۱۸۵، ۱۹۱، ۱۹۷، ۲۱۴، ۲۱۵، ۲۱۹، ۲۲۳، ۲۳۳، ۲۳۸، ۲۳۹، ۲۴۶، ۲۵۰، ۲۵۴، ۲۵۶، ۲۶۰، ۲۶۲، ۲۶۳ و ۲۶۴.

آگاهی بخشی ۵۵ .

آگاهی مثبت* ۹۱، ۱۲۸، ۱۳۳، ۱۳۴، ۱۳۶ و ۱۹۱.

آگاهی منفی* ۹۱، ۱۳۳ و ۱۳۶.

آلودگی تشعشعاتی* ۱۱۷.

ابرآگاهی* ۸۷ .

ابلیس** ۱۸، ۶۹، ۲۱۱، ۲۱۲، ۲۱۳ و ۲۱۴.

اتصال جمعی* ۷۵، ۷۶، ۷۷، ۹۳، ۹۸، ۹۹ و ۱۰۹.

اتصال فردی* ۷۳، ۷۴، ۷۵، ۷۶، ۹۳ و ۱۰۹.

اتصال مدام* ۸۰، ۸۲، ۸۵ و ۸۶ .

اتصال و ارتباط ۲۳، ۴۰، ۷۲، ۷۶، ۷۷، ۸۸، ۹۲، ۹۳، ۹۴، ۹۹، ۱۰۶، ۱۰۷، ۱۰۹، ۱۱۵، ۱۱۷، ۱۴۰ و ۱۴۹.

اختیار ۱۹، ۴۳، ۸۹، ۹۰، ۹۵، ۱۰۳، ۱۱۵، ۱۱۹، ۱۲۸، ۱۳۴، ۱۳۷، ۱۴۷، ۱۹۳، ۱۹۴، ۱۹۵، ۱۹۶، ۱۹۷، ۱۹۸، ۲۰۲، ۲۰۳، ۲۰۵، ۲۱۲، ۲۱۸، ۲۱۹، ۲۲۶، ۲۴۰، ۲۴۵، ۲۵۲، ۲۶۲ و ۲۶۵.

ادراک قلبی ۲۳.

ارتعاش بنیادی* ۱۹۶.

ارتقای کیفی** ۲۱، ۲۲، ۲۵، ۲۶، ۲۸، ۵۵، ۶۳، ۷۶، ۸۰، ۱۰۵، ۱۰۷ و ۱۶۴.

ارض** ۲۱۹ و ۲۶۲.

اساس حرکت ۲۰، ۵۸، ۷۳ و ۱۵۰.

اشتیاق ۲۶، ۲۸، ۴۰، ۴۴، ۴۵، ۷۰، ۷۳، ۷۴، ۷۵، ۷۷، ۸۲، ۹۰، ۹۲، ۹۳، ۹۴، ۹۵، ۱۰۰، ۱۱۴، ۱۱۹، ۱۵۸، ۱۸۰، ۲۰۰، ۲۰۹، ۲۱۰، ۲۲۱، ۲۴۵، ۲۶۰ و ۲۶۵.

اشراق ۱۷، ۲۳، ۴۴، ۴۵، ۴۹، ۵۰، ۵۵، ۵۶، ۵۹، ۶۲، ۹۵، ۱۰۱، ۱۱۹، ۱۲۶، ۱۴۰، ۱۹۷، ۲۰۲، ۲۰۸، ۲۱۰ و ۲۲۳.

اشرف مخلوقات ۱۰۱، ۱۰۵، ۱۷۶ و ۱۹۷.

اصل عدالت* ۱۲۰.

اصل عدم تقابل* ۱۲۰، ۱۲۱ و ۱۲۲.

اصل قابلیت تحقق* ۱۲۱ و ۱۲۲.

اطمینان ادراکی* ۱۳۷، ۱۳۸، ۱۳۹ و ۲۲۳.

اطمینان رویتی* ۱۳۷، ۱۳۸ و ۱۳۹.

اطمینان علمی* ۱۳۸ و ۱۳۹.

اطمینان وصولی* ۱۳۷، ۱۳۸، ۱۳۹ و ۲۲۳.

اکوسیستم** ۲۰، ۱۳۰، ۱۴۲، ۱۴۴ و ۱۴۴.

اله ۸۵، ۲۲۴، ۲۲۵ و ۲۲۶.

الهام ۱۷، ۱۸، ۲۳، ۴۴، ۵۰، ۵۵، ۵۶، ۵۹، ۷۰، ۹۵، ۱۰۱، ۱۱۹، ۱۲۵، ۱۲۶، ۱۲۷، ۱۳۴، ۱۳۵، ۱۹۱، ۱۹۹، ۲۰۱، ۲۰۲، ۲۰۸، ۲۰۹ و ۲۱۰.

انسان شمولی ۷۱ و ۷۲.

انسان صالح** ۱۲۵، ۱۳۹، ۱۴۷ و ۱۶۷.

انسان کامل** ۲۲۴، ۲۲۷، ۲۲۸ و ۲۲۹.

انسان متعالی** ۱۰۵، ۱۰۷ و ۱۵۲.

انگیزه‌ی عبادت ۱۹، ۲۶ و ۲۷.

انگیزه‌ی متعالی* ۲۶ و ۱۵۶.

باد** ۱۷، ۶۵ و ۲۱۵.

بازدهش ۸۸، ۹۰ و ۹۳.

باطن ۱۵، ۲۴، ۵۶، ۵۹، ۶۳، ۶۶، ۱۱۰، ۱۲۶، ۱۴۸، ۱۴۹، ۲۲۲ و ۲۲۳.

فهرست واژگان و اصطلاحات
۲۷۳

بخش خودآگاه   ۸۵ و ۲۰۸.

بخش ناخودآگاه   ۲۰۸ و ۲۰۹.

بخش نیمه خودآگاه   ۲۰۸.

برزخ*   ۱۹۳، ۲۲۹، ۲۳۱، ۲۳۲، ۲۳۹، ۲۴۰، ۲۴۱ و ۲۴۲.

بصیرت**   ۲۰۱ و ۲۰۲.

بنیاد*   ۷۴، ۱۴۵، ۱۵۴، ۱۹۴، ۲۰۵، ۲۰۷ و ۲۲۹.

بهشت   ۲۶، ۲۷، ۴۳، ۲۱۹، ۲۲۰، ۲۲۸، ۲۳۲، ۲۵۳، ۲۵۵، ۲۵۹، ۲۶۰، ۲۶۱، ۲۶۲، ۲۶۳، ۲۶۴ و ۲۶۶.

بهشت آگاهی*   ۱۷۷ و ۲۲۰.

بهشت خاص خداوند**   ۲۳۲، ۲۶۳ و ۲۶۶.

بهشت در کثرت*   ۲۳۲، ۲۶۰، ۲۶۱، ۲۶۳ و ۲۶۴.

بهشت در وحدت*   ۲۳۲، ۲۶۰، ۲۶۴ و ۲۶۵.

بهشت نا آگاهی*   ۱۷۷، ۲۱۹ و ۲۲۰.

بهشت نقد**   ۴۳، ۲۵۵ و ۲۶۶.

بی تمنایی   ۲۷ و ۱۴۱.

بیداری معنوی   ۵۹.

پرستش   ۲۲، ۳۸، ۲۰۵، ۲۱۶ و ۲۱۷.

پله‌ی عشق*   ۳۳، ۳۵، ۳۶، ۴۹، ۵۰، ۵۱، ۵۲، ۵۳، ۵۴، ۵۵، ۵۶، ۵۹، ۶۱، ۶۲، ۶۳، ۷۲، ۷۹، ۸۵، ۹۳، ۹۸، ۱۱۳، ۱۲۵، ۱۲۶، ۱۳۰، ۱۳۵، ۱۳۷، ۱۳۸، ۱۴۰، ۱۴۱، ۱۷۵، ۱۹۷، ۱۹۸، ۲۲۳، ۲۴۱ و ۲۶۲.

پله‌ی عقل*   ۳۳، ۳۶، ۴۹، ۵۰، ۵۱، ۵۲، ۵۴، ۵۵، ۵۶، ۶۱، ۶۲، ۷۰، ۸۵، ۹۸، ۱۰۵، ۱۱۳، ۱۳۵، ۱۳۷، ۱۳۸، ۱۷۴ و ۱۹۷.

پیوستگی زمانی*   ۱۴۲.

پیوستگی عرضی*   ۱۴۲.

تجلیات   ۳۱، ۳۲، ۳۳، ۳۶، ۵۸، ۶۲، ۸۰، ۸۲، ۸۵، ۸۸، ۱۱۱، ۱۴۱، ۱۴۴، ۱۴۸، ۱۵۹، ۱۷۰، ۱۷۱، ۱۷۳، ۱۷۸، ۱۸۰، ۱۸۵، ۱۸۸، ۱۹۰، ۲۲۳، ۲۲۴ و ۲۶۴.

تحولات   ۱۸، ۱۹، ۲۳، ۳۹، ۴۴، ۸۶، ۸۷، ۹۳، ۱۰۵، ۱۰۶، ۱۱۹، ۱۲۴، ۱۲۵، ۱۶۳ و ۲۲۹.

تزکیه‌ی اخلاقی*   ۱۱۳، ۱۱۴ و ۱۱۷.

تزکیه‌ی بیرونی*   ۱۱۳.

تزکیه‌ی تشعشعاتی*   ۱۱۳، ۱۱۶ و ۱۱۷.

تزکیه‌ی درونی*   ۱۱۳.

تزکیه‌ی ذهنی* ۱۱۳ و ۱۱۴.
تسبیح** ۷۹ و ۱۹۲.
تسلیم ۳۴، ۴۳، ۴۴، ۴۵، ۶۹، ۷۰، ۷۱، ۷۵، ۷۸، ۹۹، ۱۰۰، ۲۱۴، ۲۲۴ و ۲۵۴.
تشعشع شعوری مثبت* ۸۳ و ۱۰۵.
تشعشع شعوری منفی* ۱۱۶.
تشعشعات شعوری* ۸۰، ۸۳، ۸۴، ۸۵، ۱۰۵ و ۱۴۴.
تضاد** ۱۷، ۲۰، ۴۲، ۱۳۰، ۱۳۱، ۱۳۲، ۱۳۹، ۱۴۰، ۱۴۱، ۱۴۴، ۱۴۵، ۱۴۶، ۱۴۷، ۱۴۸، ۱۷۱، ۱۷۲، ۱۷۳، ۱۸۸، ۱۹۰، ۱۹۴، ۱۹۹، ۲۰۵، ۲۱۲، ۲۱۳، ۲۱۴، ۲۱۸، ۲۲۰، ۲۲۵، ۲۲۶، ۲۲۹، ۲۳۶، ۲۳۹، ۲۴۵، ۲۴۹، ۲۵۰، ۲۵۲، ۲۵۶، ۲۶۵ و ۲۶۶.
تعالی ۱۸، ۲۲، ۲۴، ۳۰، ۴۰، ۵۴، ۵۶، ۵۹، ۶۳، ۷۱، ۷۲، ۹۵، ۹۸، ۱۰۴، ۱۰۵، ۱۰۹، ۱۲۳، ۱۲۵، ۱۳۱، ۱۴۱، ۱۴۸، ۱۴۹، ۱۵۲، ۱۵۳، ۱۶۰، ۱۶۳، ۱۶۴، ۱۹۷، ۲۰۴، ۲۰۵، ۲۰۶، ۲۱۴، ۲۲۸، ۲۳۴، ۲۳۷، ۲۴۱ و ۲۵۴.
تک قطبی* ۲۰، ۱۷۹، ۱۸۲، ۱۸۷، ۲۰۳، ۲۱۸، ۲۱۹، ۲۲۳، ۲۲۴، ۲۲۵، ۲۲۶، ۲۲۷

و ۲۶۷.
تلاش ۱۶، ۳۴، ۴۱، ۴۳، ۴۴، ۴۵، ۶۵، ۷۰، ۷۱، ۷۷، ۱۱۳، ۱۱۵، ۱۲۱، ۱۲۲، ۲۳۷ و ۲۳۸.
تن واحد هستی* ۱۵۴ و ۱۷۶.
توبه ۲۲۸.
تولد ۲۹، ۳۲، ۳۳، ۵۴، ۱۴۵، ۱۸۸، ۱۹۷، ۲۰۵، ۲۰۶، ۲۳۰، ۲۳۱، ۲۳۴ و ۲۴۳.
جان* ۳۹، ۵۴، ۹۴، ۱۴۳، ۱۵۷، ۱۷۰، ۱۹۵، ۱۹۸، ۲۱۰، ۲۱۷، ۲۲۰، ۲۵۲، ۲۶۶.
جرقه های ذهنی ۱۸ و ۲۰۱.
جنون آنی** ۱۲۴.
جهان تک قطبی* ۱۷۱، ۱۷۲، ۱۷۳، ۱۷۶، ۱۷۷، ۱۷۸، ۱۷۹، ۲۰۳، ۲۱۲، ۲۲۵، ۲۲۶، ۲۲۷ و ۲۳۰.
جهان دوقطبی* ۶۱، ۶۲، ۶۶، ۸۷، ۹۰، ۹۱، ۱۶۸، ۱۷۰، ۱۷۱، ۱۷۲، ۱۷۳، ۱۷۴، ۱۷۷، ۱۷۸، ۱۸۰، ۱۸۲، ۱۸۷، ۱۸۸، ۱۹۰، ۱۹۱، ۱۹۳، ۱۹۵، ۱۹۹، ۲۰۲، ۲۰۳، ۲۱۲، ۲۱۳، ۲۱۸، ۲۱۹، ۲۲۰، ۲۲۱، ۲۲۳، ۲۲۴، ۲۲۷، ۲۲۸، ۲۳۰، ۲۳۳، ۲۳۹، ۲۴۵، ۲۵۲،

فهرست واژگان و اصطلاحات
۲۷۵

۲۵۳، ۲۵۸، ۲۶۰، ۲۶۱، ۲۶۲، ۲۶۳، ۲۶۴،
۲۶۵ و ۲۶۶.

جهان‌های n قطبی*   ۱۷۸، ۱۸۰، ۱۸۱،
۱۸۲، ۲۲۴، ۲۲۷ و ۲۶۱.

جهنم**   ۲۶، ۲۳۲، ۲۵۱، ۲۵۲، ۲۵۳،
۲۵۴، ۲۵۵، ۲۵۶، ۲۵۷، ۲۵۸، ۲۵۹، ۲۶۰،
۲۶۱، ۲۶۲ و ۲۶۳.

حرکت ادراکی*   ۸۹، ۲۲۲، ۲۲۳ و ۲۲۴.

حرکت جمعی*   ۹۳ و ۹۸.

حرکت ذاتی*   ۲۱۸، ۲۲۱، ۲۲۲، ۲۲۳،
۲۲۴، ۲۳۰، ۲۳۳، ۲۳۹، ۲۴۵، ۲۵۰، ۲۵۲
و ۲۶۱.

حرکت طولی*   ۲۲۱.

حرکت عرضی*   ۲۲۲.

حشر**   ۲۳۱، ۲۴۵، ۲۵۰ و ۲۶۳.

حفاظ*   ۱۰۹، ۱۱۰ و ۱۱۱.

حفاظ اعظم*   ۱۱۰ و ۱۱۱.

حفاظ عبادی*   ۱۱۰.

حقیقت مطلق   ۲۴، ۷۵، ۷۹، ۱۴۱ و ۱۶۹.

حقیقت   ۲۳، ۲۴، ۳۰، ۳۴، ۳۶، ۴۲، ۴۳،
۴۴، ۵۳، ۵۶، ۵۷، ۵۸، ۵۹، ۶۰، ۶۲، ۶۳،

۶۴، ۶۵، ۷۰، ۷۲، ۷۴، ۷۵، ۷۹، ۸۲، ۸۵،
۸۶، ۹۴، ۹۶، ۹۹، ۱۰۶، ۱۱۰، ۱۱۱، ۱۲۵،
۱۲۶، ۱۲۷، ۱۳۶، ۱۳۸، ۱۳۹، ۱۴۰، ۱۴۱،
۱۴۲، ۱۴۵، ۱۴۷، ۱۴۸، ۱۴۹، ۱۵۹، ۱۶۴،
۱۶۹، ۱۷۱، ۱۷۳، ۱۷۴، ۱۷۶، ۱۷۷، ۱۷۸،
۱۸۰، ۱۸۲، ۱۸۵، ۱۸۷، ۱۹۲، ۱۹۷، ۱۹۹،
۲۱۷، ۲۲۳، ۲۲۹، ۲۳۱، ۲۳۲، ۲۳۴، ۲۳۸،
۲۴۴، ۲۴۵، ۲۴۸، ۲۴۹، ۲۵۲، ۲۵۵، ۲۵۶
و ۲۵۸.

حکمت الهی   ۹۴، ۹۹، ۱۴۰، ۲۰۹ و ۲۴۳.

حلقه‌های رحمانی*   ۹۲ و ۹۹.

خاک**   ۱۷، ۲۷، ۳۸، ۷۸، ۱۰۲، ۱۱۹،
۱۴۹، ۲۱۵، ۲۳۸ و ۲۵۴.

خدامحوری**   ۶۸، ۶۹، ۸۲، ۸۴ و ۱۳۱.

خلیفه**   ۲۱۹ و ۲۶۲.

خودشیفتگی   ۲۹، ۳۰، ۳۱، ۳۲، ۳۳، ۵۴،
۷۸، ۱۴۶ و ۱۶۳.

خودمحوری**   ۶۹ و ۱۳۲.

دائم الاتصال   ۸۲.

داشته‌های قدرتی**   ۶۵ و ۶۷.

داشته‌های کمالی**   ۶۵ و ۶۶.

دانش کمال* ۲۱، ۱۱۴، ۱۹۷، ۲۲۹، ۲۳۸، ۲۳۹، ۲۴۰، ۲۴۲، ۲۴۵، ۲۴۶، ۲۴۹ و ۲۶۰.

درخت** ۱۷۵، ۱۷۶، ۱۷۷، ۲۱۹، ۲۲۰، ۲۲۱، ۲۳۰، ۲۴۴، ۲۴۵، ۲۵۱، ۲۵۴، ۲۶۱ و ۲۶۳.

درک انا الحق** ۱۴۱.

درک جمال خداوند** ۱۳۲، ۱۴۴ و ۲۵۵.

درک جمال یار** ۶۶.

درک حضور خداوند ۸۶، ۱۳۲ و ۲۵۶.

درک ذهنی* ۱۲۶ و ۱۲۹.

درک فراذهنی* ۱۲۶، ۱۲۷ و ۱۲۸.

درک وحدت جهان هستی ۶۶، ۱۳۲ و ۱۴۲.

دریافت آگاهی* ۱۸، ۵۹، ۷۲، ۱۰۱، ۱۱۹، ۱۲۵، ۱۲۶، ۱۲۸، ۱۲۹، ۱۳۰، ۱۳۲، ۱۳۳، ۱۳۸، ۱۶۱، ۱۸۸، ۱۹۱ و ۲۲۲.

دنیای غیر وارونه* ۳۳، ۳۴، ۳۷، ۳۸، ۳۹، ۴۰، ۴۱، ۴۲، ۴۳ و ۴۴.

دنیای وارونه* ۳۳، ۳۴، ۳۵، ۳۷، ۳۸، ۴۱، ۴۲ و ۴۵.

دهش ۸۸، ۹۰ و ۹۲.

دوزخ نقد** ۲۶۶.

دوقطبی* ۶۱، ۶۲، ۶۶، ۸۷، ۱۴۴، ۱۷۰، ۱۷۱، ۱۷۲، ۱۷۳، ۱۷۷، ۱۷۸، ۱۸۰، ۱۸۷، ۱۸۸، ۱۹۰، ۲۰۲، ۲۱۲، ۲۱۳، ۲۱۹، ۲۲۰، ۲۲۳، ۲۲۴، ۲۲۷، ۲۲۸، ۲۳۰، ۲۳۹، ۲۵۲، ۲۵۳، ۲۵۴، ۲۵۸، ۲۶۰، ۲۶۱، ۲۶۴، ۲۶۵، ۲۶۶ و ۲۶۷.

دین ۲۲، ۲۴، ۲۵، ۳۴، ۳۸، ۳۹ و ۵۹.

ذات ۳۰، ۳۱، ۵۴، ۷۵، ۸۵، ۸۸، ۱۴۱، ۱۶۸، ۱۶۹، ۱۷۰، ۱۷۷، ۱۸۱، ۲۲۱، ۲۲۲، ۲۲۳ و ۲۲۷.

ذکر ذهنی ۸۵ و ۸۶.

ذکر زبانی ۸۵ و ۸۶.

ذکر قلبی ۸۶.

ذکر وجودی* ۸۶.

رب ۴۰، ۶۸، ۸۰، ۸۲، ۱۸۷، ۱۹۹، ۲۲۰، ۲۲۴، ۲۲۵، ۲۲۶، ۲۲۷، ۲۳۰، ۲۴۰ و ۲۶۳.

رحمانیت ۶۳، ۸۸، ۸۹، ۹۱، ۹۲، ۱۱۳، ۱۸۳ و ۲۶۱.

رحمت الهی ۷۴، ۷۶، ۸۵ و ۸۸.

رحیمیت ۶۳، ۸۸، ۸۹، ۹۰، ۹۱، ۹۲، ۲۲۱، ۲۳۲، ۲۵۱ و ۲۶۰.

فهرست واژگان و اصطلاحات

رسالت بندگی** ۶۳، ۸۹، ۱۴۱، ۱۵۲ و ۲۵۳.

رند* ۱۵۹.

روح جمعی** ۱۶۴ و ۱۹۴.

روح هادی* ۱۹۹، ۲۰۰، ۲۰۵، ۲۲۶، ۲۴۰ و ۲۶۳.

روح القدوس** ۷۲، ۷۳، ۷۷، ۱۹۹، ۲۶۳ و ۲۶۴.

روح الله** ۱۹۸، ۱۹۹، ۲۰۲، ۲۰۳، ۲۱۸، ۲۲۵، ۲۵۱، ۲۵۲، ۲۵۳، ۲۵۸، ۲۶۰ و ۲۶۴.

زوج آدم** ۱۷۶، ۱۷۷ و ۲۵۱.

ژن ۲۰۵، ۲۰۶ و ۲۰۷.

سالک عاشق* ۶۰، ۹۳، ۹۹ و ۱۰۰.

شاهد** ۲۵، ۷۷، ۷۸، ۱۰۷، ۱۲۹، ۱۵۳، ۱۶۹، ۱۸۳، ۲۲۰ و ۲۴۸.

شبکه‌ی مثبت* ۶۶، ۶۷، ۷۶، ۹۰، ۹۱، ۹۵، ۹۸، ۹۹، ۱۰۹، ۱۲۸، ۱۳۰، ۱۳۱، ۱۳۲، ۱۳۳، ۱۳۴، ۱۶۳ و ۱۷۱.

شبکه‌ی منفی* ۶۴، ۶۶، ۶۷، ۶۹، ۹۰، ۹۵، ۹۶، ۹۸، ۱۰۹، ۱۱۰، ۱۲۸، ۱۳۰، ۱۳۱، ۱۳۲، ۱۳۴، ۱۶۳ و ۱۷۱.

شجره** ۱۷۵ و ۲۶۲.

شریعت ۲۱، ۲۲، ۲۳، ۲۴، ۲۵، ۵۷، ۵۸، ۵۹ و ۶۰.

شعور اختیار* ۱۹۶.

شعور باطنی* ۸۳، ۸۴ و ۸۵.

شعور حیات* ۱۹۶.

شعور زمینه* ۱۹۶.

شعور ظاهری* ۸۳ و ۸۴.

شعور غریزی* ۱۹۶.

شفاعت ۲۱۱ و ۲۳۰.

شناخت حسی ۱۵ و ۴۹.

شناخت عقلی ۱۵، ۵۲ و ۱۹۷.

شیطان** ۵۷، ۶۴، ۶۹، ۹۳، ۱۰۴، ۱۱۰، ۱۵۸، ۱۶۳، ۲۱۱، ۲۱۳، ۲۱۴، ۲۱۵ و ۲۱۹.

صلح با خدا ۱۳۹، ۱۴۱ و ۱۴۴.

صلح با خود ۱۳۹، ۱۴۴، ۱۴۵، ۱۴۶ و ۱۴۷.

صلح با دیگران ۱۳۹ و ۱۴۷.

صلح با هستی ۱۳۹، ۱۴۱، ۱۴۲، ۱۴۴ و ۱۴۸.

صواب** ۱۱۷ و ۱۵۴.

ضد شعور* ۸۴، ۸۵ و ۱۹۰.

ضد کمال ۶۶، ۹۶، ۱۱۳، ۱۱۷، ۱۴۵،

۱۵۴، ۱۵۵، ۱۹۰، ۲۱۳، ۲۱۴، ۲۱۶، ۲۵۴ و ۲۶۷.

طاغوت**   ۲۱۱ و ۲۱۶.

طبیعت   ۳۲، ۳۶، ۳۹، ۵۸، ۱۲۰ و ۱۴۳.

طریقت**   ۵۷، ۵۸، ۵۹، ۶۰، ۶۸، ۶۹ و ۷۲.

ظاهر   ۲۰، ۲۵، ۳۶، ۴۵، ۵۰، ۵۹، ۶۳، ۶۶، ۸۲، ۱۰۵، ۱۱۶، ۱۲۴، ۱۲۶، ۱۴۶، ۱۴۸، ۱۹۰، ۲۱۰، ۲۱۳، ۲۲۲، ۲۶۶ و ۲۵۵.

ظلم   ۱۳۹، ۱۷۰، ۱۸۱، ۲۱۱، ۲۴۸ و ۲۵۵.

عاشق سالک*   ۵۹، ۶۰، ۹۳، ۹۴، ۹۶ و ۹۸.

عبادت   ۱۹، ۲۰، ۲۵، ۲۶، ۲۷، ۲۸، ۶۳، ۱۱۰، ۱۴۰، ۱۴۱، ۱۵۲ و ۲۳۶.

عبادت خطی*   ۲۵ و ۲۶.

عبادت ذاتی*   ۶۳.

عبادت صعودی*   ۲۵ و ۲۶.

عدم*   ۱۷۰، ۱۸۶، ۱۸۷ و ۲۶۴.

عرفان عملی   ۱۵، ۱۸، ۴۷، ۴۹، ۵۶، ۷۸، ۱۶۷، ۱۷۱، ۱۸۸ و ۱۹۸.

عرفان قدرت*   ۱۶، ۶۷، ۹۵ و ۹۹.

عرفان کمال*   ۱۶، ۶۷، ۹۵، ۹۶، ۹۹، ۱۳۳ و ۱۵۹.

عرفان نظری   ۱۵، ۱۸، ۵۶ و ۱۶۵.

عشق   ۱۸، ۲۰، ۲۷، ۲۸، ۲۹، ۳۰، ۳۱، ۳۲، ۳۳، ۳۴، ۳۵، ۳۶، ۴۰، ۴۱، ۵۰، ۵۱، ۵۲، ۵۳، ۵۴، ۵۵، ۶۲، ۶۳، ۶۸، ۷۱، ۸۵، ۸۶، ۸۸، ۸۹، ۹۰، ۹۴، ۹۸، ۱۰۱، ۱۰۵، ۱۱۱، ۱۲۶، ۱۳۳، ۱۳۵، ۱۴۱، ۱۴۲، ۱۴۳، ۱۵۳، ۱۵۷، ۱۵۹، ۱۷۰، ۱۷۹، ۱۸۱، ۱۸۲، ۱۸۳، ۱۸۴، ۱۸۵، ۱۸۶، ۱۹۲، ۱۹۶، ۱۹۷، ۱۹۸، ۲۰۳، ۲۲۰، ۲۳۰، ۲۳۶، ۲۴۱، ۲۴۲، ۲۵۱، ۲۶۳، ۲۶۴، ۲۶۵ و ۲۶۶.

عشق الهی**   ۳۰، ۳۲، ۳۳، ۳۴، ۶۸، ۷۱، ۸۲، ۹۸ و ۱۶۱.

عشق زمینی   ۳۳ و ۳۵.

عقل   ۱۹، ۳۴، ۳۵، ۳۹، ۵۱، ۵۲، ۵۳، ۵۴، ۵۵، ۵۶، ۸۵، ۸۹، ۱۱۳، ۱۲۵، ۱۲۶، ۱۳۴، ۱۳۵، ۱۳۶، ۱۳۷، ۱۴۷، ۱۵۴، ۱۷۹، ۱۸۰، ۱۸۲، ۱۸۳، ۱۸۴، ۱۸۵، ۱۸۷، ۱۸۸، ۱۸۹، ۱۹۰، ۱۹۵، ۱۹۶، ۱۹۷، ۱۹۸، ۲۰۱، ۲۰۳، ۲۰۸، ۲۴۱ و ۲۴۲.

عقل اختیاری *   ۱۹۵، ۱۹۶ و ۱۹۸.

عقل اول *   ۱۷۹ و ۱۸۶.

فهرست واژگان و اصطلاحات

عقل جاری* ۱۹۵ و ۱۹۶.	قرب ۱۶، ۱۹، ۲۸، ۳۷، ۶۸، ۹۵ و ۱۶۳.
عقل جزء ۱۲۶.	قربانی ۳۹، ۱۱۵، ۱۱۶، ۱۵۴ و ۲۰۴.
عقل دوم* ۱۸۰.	قیامت ۹۳، ۱۳۹، ۲۱۱، ۲۳۰، ۲۳۱، ۲۴۲،
عقل سوم* ۱۸۰ و ۲۱۴.	۲۴۳، ۲۴۴، ۲۴۵، ۲۴۶، ۲۴۷، ۲۴۹، ۲۵۰،
عقل کل** ۲۰، ۱۲۶، ۱۳۵، ۱۹۲ و ۱۹۸.	۲۵۱، ۲۵۲، ۲۶۱، ۲۶۲ و ۲۶۳.
غایت کمال ۱۹، ۳۸، ۱۱۴ و ۱۹۷.	کارگزار ۱۸۹، ۱۹۹، ۲۰۹ و ۲۱۳.
فازمنفی* ۴۲.	کتاب آسمانی ۱۲۷ و ۱۳۷.
فازمثبت* ۴۲.	کتاب قدرت* ۱۲۷ و ۱۲۸.
فرا تضاد* ۲۳۲ و ۲۶۶.	کتاب کمال* ۱۲۷ و ۱۲۸.
فرا زمان* ۱۲۸، ۱۷۶، ۱۷۷، ۲۰۱، ۲۲۶،	کتاب هستی ۱۲۷ و ۱۲۸.
۲۳۱، ۲۳۲، ۲۴۴، ۲۴۵، ۲۴۶، ۲۴۷، ۲۴۸،	کد وجودی* ۱۴۳.
۲۵۰، ۲۶۶ و ۲۶۷.	کرامت ۶۶ و ۹۶.
فرا مکان* ۱۲۸، ۲۰۱، ۲۲۹، ۲۳۱، ۲۳۲،	کمال ۱۶، ۱۹، ۲۰، ۲۱، ۲۲، ۲۸، ۲۹، ۳۰،
۲۴۰، ۲۴۶، ۲۵۰ و ۲۶۶.	۳۷، ۳۹، ۴۰، ۴۱، ۴۵، ۵۶، ۵۷، ۵۸، ۶۴،
فقر ۷۵، ۷۹، ۱۵۴، ۲۲۸ و ۲۶۱.	۶۵، ۶۶، ۶۷، ۶۸، ۷۷، ۷۸، ۸۱، ۸۲، ۸۶،
فلسفه‌ی خلقت** ۴۳، ۵۸، ۷۲، ۱۰۵، ۱۳۱	۹۶، ۹۸، ۹۹، ۱۰۰، ۱۰۵، ۱۰۷، ۱۰۹،
و ۲۴۶.	۱۱۳، ۱۱۴، ۱۱۵، ۱۱۶، ۱۲۷، ۱۲۸، ۱۳۰،
فیض ۸۷، ۹۲ و ۹۹.	۱۳۱، ۱۳۲، ۱۳۳، ۱۳۴، ۱۴۵، ۱۴۷، ۱۴۸،
فیض الهی ۴۱، ۸۷، ۹۸ و ۱۸۷.	۱۵۲، ۱۵۳، ۱۵۴، ۱۵۵، ۱۵۶، ۱۵۷، ۱۶۱،
قانون بازتاب* ۹۰، ۹۱، ۹۴، ۱۹۱، ۲۰۹	۱۶۲، ۱۶۳، ۱۶۴، ۱۷۶، ۱۸۳، ۱۹۰، ۱۹۱،
و ۲۱۰.	۱۹۶، ۱۹۷، ۱۹۸، ۱۹۹، ۲۰۰، ۲۰۲، ۲۰۳،

انسان و معرفت

۲۸۰

۲۰۴، ۲۰۵، ۲۰۶، ۲۱۲، ۲۱۳، ۲۱۴، ۲۱۵، | ۲۲۸، ۲۳۱، ۲۳۲، ۲۳۴، ۲۳۵، ۲۳۶، ۲۳۷،
۲۱۶، ۲۲۰، ۲۲۱، ۲۲۲، ۲۲۳، ۲۲۴، ۲۲۵، | ۲۳۸، ۲۳۹، ۲۴۰، ۲۴۳ و ۲۴۴.
۲۲۶، ۲۲۷، ۲۲۸، ۲۲۹، ۲۳۵، ۲۳۸، ۲۳۹، | معاد** ۹۱، ۱۹۸، ۱۹۹، ۲۳۰، ۲۳۱، ۲۳۲،
۲۴۰، ۲۴۲، ۲۴۷، ۲۴۸، ۲۴۹، ۲۵۴، ۲۵۷، | ۲۳۳، ۲۳۸ و ۲۵۱.
۲۶۰، ۲۶۱، ۲۶۲، ۲۶۵، ۲۶۶ و ۲۶۷. | معرفت ۱۶، ۱۸، ۲۰، ۲۱، ۲۲، ۲۳، ۲۶،
کمال محوری** ۶۴، ۶۷، ۶۹ و ۱۸۳. | ۲۷، ۲۸، ۳۰، ۳۱، ۵۵، ۵۹، ۶۲، ۶۸، ۸۶،
کمیت طلبی ۲۲. | ۱۰۵، ۱۲۵، ۱۳۷، ۱۴۵، ۱۴۸، ۱۴۹، ۱۵۹،
کنترل ذهن** ۱۰۶. | ۱۶۰، ۱۶۱، ۱۹۸ و ۲۳۸.
کوی خرابات* ۱۶۰ و ۱۶۱. | ملائک** ۲۹، ۸۷، ۱۸۷، ۱۸۸، ۱۹۰، ۱۹۱،
گستردگی* ۱۲۵، ۱۵۳، ۱۵۴ و ۲۶۱. | ۲۱۱، ۲۲۰ و ۲۳۹.
گناه ۱۱۶، ۱۱۷، ۱۵۵ و ۱۵۸. | ملک ۸۷، ۱۰۲، ۱۸۲، ۱۸۷، ۱۹۱، ۱۹۵،
مجادله* ۲۳۲، ۲۴۶، ۲۴۷، ۲۴۸ و ۲۵۱. | ۲۱۲، ۲۲۵ و ۲۴۴.
محو ۷۸، ۷۹، ۸۱، ۱۱۲ و ۱۵۶. | من برنامه‌پذیر* ۷۴، ۲۰۲، ۲۰۵، ۲۰۷،
محور اندیشه ۸۰، ۸۱ و ۸۲. | ۲۰۸ و ۲۲۹.
محور وجودی* ۸۰، ۸۲، ۸۳، ۸۴، ۸۵ و ۸۶. | من برنامه‌ریزی شده* ۷۴، ۲۰۲، ۲۰۵،
مراتب ۲۰، ۲۶، ۸۰، ۸۵، ۱۲۸، ۱۳۷، ۱۴۷، | ۲۰۷ و ۲۲۹.
۱۵۷، ۱۶۹، ۱۷۱، ۱۷۲، ۱۷۹، ۱۸۳، ۱۸۴، | من ثابت* ۲۰۲، ۲۰۳، ۲۱۹، ۲۵۲، ۲۵۳،
۱۸۷، ۱۹۵ و ۲۵۲. | ۲۵۸ و ۲۶۱.
مرکب* ۱۵۵، ۱۹۳، ۱۹۴، ۱۹۵، ۱۹۶، | من متحرک* ۲۰۲، ۲۰۳، ۲۱۸، ۲۱۹،
۱۹۹، ۲۰۰، ۲۰۳، ۲۰۶، ۲۵۰ و ۲۵۲. | ۲۵۲، ۲۵۳، ۲۵۸ و ۲۶۱.
مرگ ۲۶، ۴۳، ۶۵، ۱۶۱، ۱۸۸، ۱۹۴، | من معنوی* ۲۰۲، ۲۰۹، ۲۱۰ و ۲۱۱.

فهرست واژگان و اصطلاحات

من‌های ضدکمال* ۱۴۵، ۲۰۲، ۲۰۳، ۲۰۴، ۲۰۹، ۲۱۳ و ۲۱۴.

من‌های کمال* ۱۴۵، ۲۰۲، ۲۰۳، ۲۰۴ و ۲۱۴.

موحد** ۲۵۶.

نفس ۱۵۴، ۱۵۵، ۱۵۶، ۱۵۷، ۱۷۶، ۱۹۳، ۱۹۴، ۱۹۵، ۱۹۶، ۱۹۷، ۱۹۸، ۲۰۳، ۲۰۶، ۲۱۸، ۲۲۳، ۲۵۰، ۲۵۲ و ۲۶۰.

نفس واحد** ۲۴۵، ۲۴۶، ۲۵۰ و ۲۵۴.

نهاد* ۲۹، ۷۴، ۱۳۵، ۱۵۴، ۱۹۴، ۲۰۵ و ۲۰۷.

نیروی ارگانی* ۲۰۰.

نیروی تغذیه ۲۰۰.

نیروی کالبدی* ۲۰۰.

وابستگی ۱۱۴، ۱۱۵، ۱۱۶، ۲۳۶، ۲۳۷، ۲۴۱، ۲۴۵ و ۲۵۲.

وابستگی* ۱۴۲ و ۱۷۵.

واقعیت ۳۴، ۴۲، ۴۳، ۱۲۶، ۱۲۷، ۱۳۶، ۱۵۹ و ۱۷۸.

وجدان ۲۰۸.

وجود اول* ۱۷۸، ۱۷۹، ۱۸۰، ۱۸۱ و ۱۸۲.

وجود چهارم* ۱۸۱ و ۱۸۲.

وجود دوم* ۱۷۸، ۱۷۹ و ۱۸۰.

وجود سوم* ۱۷۸، ۱۷۹، ۱۸۰، ۱۸۱، ۲۱۲ و ۲۲۴.

وحدت ۲۰، ۷۵، ۷۶، ۷۷، ۱۰۰، ۱۳۰، ۱۳۱، ۱۵۴، ۱۷۰، ۱۷۲، ۱۷۳، ۱۷۴، ۱۷۵، ۱۷۶، ۱۷۷، ۱۸۱، ۱۸۴، ۱۹۱، ۲۰۳، ۲۰۴، ۲۰۵، ۲۱۳، ۲۱۹، ۲۲۰، ۲۲۱، ۲۲۶، ۲۳۲، ۲۴۵، ۲۴۶، ۲۵۳، ۲۵۴، ۲۵۶، ۲۵۷، ۲۵۸، ۲۶۳، ۲۶۴، ۲۶۵، ۲۶۶ و ۲۶۷.

ولایت ۲۱۱.

ولی ۲۱۱.

ویروس‌های غیر ارگانیک* ۱۱۳ و ۱۱۴.

هفت آسمان** ۲۲۳، ۲۲۷ و ۲۵۶.

هم‌فازی کیهانی* ۱۲۵، ۱۴۲ و ۱۴۴.

هم‌فازی با زمان* ۱۰۹، ۱۱۷، ۱۱۸، ۱۱۹ و ۱۴۲.

هم‌فازی با فلک* ۱۰۹، ۱۱۹ و ۱۴۲.

هم‌فازی کالبدی* ۱۰۹ و ۱۲۴.

هوش ۱۷، ۳۱، ۱۸۴، ۱۸۶، ۱۸۷، ۲۰۱ و ۲۶۷.

هوش* ۱۸۷.

هوش باطنی* ۲۰۱ و ۲۰۲.

هوش ظاهری* ۲۰۱ و ۲۰۲.

هوشمندی الهی* ۲۰، ۷۳، ۷۷، ۸۷، ۸۸، ۹۹، ۱۰۰ و ۲۰۸.

هوشمندی حاکم بر جهان هستی* ۲۸، ۸۷، ۱۷۵، ۲۵۹ و ۲۶۰.

هوشمندی کل* ۶۶، ۶۹، ۱۲۵، ۱۸۲، ۱۹۰، ۱۹۱ و ۱۹۲.

هوشمندی مثبت* ۶۶، ۸۷، ۱۹۰ و ۱۹۱.

هوشمندی منفی* ۶۶، ۱۹۰، ۱۹۱ و ۸۷.

هیچ قطبی* ۸۸، ۱۴۱، ۱۷۰، ۱۷۷، ۱۷۸، ۱۷۹، ۱۸۱، ۱۸۴، ۱۸۵، ۲۲۳ و ۲۲۷.